サイコセラピーを独学する

山口 貴史

Takashi Yamaguchi

金剛出版

プロローグ
迷いの森のセラピスト

❖ 迷いの森のセラピスト？

　まるで迷いの森に入り込んでしまったみたいだ……

　心理士3年目の私は，心のなかでつぶやいた。駅のホームで待っている小田急線はなかなかやってこない。
「カウンセラーって話を聞くだけなんですか？　僕はアドバイスが欲しいんですけど」
　ある男性クライエントとのやりとりが浮かんでくる。今日の昼間の出来事だ。
〈アドバイスが欲しいと思われているんですね〉
　私は伝えてみた。
　半分，納得しないだろうと思っているのに。
　同世代の会社員であるその男性は，「はあ……」と眉をひそめた。彼の眉を見ていると，また中断してしまうような気がしてくる。中断恐怖症になりそうだ。

　ようやく来た電車に乗り込みながら，大学院の授業を思い出す。「傾聴」が大切なんじゃなかったのか。
　残念ながら，その病院で私の「心理療法」は通用していないようだった。

いや，その病院だけではない。
非常勤として掛け持ちしている別の病院でも，私の「心理療法」はうまくいっていない。
3カ月前の出来事が頭をよぎる。
ある女子高生のクライエントから「あの，先生はどこの出身なんですか？ イントネーションがこっちの人じゃない気がして……」と聞かれた。
おびえた小動物のような彼女から唐突に発せられた質問に私は驚きつつも，〈出身地は言わないようにしているんです〉と答えた。そんなことを言うとまた心を閉ざしてしまうかもしれない，と半分思いながら。
「そうですか……」
彼女は悲しげな目をしながら微笑んだ。
翌回，無断キャンセルとなり，そのまま中断してしまった。

車窓から見える大きな川を眺めながら，「大学院でそんなこと習ってないし」とつぶやく。
「だったら職場で教えてもらえばいい」と言われるかもしれない。
でも，教えてくれる人なんていない。だって，一人職場だから。

何を，どうしたら，よかったのだろう。
「傾聴」は悪いものではないはずだ。でも，場合によっては役に立たないのかもしれない。
「自己開示」は良くないもののはずだ。でも，場合によっては役立つこともあるのかもしれない。
考えれば考えるほど，心理療法がわからなくなっていく。

❖ 遅刻と椅子

どうやら，私はずっと前から森に迷い込んでいたらしい。
でも，なぜ，いつから，こんなことになってしまっていたのだろうか？

私の出身大学院はいわゆる力動系の力が強く，心理療法やカウンセリングの「決まりごと」を強く教えられる伝統があった。
　たとえば，「面接は50分ちょうどで終えなければいけない」「治療者は絶対に遅刻してはいけない」「治療者は自己開示をしてはいけない」といった具合に。
　今から思えば，当時の教官たちはそこまで強く言っていなかったようにも思う。おそらく，こうした言葉にはかなりの脚色が入っていることだろう。
　でも，当時の私はこのように受け取っていたのだ。

　修士2年生のときのことだ。
　大学院付属の相談室で担当していたクライエントが遅刻してきたことがあった。はじめて経験する遅刻に混乱した私は，相談室の隣にある「院生室」（大学院生の溜まり場）にいた先輩に助けを求めた。
　「どうしたらいいですか!?」
　私の話をじっと聞く先輩。30秒ほど考え込んでから，静かにこう言った。
　「そこの椅子に座って，クライエントが来ないということがどういう風に自分に感じられるのかを考えなさい」
　私はそこの椅子にじっと座って考えた。
　「なるほど，クライエントが来ないということが……なるほど，なるほど……」
　でも，何も浮かんでこなかった。
　「全然来ないなあ」「ケースが中断したらどうしよう」くらいしか。
　その先輩は，「逆転移」がどういうものかを伝えようとしてくれたのだろう。しかし，無知な私には，「儀式」だけがインストールされた。

　「クライエントが遅刻したら，椅子に座ってじっと考える」

　その後の数年間，私はクライエントが遅刻するたびに椅子に座るようになった。冗談みたいな話だけど，本当の話だ。

大学院を修了してからは，紆余曲折あって精神分析にのめり込んでいった。今では，本来の精神分析は教条的なものではないとわかる。
　でも，当時の私はまるで絶対的な宗教を信仰するかのように精神分析に没入していた。気づいたら，生まれたての雛鳥のような大学院時代の刷り込みと相まって，精神分析原理主義者になっていた。
　「自己開示は何があってもしてはならない」「助言なんてとんでもない」
　そんな「教え」が染みついた。

　勘違い的な刷り込みと厳格な教えを身にまとった私は，それからどうなったか――
　見事に現場で通用しなかった。私の心理療法には「何か」が足りなかったのだ。でも，その「何か」が私にはさっぱりわからなかった。
　でも，「何か」を追求するなんて発想はなかった。ただただ「教え」を守ることに必死だった。
　なぜなら，私のなかの"臨床心理学先生"や"精神分析先生"は，「本物の臨床家とはかくあるべし！」と手厳しく糾弾したからだ。たまに，険しい表情をした大家から「そんなんじゃいかん！」と怒鳴られるような気分になることすらあった。
　教えを守り儀式を続けていたのは，「迷子になんてなっていない」と思いたかった私なりの抵抗だったのかもしれない，とも思う。

✤ 呪いから解放され，迷子になる

　たしか，臨床現場に出て5年ほど経った頃のことだ。
　あるとき，二人のクライエントから立て続けにこんなことを言われた。

　「先生の頭のなかの理論ではなくて，私を見てください」
　「(精神分析的心理療法ではなく)私が求めているのはアドバイスなんです。そんなことは求めていません」

この言葉に，私は打ちのめされた。
　もちろん，当時の私の力量不足，とりわけクライエントのニーズやモチベーションのアセスメントが不十分であったことは否めない。けれど，技術的な問題だけとは到底思えなかった。何か根本的な間違いを犯しているような感覚があった。
　大げさではなく，私は足元から崩れるような気持ちになり，これまでやってきたことは何の意味もなかったのではないか，と絶望的な気持ちになった。
　クライエントの言葉を反芻するなかで，私が「当たり前」と思っていたものは，実は当たり前ではないのかもしれないと思いはじめた。私のなかの「臨床家というものはこうあるべきだ」に対して，「それってなんでなの？」「どういう根拠なの？」と自分に問うてみても，答えに窮してしまったのだ。
　つまり，「こうあるべき」という格言のようなものはあっても，それがなぜそうあるべきなのかをよくわかっていなかった，ということだ。「どうして50分00秒に面接を終えないといけないのか？」と聞かれても，「終えなければならないから」としか答えられなかった。
　私は，自分のなかで勝手に膨らませた「教え」を教条的に守ろうとしていただけで，知らぬ間に外の世界から切り離された孤島の住民になっていたのだ。

　こんな風にして，クライエントの言葉が私の教条主義を壊してくれた。今考えると，それはとても幸運な体験だったのかもしれない。
　でも，単純に喜ぶことはできなかった。呪いが解かれ，すがりつく教条をなくした私は，正真正銘の迷子になってしまったからだ……

✣ 迷子の人，迷子じゃない人

　こうして，私は迷子になった。
　当時の私は，迷子現象は精神分析などの力動的な心理療法の文化圏でのみ起こるものだと考えていた。お作法に厳しい世界だからこそ，起こる現象だ

と思っていたからだ（誤解のないように伝えておくと，お作法を学ぶことは大切なことではある）。

けれども，そうでもないのかもしれない，と思い直すことになった。

迷子になった当時，私はたまたま認知行動療法を専門とする同世代の同僚と出会った。私とは随分と異なる文化圏で育った彼女は，私ほど「枠」を守ることへの強迫さはなかった。

しかし，彼女もまた苦しんでいた。

大学院やその後の教育で学んできた認知行動療法を実際の現場で用いようとしても，うまく導入できなかったり，中断したりしていたのだ。**教育と現場のあいだのギャップに戸惑っているようだった。**

彼女は何とかして現状を打破しようともがいていたけれど，どうやら私と同じく迷子になっているようだった。

いや，迷子になっているのは私や彼女だけではなかった。

「なんだか自分がやっていることが段々とわからなくなってきた」と嘆く先輩もいた。先輩は**急激に変化する心理臨床の世界に戸惑っている**ようだった。

私のような教条主義に陥っていない世代，つまり学派的心理療法の教育が色濃かった2000年代よりも後に大学院を修了した若手はどうだろう。もはや個人心理療法重視の価値観からは抜け出しているように見えるけれど，若手たちも「実際の現場では，どうしたらいいのかわからなくなる」と混乱していた。

でも，迷子の人ばかりではなかった。「迷子じゃない人」たちもいたのだ。

彼らは，教条主義にとらわれているようにも，教育と現場のギャップに悩んでいるようにも見えなかった。私がいつまでも越えられない壁をスルッと越えるかのように，心理療法を学んでいた。足取りは軽やかで，孤島感もなかった。

どうしたら，あんな風に学べるのだろう。私には見当もつかなかった。

❖ 心理療法を〈独学〉する

　この本は，心理療法の迷いの森をさまようセラピストに向けて書かれている。
　心理療法がよくわからなくなってきた，一生懸命学んでいるのになぜか現場で通用しない，心理療法をどう学んだらいいかわからない。
　そうしたことに日々悩みながら臨床をしている人たちのことだ。経験年数は問わない。先に述べたように，若手だって中堅だって迷子になる。
　とはいえこの本は，まだ心理療法を実践していない大学生や大学院生にとっても役に立つと思っている。これから足を踏み入れる心理療法の迷いの森は，いったいどのようなもので，どんな困難が待ち受けているのかを前もって知ることは，大まかな地図を手にすることでもある。
　といっても，「心理療法の道は険しくて，難しいものだ」と脅したいわけではない。むしろ，逆だ。誤解を恐れずに言えば，心理療法は面白い。この本を読んでそのことを感じ取ってもらえるとうれしい。

　本書では，心理療法「迷子」からの脱却を目指す。そのためには，心理療法の「学び方」について考えてみることが大切だ。
　これまで，心理療法は大学院教育で大まかな基礎を学び，大学院を修了してからは研修やスーパービジョンといった個々の努力に委ねられてきた（私自身もそうして学んできた）。こうした学び方は，学派的心理療法が求められていた時代背景を踏まえると，おおむね適切だったのかもしれない。
　しかし，時代は変わった。
　現場でひとつの学派的心理療法だけを求められることはない。ひとつの学派的心理療法だけを学んでいても，現場で陥る迷子から抜け出すことはできない。私や友人，先輩や後輩のように。
　それに，こんな疑問も浮かぶ。「高学歴低収入」と揶揄され，国家資格ができようが一向に待遇改善しない私たち心理職が，自らの生活を犠牲にしながら身の丈に合わないコストをかけて心理療法の研鑽を続けることが適切なのか，と。

迷子から抜け出すためには，**今の時代の「現実」に合わせた新しい学び方**が必要だ。

　私が言いたいのは，研修や訓練は必要ないということではない。そうではなくて，心理職が置かれた現実を踏まえたうえで，心理療法の学び方についていま一度じっくりと考えてみる必要があるということだ。言うなれば，地に足のついた心理療法の学習論である。
　その学習方法のひとつとして，本書では〈独学〉を提案する。
　独学の一般的なイメージは，たくさんの本を読み込み，ひとりで黙々と勉強する孤高の学習者といったものだろう。しかし，本書で提唱する〈独学〉はそういったものではない。**ここで言う〈独学〉とは，心理療法を学ぶ際に，自習，研修，スーパービジョンなどを主体的に並列化し，選択していく学習スタイルを指す**。
　かつての学習スタイルが訂正を迫られている転換期における，ブリコラージュ的実地学習だ。

　心理療法「迷子」から脱却するために〈独学〉する——この本はきっとその助けになるはずだ。

ロードマップ

　本書は全5章で，想定する学習レベルと読者層を分けて構成している。
　まずはこの「ロードマップ」で自分にしっくりくるパートを見極めて，そこから読み進めていけるようになっている。
　同時に，本書は第1章から順に読んでいくと，徐々に学習レベルが上がって成長していくように設計されている。そのため，現場の心理療法を一から知りたい方には，第1章から順に読んでいくことをお勧めしたい。

	タイトル	読者層	学習レベル（目安）
第1章	学べば学ぶほど迷いの森へ ——心理療法の「パラドクス」	心理療法「迷子」になりそう，あるいはすでに迷子になっている人へ	大学生・大学院生，経験年数1～5年
第2章	心理療法「迷子」の事例集	ケースが失敗ばかりで心が折れそうな人へ	大学生・大学院生，経験年数1～5年
第3章	誤りと迷いからの水先案内 ——「神話」からの脱出／現場に埋め込まれた「暗黙知」	迷子から抜け出すための「何か」を知りたい人へ	経験年数1～7年
第4章	どうしたら現場で学べるか？ ——暗黙知の学習論／独学の方法論	現場における独学方法を知りたい人へ（独学の基礎）	経験年数5年～
第5章	「臨床的問い」を理論化する ——独学から小さな理論へ	自分なりの臨床のコツを言葉にしていきたい人たちへ（独学の発展）	経験年数8年～

目 次

プロローグ──迷いの森のセラピスト ……………………………………… iii
ロードマップ …………………………………………………………………… xi

第1章
学べば学ぶほど迷いの森へ──心理療法の「パラドクス」　1

「セラピストの迷いの森」とは何か? ……………………………………… 3
前提──心理療法の深遠さ ………………………………………………… 3
迷いのわけ①──教条化と誤学習 ………………………………………… 4
迷いのわけ②──心理職のパラダイムシフトと大学院教育 …………… 5
迷いのわけ③──一人職場とスーパービジョン ………………………… 7
小まとめ──なぜセラピストは迷いの森に入り込むのか? ……………… 8
迷いの森のセラピストとは誰か? ………………………………………… 9
この本は何を目指すのか? ………………………………………………… 10
この本は何を語ろうとしているのか? …………………………………… 12

第2章
心理療法「迷子」の事例集　　15

❶ 児童精神科にて（1年目）　　17
【事例A】「ガムが怖くて何が悪い！」（10代男子）―― 強迫症のCBTの導入

❷ 総合病院精神科にて（3年目）　　29
【事例B】「完璧な私でいたかった」（20代女性）―― ベッドサイドの面接

❸ 小学校にて（5年目）　　41
【事例C】「私だって辛かったんです」（40代女性）
　　　　―― 親面接で「親の話をどこまで聞くか」問題

❹ 精神科クリニックにて（8年目）　　52
【事例D】「やっぱり私が悪いんです」（20代女性）―― DV被害者の面接

❺ 精神科クリニックにて（10年目）　　63
【事例E】「私たち，何をしてるんでしょう？」（30代男性）
　　　　―― 話し出すと止まらないクライエント

❻ 開業オフィスにて（12年目）　　74
【事例F】「自分の足で立っていたい」（40代女性）―― 途切れ途切れ続く事例

第3章
誤りと迷いからの水先案内
―― 「神話」からの脱出／現場に埋め込まれた「暗黙知」　　81

第1節　脱「神話」的技法論①―― 傾聴神話　　83

❶ 「話を聞き」すぎていないか？　　84
　　　1　事例Cの振り返り　　84

2 「退行」という概念 85
　　3 悪性の退行と「底辺」 86
　　4 「話を聞きすぎない」技法 86

❷ 「質問」してはいけないのか？ 89
　　1 質問はいけない？ 90
　　2 心理臨床における質問の位置づけ 91
　　3 質問の4つの機能 91

❸ 「助言」はいけないのか？ 95
　　1 助言もいけない？ 95
　　2 心理療法における助言 96
　　3 助言のポイント 96
　　4 助言の実際 98

第2節　脱「神話」的技法論② ── 治療構造神話 100

❶ ゆるい構造化 ── 「枠を守る」を巡って 101
　　1 「枠を守りなさい」 101
　　2 なぜ枠を守るべきなのか ── 3つの視点 101
　　3 ゆるい構造化とは何か 103
　　4 ゆるい構造化のポイント 104
　　5 事例Fの考察 107
　　6 ゆるい構造化の「液状化」 107

❷ リファーする ── 「セラピストの交代」を巡って 110
　　1 「救世主の夢」 110

2　リファーとは何か ……………………………………………… 111
　　3　リファーが行われにくい背景 ………………………………… 111
　　4　「リファーする」という技法 ………………………………… 112

❸ **距離的ポジショニング**──「中立性」を巡って ………………… 115
　　1　責めているつもりはなかった──事例D ……………………… 116
　　2　セラピストの権力性／権威勾配 ……………………………… 116
　　3　「ワンダウン」「ポジショニング」──信田理論のインパクト …… 118
　　4　「ワンダウン的位置取り」とは何か ………………………… 119
　　5　距離的ポジショニング ………………………………………… 120
　　6　改めて事例Aと事例Bを考える ……………………………… 122
　　7　ワンダウン的位置取りを翻案する
　　　　──方法としての「距離的ポジショニング」 ……………… 123

第3節　心理療法の「外」の方法論 …………………………………… 127

❶ **多職種連携** …………………………………………………………… 128
　　1　公認心理師法と多職種連携の時代 …………………………… 128
　　2　とはいえ,多職種連携は難しい ……………………………… 129
　　3　なぜ,多職種連携は難しいのか ……………………………… 131
　　4　事例Bの多職種連携は何がまずかったのか ………………… 133
　　5　場に「馴染む」 ………………………………………………… 133
　　6　ニーズを「把握する」 ………………………………………… 135
　　7　ニーズに「対応する」 ………………………………………… 136
　　8　多職種カンファレンス ………………………………………… 137
　　9　事例Bのカンファレンスをやり直すとしたら ……………… 138

  10　多職種連携の対話性 ……………………………………………… 140

❷ 親面接 …………………………………………………………………… 142
  1　親面接が必要な理由とその目的 ………………………………… 142
  2　親面接の「構造」と「理論的背景」 ……………………………… 145
  3　「応用問題」としての親面接 ……………………………………… 148
  4　親面接に対するセラピストの内的準拠枠 ……………………… 149
  5　親面接をアセスメントするためのポイント ………………… 151
  6　親を他の心理療法へリファーする ……………………………… 154

❸ ソーシャルワーク的仕事 …………………………………………… 157
  1　ソーシャルワークができないと生き残れない？ …………… 157
  2　ソーシャルワークの必要性 ……………………………………… 158
  3　なぜ, ソーシャルワーク的仕事は難しいのか ……………… 160
  4　ソーシャルワーク的仕事を行うために ……………………… 161

第4節　心理療法の「前」の方法論 …………………………………… 164

❶ 波長を合わせる ……………………………………………………… 165
  1　波長を合わせる（attune）………………………………………… 165
  2　情緒に波長を合わせる …………………………………………… 166
  3　言語水準に波長を合わせる ……………………………………… 167

❷ 文脈づくり …………………………………………………………… 169
  1　文脈づくりとは何か──事例A・B・Eの失敗について ……… 170
  2　文脈づくりが必要なクライエント ……………………………… 170
  3　文脈づくりのための4つの視点 ………………………………… 172

  4 あきらめる・手放す──文脈づくりの断念を考慮する際のポイント ……… 176

 ❸ 行き先会議 …………………………………………………………………… 178
  1 「行き先会議」とは何か ………………………………………………… 178
  2 「プチ契約」と「アジェンダの設定」 …………………………………… 179
  3 目的と進捗状況の再測量 ………………………………………………… 180
  4 「行き先会議」のポイント ……………………………………………… 180

 ✚補節 もし,事例Aがうまくいったとしたら?
   ──「神話」を学びほぐし,「暗黙知」を身につける ……………………… 186

第4章
どうしたら現場で学べるか?
──暗黙知の学習論／独学の方法論　　　197

「現場で学ぶものでしょう?」………………………………………………… 199
❶ 暗黙知を学ぶ ………………………………………………………………… 202
 1 即興の徒弟制 ……………………………………………………………… 202
 2 失敗と学習 ………………………………………………………………… 203
 3 実験的領域と制約 ………………………………………………………… 204
❷ 暗黙知学習のルート──私の学び方 ……………………………………… 207
 1 陪席の経験(事例B) ……………………………………………………… 207
 2 「一緒にどうにかしていこうよ」(事例B) …………………………… 208
 3 小さな勉強会(事例C) …………………………………………………… 208
 4 スーパービジョン(事例C・D) ………………………………………… 209

| | 5　歯が立たないケースとの出会い（事例D・E） | 209 |

❸　暗黙知の学び方 210
　　1　同業種交流のすすめ 210
　　2　異業種交流のすすめ 215

第5章
「臨床的問い」を理論化する ── 独学から小さな理論へ　　223

❶　なぜ心理療法の「教条化」「神話化」は起こるのか
　　──『かもめのジョナサン』（完全版）から 225
❷　「臨床的問い」を理論化する 228
　　1　ステップ1──「既にそこにあるもの」を眺める 228
　　2　ステップ2──「臨床的問い」を手放さない 230
　　3　ステップ3──「臨床的問い」を見つける 231
　　4　ステップ4──「小さな理論」をつくる 233
　　5　「小さな理論」をつくるためのポイント 249
　　おわりに──迷いの森のなかで小石を投げつづける 252

補遺　小さな理論を「メンテナンス」する　　255

❶　ひとつの事例から一般理論化を行うことの意味 257
❷　何が起こっていたのか？ 261
❸　セラピストは動かない 262
　　1　治療空間の不思議 262
　　2　リズムに共鳴する 264

  3　時間をかける ……………………………………………………… 266
❹ セラピストは揺れている ……………………………………………… 269
  1　迷うセラピスト──抵抗と共に転がる ……………………… 269
  2　悩めるセラピスト──理論の破壊と創造 …………………… 270
❺ クライエントの証人になる …………………………………………… 273
  1　自生する言葉たち ……………………………………………… 273
  2　個人史のささやき ……………………………………………… 276
  3　心理療法から日常へ …………………………………………… 278
❻ 結語として ……………………………………………………………… 281
  1　モデル的心理療法の実践 ……………………………………… 281
  2　脱モデル化 ……………………………………………………… 281
  3　脱モデル化から個人モデルの構築へ ………………………… 282
  4　個人モデルの構築 ……………………………………………… 283
  5　個人モデルの更新 ……………………………………………… 284

    エピローグ──夜と朝のあいだの独学論 ……………… 285
    文献一覧 ……………………………………………………… 291
    索　　引 ……………………………………………………… 299

第1章

学べば学ぶほど迷いの森へ

心理療法の「パラドクス」

「成熟のさまよい」「とらわれの迷子」「へだたりの迷子」。
　これらは心理療法の迷いの森で起こる3つの現象だ。まだ誰も聞いたことのない概念を持ち出して，私は何を伝えようとしているのだろうか。
　「迷子」状態でこの本を手に取った読者にとっては，この3つの概念は自分の位置を把握し，迷いの森から抜け出すための道筋を見出す補助線になってくれるはずだ。迷子から抜け出すためには，地図が必要だ。
　なかには迷いなく心理療法道を突き進んでいる読者もいるだろう。そのような人にとっては，「さまよい」や「迷子」という言葉はピンと来ないかもしれない。しかし，少しのあいだ，本書を閉じる手を止めてみてほしい。心理療法が何たるかをわかりかけたと思っていたら，突然入り込んでしまうのが心理療法の迷いの森だからだ。もし心理療法において何らかの行き詰まりをかすかに感じているとしたら，この本はきっと役に立つはずだ。
　プロローグでは私が迷子に至った経緯を描いた。第1章では，心理療法の迷いの森について解説し，そこで起こる現象の分類を試みる。そのうえで，本書がどのような学習を目指していくのかを示したい。

「セラピストの迷いの森」とは何か？

さっそくセラピストの迷いの森について考えてみよう。なぜ人は心理療法の迷いの森に迷い込んでしまうのだろうか？

前提——心理療法の深遠さ

心理療法は深遠だ。学べば学ぶほどわからなくなる奥の深さをもっている。それはオリエンテーションとはあまり関係がない。家族療法には家族療法の，CBTにはCBTの，精神分析的心理療法には精神分析的心理療法の難しさがある。心理療法の道を歩むなかで感じる戸惑いや迷いは，<u>セラピストとしての成長を促してくれる重要な要素</u>として位置づけられる[1]。

「熟練したセラピストになるのは険しい道である」
「セラピストとして迷うのは大切な能力である」

心理療法についてよく言われる言説だ。

私自身もそれに近いことを何度か言われことがあるし，ずっと信じてきたところがある。これらの言説には一定の真理が含まれているのは事実だろう。実際，険しい道のなかでさまよう過程は，<u>セラピストとしての成熟にとってなくてはならない過程</u>のように思われる。

しかしながら，ここでは一旦立ち止まって考えてみたい。

もちろん，セラピストの迷いの森は心理療法の深遠さゆえに生じるものではある。でも，それだけが理由なのだろうか。実際のところは，いくつかの要因が絡み合うもっと複雑な現象なのではないか。

だとしたら，その複雑さを解き明かさなければならない。

---

[1] こうした迷いや戸惑いをセラピストの成長につなげるためにも訓練は重要である。訓練についてはその重要性を承知しているからこそ，本書ではそれを特権化もネグレクトもせず，複数の学習戦略と並列化して主体的に選択する対象と位置づけている。

迷いのわけ①——教条化と誤学習

　プロローグでは，私がいくつかの心理療法「神話」を信じた結果，「大いなる勘違い」が起こり，その後の臨床現場で苦労するさまが描かれている。

　その神話とは，大学や大学院で学んだ「傾聴」「助言をしない」「枠を守る」であったり，文献やセミナーで学んだ「心理療法の美しいモデル」「心理療法は週1回で行うもの」であったりする。いわば，これらの考えが私のなかにインストールされ，私のなかで絶対的に守らなければならない「教え」に変換されていた（＝教条化）[2]。読者のなかにも，こうした勘違いとも教条化とも言えるような経験をした人はそれなりにいるのではないだろうか。

　初心者に何かしらの技能を教える際，原則論になるのは仕方がない面がある。料理人だったら料理を作る前に包丁の扱い方，大工だったら家を建てる前にカンナの使い方を教える。いずれもその職業の根幹を担う技術だ。その際，扱い方を誤るといかに危険であるかを伝える。そうでないと，自分も他人も怪我をしかねないからだ。心理療法は人の心という非常に繊細なものを相手にするのだから，リスクヘッジのために原則論が強調されるのは無理もない。

　ただ，教える側が意図したように教わる側に伝わるとは限らない。教わる側が原則を過度に守ろうとしたり，逆に独自の創意工夫をしたい気持ちに駆られたり，誤った認識や誤解が生じるのは，よくあることだ。経験を積んでいくうちに誤解が修正されるというプロセスは，熟練者になるために必要な一段階として捉えられるべきだろう。

　しかしながら，こうした教条化や誤学習（誤ってインプットされた理解や認識を総称する言葉）が過度になったり，抜け出せなくなったりすると，話

---

[2] 私は出身大学の教育体制を批判したいわけではない（むしろ多大な感謝をしている）。傾聴も助言を控えることも枠を守ることも重要である。それぞれの心理療法は一定のモデルが存在しないと成立しえないし，週1回の頻度で心理療法を行うことが必要な場合も当然ある。その意味ではこれらの教えが間違っていたわけではないが，教育のなかでは，文脈によって重要度が決まるはずのことが絶対視される教条化が起こりやすいことを懸念しているのである。

は変わってくる。なぜなら，私のように**遅かれ早かれ現場で通用しなくなるからだ**。

　たとえば，私は「絶対に助言をしてはいけない」と勝手に解釈して，「助言＝悪」と長いあいだ思っていた。「美しいモデル」通りの心理療法でなければ，心理療法としては「失敗」だと考えていた。「週1回」の頻度で行わないと，「邪道」のような気がしていた。そして，**現場でどうしたらいいのかわからなくなり，迷子状態に陥った**。

　このような迷子は，必ずしも成長促進的なものではなく，むしろ成長の足かせにもなっていたようにも思う。

迷いのわけ②──心理職のパラダイムシフトと大学院教育

　現代の心理療法を取り巻く状況は劇的に変化している。私の迷子はそれを十分に把握できていなかったことにも起因していた。その変化を端的に整理すると，以下のようになる。

①現場の磁場の拡大

　先達たちの血の滲むような努力のおかげで，以前と比べると心理職が働く現場は格段に広がっている。私が長らく働いている医療現場でも心理職の働く範囲は確実に広がっており，求められることも刻一刻と変化していることを肌感覚で感じる。たとえば，同じ医療でも精神科医療と周産期医療では全くの別世界が広がっている。求められる心理療法の技能には共通する部分もあるが，現場ごとに細分化されてもいる。

②クライエントの多層化とニーズの変化

　クライエントの多層化は，現場の多様化によって対象クライエントが広がったこと，時代の変化によってクライエントの性質が変化したことの両面から生じている。たとえば，前者としては現在ではアディクション臨床は心理臨床のひとつとして位置づけられているし（先駆者は数十

年前から行っていたが），後者はどこの現場でも自閉スペクトラム症やトラウマや解離を抱えるクライエントは増えている。

　また，それに伴ってニーズも多様化している。たとえば心理療法の短時間化／短期化のニーズが高まっているのもその一例である。

③公認心理師資格の制定
　同じ心理職といっても臨床心理士と公認心理師ではその成立の歴史を異にしており，必然的に期待されることも変わってくる。国家資格の制定によりさらに現場の磁場が拡大していく可能性があるが，公認心理師の職域では本書でテーマにしているような個人心理療法の比重は明らかに低下しており，その傾向は今後加速していくだろう。

　こうした変化により，多くの現場では現実に即して学派的心理療法を改変したり，折衷しながら用いたりすることが日常化している（昔から行っていた人もいるが）。つまり，従来の学派的心理療法のなかにカテゴライズすることが難しい実践が増えており，各臨床家が日々実践している自分の心理療法をどのように位置づけてよいのか迷わざるをえない状況が広がっている。そうした背景のなかで，「ありふれた心理療法」「ふつうの相談」といった言葉が生まれた。東畑（2023a）の言葉を借りれば，心理臨床の主流は従来の学派的心理療法論から現場的心理療法論へと移行しつつある（どちらが優位ということではない）。

　このように現場は刻一刻と変化しているわけだが，現状では大学院教育は現場に追いつけていない。従来，臨床心理士の訓練制度では学派知が重視されてきたため，大学院教育もその色合いが濃いものであった。しかし，公認心理師制度と足並みを揃えた学派知から現場知へというパラダイムシフトに伴い，大学院教育も再編の時期を迎えている。現在は過渡期であり，大学や大学院でも現場の教員たちが懸命に教育システムを再構築しつつあるが，現状では大学院養成システムと現場のそれとのあいだには断線があるように思われる。

もちろん，リアリティ・ショックと呼ばれるように学校教育と現場のあいだには多かれ少なかれギャップが存在するものである。そのギャップにショックを受けたり，学校で習ったことが現場では通用しなかったりといったことはよく起こる。心理職に限らず，看護師や医師や教師など他の専門職でも話題になるものだ（第4章参照）。

　しかし，そうした一般的に起こるリアリティ・ショック以上に，心理療法の世界には大学院教育と現場との乖離が広がっている。そのため，現場で必要な心理療法の知を学ぶことは難しく，また学派というひとつの強力な拠り所が機能しなくなりつつあるという意味で，路頭に迷いやすい状況にあると言える。

迷いのわけ③──一人職場とスーパービジョン

　そもそもこれだけ多様化している現場に等しく必要とされる心理療法の知を大学院でまかなうことは非現実的である。ただでさえ忙しい学生と教員は，どちらもパンクしてしまう。

　そのため，必然的に現場の中や外から学んでいくしかない。だが，現状では多くの心理職は一人職場であるため，現場の中で心理職の先輩から教えてもらうのもまた難しい。「ふつう」を誰も教えてくれないのである。私自身も長らく一人職場で働いていたが，同業者に教えてもらえないという環境は非常にしんどかった。特に大学院を修了したての一人職場の心細さは，今思い出しても辛いものがある。一人でマイペースに働けるなどのメリットもあるけれど，迷いの森に入り込んだときに現場で教えてもらえないのでは途方に暮れる気持ちになるのではないだろうか。

　もちろん，セミナーやスーパービジョンから学ぶことも大切だ。私自身もお金がないなかで訓練を受けつづけてきた。しかし，金銭的に余裕がない心理職が自腹を切って外で教えてもらうのには限界がある。また，同じ現場を共有していないスーパーバイザーから現場で必要な心理療法のコツを教わるのは原理的な難しさもある。

小まとめ ── なぜセラピストは迷いの森に入り込むのか？

「心理療法の迷いの森」とは，セラピストが心理療法の実践において方向性を見失う，あるいは戸惑う状態を指すメタファーである。

心理療法とは複雑で深遠なものであり，学ぶほどにその奥深さがわかるようなものだ。当然，セラピストはどのアプローチを選び，どの方向性に進むべきか戸惑うことがある。この迷いや戸惑いはセラピストの成長にとって重要なプロセスとも言える。

だが，これ以外にも，セラピストが迷いの森に入り込む理由は複数ある。

第一に，初学者はしばしば心理療法の原則を過度に捉え，誤学習や教条化を起こすことがある。多くは不安から特定のルールやアプローチを過度に守ろうとし，柔軟性を失うことが，迷いの森に迷い込む原因となる。

第二に，現代の心理療法の実践は以前と比べて多様化しており，現場で必要なスキルやアプローチも変化している。また，公認心理師資格の制定もそうした変化に拍車をかけている。しかし，大学院教育が現場の急速な変化に追いついておらず，学んだ知識が実践で通用しないことがセラピストを迷子にさせる要因となっている。

第三に，多くの心理職は一人で仕事をするため，現場での指導やアドバイスを受ける機会が限られている。スーパービジョンやセミナーから学ぶことも重要であるが，経済的な制約や共通の現場を共有しないスーパーバイザーからの指導には限界があるため，迷いの森に入り込む可能性が高まる。

つまり，**今まさに生じている迷いの森は，単に心理療法がもつ性質や教育的な構造による一般的現象ではなく，時代のうねりのなかで発生した臨床心理学界を取り巻く状況の変化との掛け算というダイナミズムによって起こる現象**なのである。

そのため，学びはじめの頃だけでなく，学びつづけてから迷い込むこともあり，初学者から中堅までを悩ます現象が「心理療法の迷いの森」である。

迷いの森のセラピストとは誰か?

　以上のように「心理療法の迷いの森」という現象自体は価値中立的，つまり良いも悪いもない単なる現象である。一方，そのなかにいるセラピストの状態は，以下の3つに分類できるだろう。

　①成熟のさまよい
　　シンプルに言えば，これは心理療法を学ぶ過程で必要不可欠なものである。心理療法家は迷いの森をさまよいながら，成熟していく。そのなかで，ままならなさや持ちこたえる能力を身につけたり，もがきながら技能を磨いたりしていく。

　②とらわれの迷子
　　教条主義や原理主義によって刷り込まれた「神話」の誤学習にとらわれるがゆえに，迷子になっている状態である。一度誤学習してしまうとアンインストールすることは難しく，柔軟性に乏しくなる。イバラが絡みつき，身動きがとれなくなっているようなイメージだろうか。

　③へだたりの迷子
　　大学院教育やスーパービジョンやセミナーなどで学んだ知識や技能が現場の実践で通用しないという，教育と現場の乖離によって生じる迷子である。とりわけ，特定の学派だけに依拠した心理療法だけでは難しい今のような時代に起こりやすい。

　もちろん，この3つの状態は，すべてもれなく起こるわけでもリニアに起こるのでもなく，時に入れ替わりつつ，行ったり来たりを繰り返す。「へだたりの迷子」だと思っていたら，「とらわれの迷子」になっていて，でも「成熟のさまよい」でもあって，といった判断が難しい面があることは否めない。

しかしながら、私は分類すること自体に意味があると考えている。その理由を以下に説明してみよう。

この本は何を目指すのか？

この本で目指すことは、「とらわれの迷子」と「へだたりの迷子」からの脱却だ。

この2つは、どちらも**学習の主体性が欠けている**という点で共通している。前者は疑問を抱くことなく誰かの「教え」に従う、後者は学んだことと現場のあいだにある「何か」を自ら探ろうとしていない、ということだ。

だから、**迷子から脱却するためには、学習の主体性を回復しなければならない**。

その方法が心理療法の〈独学〉だ。**独学とは、誰かに強制されることなく、学ぶ場が与えられるわけでもなく、自ら学ぶ**ということだ。プロローグで述べたように、孤高の学習者を目指すわけではない。独学者とは、率先して人から学ぶ人のことであり、自習、研修、スーパービジョンなどを主体的に並列化し、選択していける人のことだ。

そもそも、なぜ、迷子からの脱却を目指すのか。

その理由のひとつは、クライエントが不利益を被るからである。もし私たちが似たような視野狭窄に陥りつづけ、そのあいだクライエントに本来は必要なサービスを提供できなかったとしたら、それは専門家としての怠慢だろう。

もうひとつは、セラピストの燃え尽きにつながるからである。私はこれまで迷子の果てに疲弊し切って心理臨床の世界から遠ざかる人を何人か見てきた。燃え尽き、自信を喪失したセラピストが増えることは、決してクライエントのためにならない。

むろん、こうした脱却の試みは容易ではない。

そもそも業界全体として心理職の教育システムを整備していく必要があるし、個々人が心理療法の体系や時代の変化をメタ的に理解できるようになる

ことだって重要だ。
　しかし，**私は現場で働く一人の臨床家として，大きな話ではなく，「小さな話」をしようと思う。**
　それは，実際の臨床現場で臨床家がどのように途方に暮れるのか，何をどのように学べばそこから脱することができるか，ということだ。

　心理職として生きていくのは難しい。心と体を目一杯使わないとできない仕事なのに，立場も収入も不安定だ。おまけに学びはじめると，さまよいの森に迷いこむ。踏んだり蹴ったりだ。
　でも，だからこそ，私は思う。
　心理職はタフになり，しぶとく生き延びつづけなければならない。
　「魚を与えるのでなく，釣り方を教えよ」という言葉を聞いたことがあるだろうか。飢えている人に魚を与えても一日で食べてしまうが，釣り方を教えればその後も生きていける，といった意味合いである。
　この本では，魚を与える（迷子脱出マニュアルを教える）のではなく，釣り方を学ぶ（抜け出すための心理療法の学び方を見つける）ことを目指す。そして欲を言えば，読者自身が釣竿を作る（自分なりの心理療法をつくる）ことに役立てると，なおうれしい。
　ただし，心理療法を学ぶために自身の生活を犠牲にしたり，心と体に負荷をかけすぎたり，無理をするのは禁物だ。それでは生き延び「つづける」ことはできない。
　ここで示すのは，心理職が置かれた現実のなかで「持続可能な」学習方法である。クライエントのためにも，セラピスト自身のためにも，長持ちすることが大切だ。

この本は何を語ろうとしているのか？

　ここまでの話を踏まえて，ロードマップで示した内容をもう一度整理しておこう。

　次の第2章では6つの事例を通して，私自身の迷子体験を紹介する。いずれも私が心理職1年目から10年目までに体験した失敗事例である。振り返るのは大変胸が苦しかったが，いかにしてセラピストが迷いの森に入り込んでしまうかを示したつもりだ。読者は読みながら，「私もこういうことあったな」と思い出したり，「昨日のケースに似てるな」と思ったりするかもしれない。

　第3章は迷子からの脱却を図る。この章は，「とらわれの迷子」と「へだたりの迷子」という2つの迷子から読者が脱する手伝いを試みる。私なりのナビゲーションである。その際，キーワードとなるのが，「脱神話」と「暗黙知」である。「暗黙知」とは，誰もがそれとなく身につけているものの言葉にできない，現場に埋め込まれた経験知・実践知を指す。いわゆる，コツとかちょっとした工夫といったもので，教科書にはあまり書かれていない，しかし実際にはあらゆるサイコセラピーを動かしている原動力＝エンジンのようなものだ。この暗黙知を知ることは，迷いの森のなかで武器や装備を手にするようなものであり，迷子から抜け出すことを助けてくれるだろう。第3章は私なりの独学の成果でもある。

　第3章まで読んでいただければ，ある程度は迷子から脱出できるかもしれない。しかし，時代はあっという間に変化し，一度手にした地図は古くなってしまう。自分自身で地図を更新し，ナビゲートできるようにならなければ，迷子に逆戻りだ。しかし，その性質上，現場で暗黙知を学ぶことは難しい。そのため，第4章では暗黙知を現場で学ぶことの構造的な困難を整理したうえで，それでも現場で暗黙知をいかにして身につけていくかについて論じる。いわば，暗黙知の学習論であり，独学の方法論である。

　最後の第5章では，ふたたび教条化に陥らないための方法を模索する。重要なのは，自ら理論を作っていくことだと私は考えている。といっても，大きな理論をぶち上げる必要はない。いつか本や論文になるまで発酵させるこ

ともあるかもしれないけれど，今あなたがいる現場で，あなたが作り上げる小さな理論で十分だ。そうした小さな理論を積み上げていくことこそが教条化を避け，心理臨床の世界を発展させる。教えをなぞることではなく，自分なりの小さな理論を作っていくことが重要だ。それが，独学の成果を形にするということだ。

　このような本書の構成は，一見するとセラピストに焦点を当てる比重が大きいがゆえにクライエントを置き去りにしているように見えるかもしれない。
　しかし，この点については明確に否定をしておきたい。クライエントを支えるためには，セラピストが支えられなければならない。セラピストについて語ることとクライエントを支えることは，完全に両立すると私は考えている。この本はセラピストを支え，その先にいるクライエントを支えることを常に念頭に置きながら書かれている。

　さて，まずは迷いの森に一歩ずつ分け入ってみよう――

第2章

心理療法「迷子」の事例集

第2章では6つの事例を紹介する。精神科クリニック，総合病院，児童精神科，小学校，開業オフィスと，臨床現場はさまざまだ。
　セラピスト（私）はいずれの事例でも迷子になっている。
　理由は事例ごとに異なるが，私は心理療法の途中でどうしたらいいかわからなくなり，迷走した。結果的にクライエントのニーズに応えることができずに中断したこともあれば，その後に何とか軌道修正をして立て直せたこともあった。読者自身の臨床体験を思い浮かべながら読んでいただけるとうれしいし，セラピストがいかにして迷子になりうるかを共有できたらと考えている。
　そのうえで第2章では，セラピスト側に不足していた視点や技能に焦点を当てる。それこそが，迷子に陥る要因を明らかにすることにつながるからだ。そのため，各事例の最後には「検証」と題し，セラピストに足りなかったと思われる点を問いとして記載した。あくまでも迷子になる要因の一例ではあるが，読者なりの答えを考えながら読み進めてみてほしい。その行為自体が心理療法を学ぶワークになるはずだ。
　なお，これら「検証」における問いに対する私なりの回答は第3章で論じる（つまり，第2章に張られた伏線は第3章以降で回収される）。
　また，事例は臨床経験年数順に並べられている。一人の心理職が臨床現場で働きはじめ，どのように成長していくのかという視点でも読むことができる。そうした読み方も迷子を脱するヒントになるかもしれない。
　なお，第2章の事例はすべて架空事例である（事例Fを除く）。とはいえ，私のこれまでの経験をもとに可能な限り臨床場面を再現するように描写したつもりだ。臨床場面のリアルを感じ取ってもらえるのではないかと思う。

1 児童精神科にて（1年目）[1]

事例A　「ガムが怖くて何が悪い！」（10代男子）
──強迫症のCBTの導入

❖「ガムが怖いんです」

　その小学6年生の少年に出会ったとき，大学院を修了して半年ほど経っていた。
　就職先の児童精神科の仕事を覚えるだけでも手一杯なのに，傍らで臨床心理士と公認心理師の資格を取るための勉強をする生活に疲弊し切っていた。

「ガムが怖いんです」

　見るからに頭が良さそうな，しかしどこか神経質そうなAは，眉毛をハの字にしながらつぶやいた。
〈ガムが怖い？〉
　どういうことだろうと思いながら，質問する。
「はい……」
　会話が止まってしまった。重い沈黙が流れはじめる。唾を飲む音が聴こえてきそうだ。

---

[1] 以下の事例では，「　」＝クライエントの発言，〈　〉＝セラピストの発言を指す。

質問しないと何に困っているのか把握できないけれど，質問すると，さらに追い詰めてしまうかもしれない。
　頭のなかに，大学院で習った「傾聴」の講義が流れてくる。この場面で「共感」ってどうしたらいいんだろう。
　事前に読んだカルテの内容を必死に思い出す。
　〈えーっと，カルテにはガムを踏んでから道を通れなくなったと書いてあったような……〉
　おそるおそる，聞いてみた。

　去年の9月1日。小学5年生の夏休み明けのことだ。
　ようやく買ってもらったニューバランスのスニーカーをはじめて履いた彼は，ガムを踏んでしまったという。校門を出て左に曲がるいつもの道だ。

　「"ねちょっ"ってしたんです。"ねちょっ"って……」

　「ねちょっ」という音の臨場感に，思わずこちらも嫌悪感が浮かぶ。「ピンク色のガム」がべったりと貼りついた靴底のイメージが浮かんでくる。

　その晩，靴の裏にこびりついたガムの映像が頭から離れなかった彼は，寝不足のまま翌日登校したようだった。学級委員として何事もなかったように朝の会を行ったが，「おはようございます，今日は……」と言いながら，どうしてもガムの映像が頭から離れなかった。
　まるで靴底にくっついたガムのように。

　その日の帰り，彼は「今日はこっちから帰ろうよ」と，ガムを踏んだ道とは別のルートで友達と帰った。翌日以降，行きも帰りも「あそこ（ガムを踏んだ場所）」を避けるようになった。その道を通らなければ，安心できた。
　けれど，ほっとしたのも束の間だった。

「ここにもガムが落ちてるかも」
　ガムを踏んでいない道なのに，こんな考えがむくむくっと湧いてくるようになった。
　夢中になれたはずの塾の勉強も，大好きだった"スプラトゥーン"も助けてくれなかった。その考えはいつでも，どんなときでも浮かんでくるようになった。信じられないくらいしつこい。

「あそこの道はガムが落ちてるから，通らないで！」
　気づいたら，家族にも強要するようになっていた。
　3学期に入る頃には，学校に行くためのルートはほぼ全滅した。

　ほとほと困り果てた母親が児童精神科に連れてきたというわけだ。

✤ 力む心理士

「OCD（強迫症）に対してERP（曝露反応妨害法）をお願いします」
　主治医からの依頼内容だ。
　依頼票を読み返しながら，同僚である5つ上の先輩のことを思い浮かべる。

「ERPの進め方が上手ですね」
　2週間前のセミナーでその先輩がCBT（認知行動療法）の著名な先生からかけられた言葉だ。
　さまざまな研究会や学会で事例を発表している同じゼミ出身の先輩は，自分よりも三歩くらい先を進んでいる。これ以上，先輩に差をつけられるわけにはいかない。
　自然と，力が入る。

　"まずは心理教育，心理教育"と内心つぶやきながら，心理教育の資料を取り出す。

〈あなたが今困っているガムが怖いっていう症状は,強迫症といって……〉
Aの表情は緩まない。眉毛はハの字のままだ。
〈強迫症というのはね,あなたのせいじゃないんです。あなたのなかにいる"強迫くん"のせいなのです。だから,一緒に"強迫くん"をやっつけよう！〉
研究会でも話題になっていた"外在化"もばっちりだ。

……のはずなのに,彼の眉毛の角度は変わらない。

そうだ,そうだ,外在化のポイントは子どもと一緒に名前をつけることだった,と思い出す。
〈"強迫くん"って勝手につけちゃってごめんね,名前は何にしようか,何がいい？〉
「それでいいです」
彼はつぶやいたまま,黙ってしまった。気まずい空気が流れる。
あっという間に20分が経ち,2週間後に会う約束をして別れた。

❖ はじめて「親」に会う

Aと話した後,10分ほど母親と2人で話すことになっていた。
先ほど待合で見かけた母親の顔を思い出す。A以上に線が細く,見るからに神経質そうだった。「この子は大丈夫でしょうか,ちゃんと治りますよね？」
目の奥に有無を言わせない圧を感じる。
わが子が突然このような症状に悩まされてしまったのだから,そう思うのも当然だ。小さい頃から周りのママ友から羨ましがられるような子どもだったのだから,なおさらだ。

強迫症の治療において,家族支援は子どもの治療と同じくらい重要だ。先週読み込んだ本にも繰り返し書かれていた。

でも，"親"ってどう会ったらいいんだ？　頭のなかが不安でぐるぐるしてくる。
　もちろん，この母親と同世代の女性クライエントには会ったことがある。2週間ほど前から担当しているパニック障害のケースも，大学院で担当したイニシャルケースもそうだった。
　けど，子どもの"親"に会うのは初めてだった。子どものケースで親と何をどう話せばいいのか教わったことがない。大学院でも，研究会でも。この半年会ってきた子どもの親は，主治医がマネジメントしてくれていた。
　私は憂鬱な気分のまま，待合に母親を迎えに行った。

「息子はどうでしたか？」
　面接室のドアが閉まった瞬間，母親は尋ねてきた。母親の眉毛もまたハの字だった。
〈すみません，気まずい雰囲気のまま別れてしまいました〉
　……なんて言えるわけがない。

〈初回ということもあって，少し緊張されていたみたいですね〉
「そうですよね……で，治りそうですか？」
　母親の視線は鋭い。
〈そうですね……〉
　言葉が続かない。
　もちろん，治ったらいいと思っている。当然だ。
　親を安心させ，親が不安に振り回されないようにすることも重要だ。たしか，本のなかでも太字フォントになっていた。

　でも，いざ親を前にすると，何て言ったらいいのかわからない。圧が強い。思っていたよりも，ずっと。大げさではなく，パニックになりそうだ。
〈そうですね，治ったらいいと私も思っています。それに，親が子どもに安心感を与えるのも大事なことなんです〉

言った瞬間に，こんな言い方したいわけじゃなかったのに，と思ったが，遅かった。

「私が子どもを不安にさせてるって言いたいんですか⁉」
　母親の声に苛立ちがにじむ。
〈いえ，そういうことではなくて，子どもの治療をしていくうえで大事なことで……〉
　しどろもどろになりながら伝えたが，もはや説明になっていなかった。

「とにかく，お願いしますね！」
　終わり際，先ほどよりも3倍くらい強い語気で母親は言った。圧が上がってしまった。
　そして，大きなため息をついた。
　きっとこれから私の頭のなかで何度も反芻されるであろう，深い深いため息だ。
　母親を安心させるつもりが，不安にさせたうえに，怒らせてしまった。

　私は何をやっているんだろう。
　情けない気持ちになりながら，〈はい，最善を尽くします〉と答えたが，自分に何かできる気は全くしなかった。

✣「ミックスフライ定食」セラピー

　その日の帰り道。
　電車のなかで強迫症に関するCBTの本を読み返してみた。心理教育も外在化も教科書に則ってやってみたつもりだった。
　けれど，本に載っている事例とは何かが違う。でも，何が違うかはわからない。
　ふと，Aの困った表情が浮かんでくる。申し訳ない気持ちになる。「とにか

く，お願いしますね！」と言う母親の声が聞こえる。
　一体，どうしたらいいのだろう。

　途方に暮れた私は，2週間後の次のセッションまでに何とかなる気さえしなかった。とはいえ，できる限りのことをするしかない。

　手はじめに心理教育の本を読んでみることにした。
　"不安はネガティブな感情ではなく，大事な信号でもある"
　なるほど，たしかにそうだ。

　"芸能人の例などを用いて，ノーマライゼーションを行うと良い"
　最近，売れているあの俳優もそうだっけ。でも，小6で知っているのか？

　そもそも，母親の圧と不安は強そうだし，"母子関係"はどうなのだろう。力動的に考えると，どうだろう。"肛門期性格"。意味がわからない。ああ，でも，親が強迫だと子どもも強迫になりやすいのか。
　そうそう，"アタッチメント"も大事だ。あの母親だと安全基地って感じじゃないし，安定型のアタッチメントが築けていないのかもしれない。
　そう考えると，親に対して強迫症の心理教育を行うだけでは不十分かもしれない。この前，同期から聞いた"ペアレントトレーニング"なんてどうだろう。あれはADHDの子ども向けと言っていた気もするけど，この母親にも効果があるかもしれない。
　"強迫スペクトラム"。こんな概念があったとは……。私も強迫的なところがある。電車で座ったときには，忘れ物をしていないか何度も座席を確認してしまうし。
　"適度な自己開示は親近感を生む"
　なるほど，自分の強迫性を伝えれば，少しは親近感をもってくれるかな。

　こんなことを繰り返しているうち，あっという間に2週間が経ってしまった。

2週間前よりも多くの手札を私は手に入れることができた。ばっちりだ。
　……と思いたいところだけど，正直，消化不良を起こしていた。
　まるで出来の悪いミックスフライ定食のようだ。アジフライもコロッケもメンチカツもから揚げもエビフライもカキフライも載せられた——
　でも，何をどれだけ使えばいいのか見当もつかない。

❖「ガムが怖くて何が悪いんですか！」

　2週間後の2セッション目。
　Aのペースを尊重しよう。前回の失敗は繰り返したくない。

〈まずは強迫の名前は何がいいかなあ〉
「前回の"強迫くん"でいいです」
どこか投げやりな気がしなくもない。
でも，私の頭のなかは次の不安の心理教育でいっぱいだ。
〈うん，うん，じゃあ"強迫くん"にしよう。次はね，不安について一緒に勉強しよう〉
　図を見せながら，この2週間のあいだに何度も練習した心理教育を試みた。

　Aの反応がいまいちわからない。聞いているようでもあるし，聞いていないようでもある。
〈だからね，あなたが悪いんじゃなくて，あなたのなかにいる"強迫くん"がね，悪さをしているんだ……〉
　懸命に外在化を行った。外在化を適切に行えば，Aの辛さはいくぶんか和らぐはずだ。

　でも，様子がおかしい。
　Aは押し黙ったままうつむきつづけた。うんともすんとも言わず，ただだうつむいていた。

結局，気まずい雰囲気のままAは面接室から出て行った。

「ガムが怖くて何が悪いんですか！」

その後の診察で，Aは主治医にこう訴えたという。
「あの人は僕に"あなたは悪くない，強迫を治そう"って言うけど，僕はそもそもガムが怖いと思っていることを悪いと思ってないし，治そうとも思ってない。もうあんなところには行かない！」
主治医の説得も虚しく，カウンセリングはそのまま中断となってしまった。

「ガムが怖くて何が悪いんですか！」

私の頭のなかで何度もこだまする。まるでAから直接言われたみたいだ。
うまくいっていないことはわかっていたけど，私にはどうしたらいいかわからなかった。

検　証

この事例は一言で言えば，「標準的な心理療法を導入しようと躍起になりすぎて，クライエントを置いてけぼりにしてしまった事例」と言えるだろう。
ここでは，私に何が足りなかったのかを検証してみたい。

❶クライエントの準備性の見立て

Aには明確な強迫症状があり，家族に対する「巻き込み」もあった。症状が明らかという意味ではCBTの適用になりそうである。だからこそ，医師も

「OCD（強迫症）のERP（曝露反応妨害法）」と依頼したのだろう。

しかし，Aは自身の強迫症を「治そう」とは思っていない様子であった。より正確には，「強迫症状に困ってはいるけれど，治すものとは考えていなかった」と言える。そのことは最後に診察室で語られた「ガムが怖くて何が悪いんですか！」という言葉が端的に表している。

なぜ私はこうしたAの治療に対する考えを把握できなかったのだろうか。①他者から連れてこられたクライエントという文脈の理解，②モチベーションの質の評価[2]というクライエントの準備性に関する2つの見立てが足りていなかった，と言えそうである。

❷目的と手段の見極め

実際，私は就職したばかりで職場に馴染むことや資格試験の勉強で余裕がない状態であった。しかし，クライエントを置いてけぼりにしてしまった理由はそれだけではなさそうだ。

大学の授業や先輩の存在，研究会での教えなどから形作られた「心理療法」に対するイメージと自身の臨床のギャップに焦りや戸惑いを感じていた。むろん，各学派がそれぞれの正統な心理療法を教える重要性は議論を俟たないが，私のなかには「心理療法」に対する過度な憧れがあったのかもしれない。

また，本来，ある目的のために技法を用いるものだが（例：「外在化」＝クライエント自身ではなくOCDを倒すという構図を作る），この事例では技法を行うこと自体が優先され，その目的がおざなりになっている。つまり，技法における目的と手段の混同が起こっていると言える。

---

[2] 心理療法において何を目標にどの程度のコストをかけて取り組む気があるかを評価すること。たとえば，強迫症状を改善するために病院に通って治療に取り組みたいのか，何かに取り組むのではなく話を聞いてほしいのかによって取り組めることは異なる。

❸ 関係づくりの視点

このようにセラピストは自分の頭のなかにある「心理療法」イメージや先生や先輩のほうばかり気になり，目の前のクライエントのことを考えるのが難しくなって，クライエントとの関係づくりの視点が欠けていたと言える。

クライエントと会うとき，まず必要となるのは，**クライエントに波長を合わせ，クライエントの話を聞くこと**である。残念ながら，余裕がなかった私にはどちらの視点ももてていなかったように思われる。

一方，関係づくりで必要なのは話を聞くことだけではない。時に**話しかけることも必要**である。私はたしかに話しかけているが，その内容はほとんどが「心理教育」であった。Aとの関係づくりの役には立たなかったと言えるだろう。

❹ 親のマネジメント

OCDのERPでは親面接を行うことが標準的な手続きに含まれているし，そもそも未成年の面接を行う際，親と会う機会は少なくない。しかし，おそらく多くの読者は大学院や研究会などで親面接について体系的に学んだ経験は少ないのではないだろうか。

「子どもの治療者になるためには，親の面接ができなければならない」と言われることがある。しかし，特に駆け出しの頃は親を目の前にすると緊張して的確な説明ができなかったり，過度に迎合したり，あるいは過度に敵対的になったりして，子どもとの面接自体も中断になってしまうことがある。

❺「クライエントはどんな人なのか」という視点

初回面接でうまくいかなかった私は必死に勉強をしたが，最終的にミックスフライ定食状態（手札だけはたくさんある）に陥ってしまい，何をどう使えばいいかわからない消化不良を起こしてしまった。もちろん，当時の「手

札」は手札と呼べる代物ではなかっただろうし，CBTの勉強も不十分であった。しかし，それだけでなく「クライエントはどんな人なのか」という視点よりも，「クライエントに何をしたら良いか」という視点が優位になりすぎていたと考えられる。

　「何をしたら良いか」は「どんな人なのか」によって異なる。だから，まずは「どんな人なのか」を考えなければならない。これが俗に言うアセスメントの基本であるが，経験が少ないとしばしば順序が反転してしまううえに，理論と技法で武装した結果，何をしているのかわからない状態に陥ってしまう。

2 総合病院精神科にて（3年目）

事例B 「完璧な私でいたかった」（20代女性）
──ベッドサイドの面接

❖「で，なんですか？」

〈すみません，今よろしいでしょうか？〉
　許可を取ってカーテンを開ける。目に入ってきたその風貌に驚く。
　完璧なまでに隙のないメイクは，まるで今から丸の内に出勤するかのようだ。視線を落とすと，腰と左足には鎧のようなコルセットが巻かれている。彼女の首から上と首から下は，それぞれが別の人物の所有物であるとさえ思えてくる。
　ある夕暮れ時の，ベッドサイドでの出来事だ。

　ここは小高い山に囲まれ，野菜の直売所が点在する，郊外の総合病院精神科。
　無事に臨床心理士と公認心理師の資格を取得し，非常勤として働きはじめた現場である。主な仕事は，入院患者のベッドサイド面接だ。
　その病院は，周りののどかな雰囲気からは隔絶された，とてもとても，ハードな臨床現場だった。
　マンションの3階から飛び降りて一命をとりとめた後，リハビリ目的で転院してくる人。糖尿病を患ったものの，統合失調症を抱えているがゆえに他

院から入院を断られた人。肝硬変を患った，家庭内暴力をふるっているアルコール依存症の人。何度も何度も自傷を繰り返した末に，歩道橋から飛び降りた人。
　みな，事情があった。

　しかも，今年から心理職を雇いはじめたばかりの，「一人職場」であった。
　「入院中の困りごと相談とか，患者さんと病棟スタッフのつなぎ役をお願いね。なんせうちの病院で初めての心理士なんだから，期待してるよ」
　事務長の顔が浮かぶ。採用面接の終わりには，分厚い手で肩までたたかれた。
　身体科の知識もなければ自殺企図に関する知識も乏しい。そんな3年目の私に務まるのだろうか。不安しかない。

　働きはじめて3カ月目。
　主治医から「とりあえず，話聞いてみてよ」と，B（20代女性）の面接依頼があった。

> 　幼少期，両親が不仲であったようだが，詳細は不明。私立の中高一貫校出身。成績上位で難関大学に進学。大学卒業後，外資の金融機関に就職し，3年目までは成績優秀であったが，4年目から行き詰まった。X年Y月，自宅マンション（3F）から飛び降り自殺を図り，救急搬送。左大腿骨骨折，骨盤骨折，腰椎骨折の診断で加療後，リハビリ目的で当院へ転院。

　病棟のカルテにはこう書いてある。
　すぐに精神分析的心理療法やCBTができる人ではなさそうだ。Aのことを思い出し，苦々しい気持ちになる。また押し付けて失敗したくはない。

　でも，Bがどんな人で，自分が何を求められているのかよくわからない。

カルテを読みながら，視界の端でベテランナースをチラ見する。スタッフとの会話が途切れた。話しかけるチャンスだ。
　でも，その前に深呼吸をしなければ。緊張したまま話しかけると，どもってしまう。
　あ，グズグズしているうちに検温に行ってしまった……

　そして，冒頭の出会い。
　〈失礼します。心理士の山口と申します。主治医の依頼で様子を伺いに来ました〉
　いつものように挨拶する。
　「はい」
　その声には，どこか金属音を思わせる冷たい質感がある。
　3秒ほど，間がある。

　「で，なんですか？」

　Bは微笑んでいたが，目は笑っていなかった。突き刺すようなその視線に，私は動けなくなるような圧を感じた。
　〈あ，いえ，その……〉
　しどろもどろになりながら訪室理由を説明したけれど，自分でも何を言っているのかわからなくなっていた。終わり際，かろうじて再訪することを伝えると，「別に私は必要としてないですけど。主治医がそう言うなら，どうぞ」とBは言った。
　彼女は，ずっと爪をいじっていた。

✤ 病棟連携① ──「ニーズの聞き取り」不発

　「ああ，あの人ね……病棟に迷惑かけたりはしないけど，とっつきづらいのよねー」

50代の重鎮ナースの言葉にはどこか含みがある。気が重い。

「最近，渋谷にできたオフィスビルで働いているらしいよ。かっこいいよね」
　20代の新人ナースの声は軽やかだ。コミュニケーションのコツを教えてほしいけど，気安く聞けるような間柄ではない。

　新人ナースは，重鎮ナースから点滴の仕方を教えてもらっているようだ。先輩から教えてもらえるのはうらやましい。

　次の出勤日に病棟スタッフからBの情報を集めてみたけれど，何をどうすればいいのか，さっぱりわからない。
　ふと，大学院時代のリエゾンの実習を思い出す。たしか，実習先の先輩は「病棟のニーズ」を聞いていたはずだ。

〈Bさんについて困っていることはないでしょうか？〉
　おそるおそる聞いてみた。
「ないね」と，重鎮ナース。
「別に」と，新人ナース。
　ニーズを聞いても，何も出てこなかった。

　主治医からは「とりあえず，話聞いてみてよ」と言われている。話すことがない場合，どうしたらいいのでしょうか？　と主治医に聞いてみたいけど，そんなことを言えるわけがない。

❖ コンサルテーションを受けてみる

　大学の先輩の紹介で単発のコンサルテーションを受けることにした。
　というのも，主訴があるわけでもなく，これまで学んできた心理療法の適用ではなさそうなBに対して，何をどうしたらいいのか見当もつかなった

からだ。

　相談する同僚がおらず，孤独感も募っていた。
　できれば，同じ部屋にいるソーシャルワーカーに相談してみたいけど，まだ相談できる間柄ではない。それに，毎日毎日信じられない数の電話を見事にさばいている彼女たちに，これ以上の負担をかけるのは気が引ける。
　ケースが少ない私は，部屋のなかで席に座っているだけでも居たたまれない気持ちになる。

　「隙のないメイクは，この人らしさを表しているかもしれないですね。だとしたら，関係をつくるまで時間がかかるかもしれません。あと，患者さんが自ら来るクリニックと，こちらから行く入院病棟では違うからねえ。この方自身に働きかけるだけでは事態は変わっていかないだろうから，もっと病棟と連携を取ってみたらどうかな？　たとえば，新人ナースはBさんと話せてそうだし，もっと聞いてみると良いかもしれないですね」

　ベテラン心理士からのアドバイスだ。
　彼女の柔和な笑顔は，なぜだか包み込まれる気持ちになる。こんな雰囲気を醸し出せたら，Bも話してくれるのだろうか。でも，雰囲気ってどうやって身につけるのだろう。

　それでもコンサルテーション直後，"よし，今度の水曜日にはもう一度病棟に話しに行ってみよう"と勇気が湧いてきた（気がした）。一日分の給料を丸々注ぎ込んだ甲斐があった。

　けれど，翌日には不安が襲ってきた。
　実際には，どのように関係づくりをしたらいいのだろう。
　自分から訪問する場合には，何に気をつければいいのだろう。
　病棟と連携を取るってどうしたらいいのだろう。

何よりも，病棟のナースは怖い。

もっと質問すれば良かったと後悔するけど，もう一度コンサルテーションを受ける余裕はない。再来週に迫った大学同期の結婚式のために，3万円をご祝儀袋に詰めたばかりだ。

❖ 病棟連携②——「心理士，辞めたい」

〈皆さんがおっしゃるように進めるのが良いと思います〉

病棟の緊急ミーティングで，私がかろうじて発した言葉がこれだ。
ソーシャルワーカーがため息をつく。病棟師長は冷たい視線を向ける。
味わったことがないような羞恥心と無力感。一刻も早く，この場から立ち去りたい。

事態は急変していた。Bとの面接前のことだった。
病室のトイレで，隠し持っていたカミソリを使ってBがリストカットしたのだ。
幸い命に関わるものではなかったが，緊急ミーティングが行われることになった。単科の精神科と異なり，総合病院では自傷行為の対策を取ることが難しいからだ。
病棟師長，担当ナース，理学療法士，ソーシャルワーカー，そして私が参加した。
それぞれ，専門家らしい見解を述べていく。さすがプロだ。

「山口さんはいかがですか？」

師長から話を振られた。
心理士にはBの心理状態の説明，そしてリストカットに対する具体的な対

策が期待されている。

〈そうですね……〉

話しはじめた瞬間，頭が真っ白になった。

そもそも，Bはどんな心理状態なのだろう？

正直，よくわからない。まともに話せていないのだから，当たり前だ。

自傷対策はどうしたらいいのだろう？

今，師長が述べていた以上のことを言える気がしない。昨日読んだ自殺関連の本に書いてあった"病棟での対策"を懸命に思い返す。ポイントは思い出せるけど，Bという人に対して何をどうしたらいいのか見当もつかない。

事前に準備したメモに目を向ける。2時間かけて書いた文字がぼやける。全部まとめて「クズ」にしか見えない。

そして発してしまった何の役にも立たない言葉。

心理士，辞めたい。そう思った。

❖ 病棟連携③──結果は惨敗

それから3週間。

私は結婚式の二次会で会った大学の同期に相談して，何とか気持ちを立て直した。

コンサルテーションでは「関係づくりには時間がかかる」と言われたけど，リハビリのために入院できる期間は3カ月しかない。悠長なことは言っていられない。

勤務日の週2回，Bを必ず訪問することにし，積極的にコミュニケーションを図った。

〈具合はいかがでしょうか〉

〈何か困ったことはありませんか〉

4回ほど訪れると，若干ではあったけど，Bの声質は変わってきたように思われた。

そのなかで重要と思われる内容をナースに伝えてみたり，病棟で困っていることを尋ねてみたり，Bとの接し方をアドバイスしてみたり，懸命に病棟スタッフに働きかけた。

でも，結果は惨敗。
「わかった，わかった。で，何？　あの人，あれから病棟に迷惑をかけてないんだからさ，それでいいじゃない」
重鎮ナースが迷惑そうな顔を浮かべる。
〈そ，そう，ですよね……〉
私は言葉を振り絞るのが精一杯だった。

積極的に病棟と「連携」を取ろうとしてみたけれど，それが功を奏したとはお世辞にも言えなかった。今にも心が折れてしまいそうだ。

❖「完璧な私でいたかった」

「完璧な私でいたかったなって」

つぶやいた瞬間に，Bははっとしたような表情を浮かべた。その言葉は，語ろうとして語ったというよりも，不意に出てしまったようだった。窓の外では夕日が沈もうとしていた。

5回目の面接，私が訪れるとBは珍しくぼんやりと窓の外を眺めていた。心なしか，目が潤んでいるようにも見えた。
〈どうかされたのでしょうか〉
尋ねてみたら，さっきの言葉が返ってきた。

そこから先の言葉を待ってみた。けれど，私の期待とは裏腹に，Bは完全に"閉じた"。

そして隙のない笑顔を浮かべながら，淡々と，冷静に，病棟生活の詳細を報告した。

最後はこう締めくくられた。
「ですから，私にはこの面接は全く必要ありません。病棟生活に問題がないですし，この面接に意義を見出せないので」
まるでオフィスでのビジネストークみたいな話し方だ。
私はぼんやりと夕日を眺めるBの表情を思い浮かべながら，それは本心ではないだろうと思わざるをえなかった。
けれど，口を挟むとBの「完璧さ」を崩してしまうような気がして，何も言えなくなってしまった。どうしてそんな気持ちになったのか，自分でもよくわからなかったけれど。
その後，Bは病棟ナースに「意義が見出せないので，心理面接は中止にしてください。そうしないと院長に直談判します」と強く要求し，面接は中断になってしまった。

「あなた何かやっちゃったの？」
病棟に行くと，重鎮ナースが尋ねてきた。
懸命に説明しようとするが，言葉が見つからない。この出来事が何だったのか，自分のなかで消化できなかった。
〈申し訳ございませんでした〉
力なく，言葉を吐き出す。
ナースたちの冷ややかな目線に，病棟恐怖症になりそうだと思う。心理士辞めようか，と再び心のなかでつぶやいた。

第2章　心理療法「迷子」の事例集

検 証

　1つ目の事例に続いて，再び中断となってしまったこの事例は，「心理面接の前に必要な病棟連携がうまくいかず，面接も失敗した事例」と言えそうである。
　この事例では何が起こっていたのだろうか。

❶「経験のない心理士が一人で過酷な現場に立つ」という捻じれ構造

　この現場で心理士に求められる力は何だったのだろう。
　まずはクライエントの病理を見立てる力，それをもとにした関係づくりの力が必要である。しかしそれだけでは不十分で，医学的な知識，他職種との連携など，多岐にわたる力が求められる。
　つまり，心理士として非常に高い総合力が必要だった。
　私は卒後3年目にしてそのような現場に就職してしまった。就職先がなかなか見つからず，ようやく見つかったのが心理士の新規採用を始めたこの病院だったからだ。新しく心理士を採用する場合，周囲のスタッフも心理士の使い方がわからないし，心理士も使われ方がわからないことが多いだろう。
　もちろん，開拓者たちのおかげで私たち心理士の仕事は着実に増えているが，多くの新人心理士がこのような一人職場かつ過酷な現場に就職せざるをえない現状は，構造的に捻じれを起こしていると言えるだろう。

❷多職種連携の難しさ

　私は多職種連携の重要性を意識してはいたが，最後までうまくいかなかった。極めつけは病棟ミーティングである。私の発言は「役に立たない心理士」の典型のような言葉であった。

このような事態を招いた理由は，いくつか考えられる。①病棟スタッフからの信頼を得られていなかった，②病棟のニーズを十分に把握できていなかった，③病棟の誰にどのように話しかければいいかわからなかった，④具体的に役立つ介入を身につけていなかった，などが挙げられる。

　もちろん，「ひきこもり心理士」と揶揄された時代とは異なり，近年は他職種との連携が重視され，「外に出る心理士」像が目指されている。公認心理師のテキストにも連携に多くのページが割かれていて，理念としては随分と定着した感はある。

　しかし実際に現場に出てみると一転する。気軽に「連携」と言い出せないような他職種からの圧を感じたり，想像以上に役立つコメントを言えなかったり，本で得た知識を現場でどのように活用したらいいのかがわからなくなったりする。

　ここで注目したいのは，このときの私は「病棟が怖い」「役に立たなかったらどうしよう」など，<u>意識のベクトルが自分に集中していた</u>点である。このような状態では，病棟の力動を観察したり，患者のために何が必要かを考えたりする視点（＝<u>メタな視点</u>）をもつことは困難だろう。

❸依頼元と多方向ニーズ

　この事例の依頼元，つまり心理士に面接を依頼した人は主治医である。主治医の依頼は「とりあえず，話聞いてみてよ」である。依頼した理由は患者のニーズではなく，保険点数を巡る病院の経済的な事情からであった。一方，少なくとも初回の時点ではBにはニーズはないように見えたし，病棟スタッフにもニーズはないように見えた。

　しかし，Bのリストカットを機に病棟スタッフのニーズ（＝自傷行為への対策をどうすればいいか？）は高まり，Bもいくらか態度が軟化して何らかのニーズがあるように感じられた。

　このように<u>ニーズは明確ではなく未分化な場合も多く，かつ他職種で働く現場ではニーズが各方面に散らばっているうえに刻一刻と変化する</u>ものであ

る。そうした状況のなかでニーズを同定し，選定しなければならない，という非常に難しい仕事をしているのである。

❹「とりあえず，話聞いて」というオーダー

　これは心理士にとって"あるある"な医師からのオーダーである。この場合，私たちの仕事は「話を聞く」ことになる。

　しかし，「とりあえず，話聞いてみてよ」と言われて話を聞くことは非常に難しい。何をどう聞けばいいのかも，どこを目指せばいいのかもわからない。Bとの面接でもまさにそのような感覚に陥っていた。

　医師がこのようなオーダーをするのには理由がある。この病院のように経済的事情もあれば，5分診療ではとても聞き切れないほど話をする人もいれば，どのような人かよくわからないから医師も困っている場合もあるだろう。

　クライエントにもいろいろな人がいる。話を聞いてほしい人もいれば，聞いてほしくない人も，徐々に聞いてほしくなる人も，話してみたら話したくなくなる人も。

3 小学校にて（5年目）

> **事例C**「私だって辛かったんです」（40代女性）
> ――親面接で「親の話をどこまで聞くか」問題

❖「普通はできるじゃないですか」

「もう小学校5年生ですよ!?」
母親のあまりの剣幕に，こちらもついうなずいてしまう。
〈ええ，お母さんが怒るのは無理もないですよね……〉
「私は怒ってるわけじゃありません！」

また地雷を踏んでしまった。今日で3度目の地雷だ。
〈そうですよね，私の言い方が不適切でした……〉
「私は普通のことを言ってるだけです。普通はできるじゃないですか。男の子だったらまだしも，女の子ですよ！　普通の小学5年生の女の子だったらできるはずです」
連呼される「普通」が耳に刺さる。

面接時間は残り10分。完全に母親ペースだ。
〈お母さんもご存知かとは思いますが，お子さんのなかには忘れ物がどうしても多くなってしまう子もいて……〉
「だから，それは小学校2年生までの話ですよね。うちの子は小学校5年生

なんですよ」
　なぜ2年生なんだ？　と疑問が浮かびつつ，なおさら5年生の忘れ物は許せないかもしれないと考えていたら，あっという間に終了時間になってしまった。
〈すみませんお母さん，時間ですね。では，また1カ月後に〉
「ああ，わかりました……次は具体的なアドバイスをお願いしますね」
〈……〉

　心理士5年目。
　私はスクールカウンセラーとして，週に1日，公立小学校で働きはじめた。
　ドラマの撮影でもよく使われる広い河川敷が近くにある，昔からの旧家と新興住宅が混在する地域だ。

「忘れ物が多い」
　5年生になる次女の相談で訪れた母親Cの相談内容だ。
　担任に確認すると，たしかに忘れ物が多い生徒だった。
　給食袋，体操着，筆箱，宿題，連絡帳。日常的に忘れることが多いようだ。

「たしかに忘れ物は多いですけど，人懐っこくてクラスでも人気のある子ですよ。そんなに気にしたことないですけどね」
　担任が印象を教えてくれた。
　私も何度か廊下で見かけたことがある。愛嬌のある，自分から挨拶をしてきてくれる感じのいい子だった。

　Cとの面接は今回で2回目だ。
　大手の人材派遣会社に勤めているCは，忘れ物を絶対にしなさそうな，次女とは対照的にやや神経質な雰囲気のワーママだ。長女は母親似だという。

❖「自立してもらわないと」

「どうしたら忘れ物はなくなりますか？　毎日毎日，大変なんですよ，朝。私だって7時半には家を出ないといけないのに，ちんたらちんたら準備して……前日に準備すればいいだけじゃないですか？　小5ってもっと自立すべきですよね？　だから口を出さないようにしてたけど，全然変わらないし。ネットで調べたんですけど，娘はADHDってことですか？　そうですよね？」
〈ご本人とお話ししていないので，何とも言えないですが，お母さんも毎朝大変ですよね〉
「大変なのは当たり前じゃないですか。ADHDかどうか聞いてるんです。どうなんですか！」
〈その傾向はあるのかもしれません〉

　心理士は診断をしない。医師とは違う。
　だから，いわゆるADHDやASDの傾向がありそうな子どもに言及する際，慎重になるのが鉄則だ。ということは，わかっていたはずだった。
　が，Cのペースに巻き込まれると，余計なことを言ってしまう。

「自立してもらわないと困るんです。もう小5ですよ？　自立してるのが当然じゃないですか。このままじゃあの子が困るんですよ，自立しないと」

　「普通」の次は「自立」が連呼される。
　たしかに自立は大切だけれど，「普通」と「自立」という言葉にかすかに違和感を覚える。この違和感は何だろうか。
　と，思った瞬間に違和感が吹き飛ぶ。

「先生も自立って大事だと思いません？　生きていくうえで，絶対必要じゃないですか。そうですよね!?」
〈そう，ですね……〉

第2章　心理療法「迷子」の事例集

うなずかざるをえない。
ひとまず，話を聴くしかなさそうだ。

✤ 予想外の涙

1カ月後の3回目の面接。
「自立」の話が続く。

〈お母さんは「自立」を大事になさってるんですね〉
「それはそうですよ。人間にとって自立っていうのは……」
　あれ？　気づいたら，忘れ物の話はどこかに行っている。けど，軌道修正すると怒られそうだ。
「私だって，あんな風に自立したくなかったですよ」
　ん？　いつの間にか母親自身の話になっている。

〈どういうことです？〉
　あ，自分から合いの手を入れてしまった。

「私の母って病気だったんです。もう亡くなっているんですけど。私が小学校4年生のときかな，精神的におかしくなってしまって……小学校に入った頃には様子がおかしかったんですけどね。今思えば，そこから入院をしたりしてて。代わりに祖母と父が面倒みてくれたんですけど，祖母も仕事してたし。ご飯つくったり，家のことは自分でしなくちゃいけなくて……」
　思いもよらない話に私は驚いた。
　昨日読んだヤングケアラーのネット記事を思い出しながら，実母はうつ病か統合失調症だったのだろうか，と想像する。

〈それは大変でしたね……〉
「病院から帰ってきても母は母じゃないというか。たまに一人でぶつぶつ

言ってるし，話しかけても反応しないし……」
「高校生までそういう生活が続いて。私，妹がいるんですね。4歳下の。母が病気になったときはまだ小学1年生だったし，何とか面倒みないとって思って。忘れ物しないようにって母の代わりに手伝ったりして。あの子，小学5年生になってもそんな調子で。ほんと世話焼けますよね」
Cは小さく笑った。

そして，わずかな沈黙ができると同時に表情から笑みが消えた。
その瞬間，私にはスローモーションのように見えた。

「結局，母は自殺してしまったんです。私が高校2年生のときに」

言葉を失った。
「最期はほとんど話せる状況ではなくて。もっと話したいことがたくさんあったのに……」
Cの目が赤らむ。カバンからハンカチを取り出すと，涙がこぼれてきた。
「葬式も，近所の人には言えないじゃないですか。だから……」
これまで誰にも話せなかったのかもしれない。決壊したダムのように，実母の話があふれ出てくる。

ふと，時計に目をやる。
面接時間が8分も過ぎている。次の面接が迫っているけれど，Cは大粒の涙を流しながら泣いていて，話をどこで切ればいいのかわからない。次の利用者が来てしまう，まずい。

〈お母さん，ごめんなさい。時間ですので，今日はここまでにしますね……〉
「はい……母のこと思い出して，辛いです……私だって辛かったんです」
号泣したままの状態で，半ば無理やり送り出すことになってしまった。このまま一人にしてしまって大丈夫だろうか。

けど，入れ替わりで次に予約していた小5の女の子が入ってきたから，これ以上どうにもできない。

✣ 心配される心理士

「先生のところに通ってるお母さん，大丈夫ですか？」

その日の夕方，廊下で副校長から話しかけられた。かすかなため息が聞こえる。
50代の女性副校長は，普段は子ども思いで温厚だけど，「目をつけられるとかなり怖い」と仲の良い若手教諭が言っていた。憂鬱な気持ちになっていく。

〈どうかされました？〉
恐る恐る聞いてみる。
「今日の午前中，Cさんが来てましたよね？　泣きながら廊下を歩いてて，たまたますれ違ったらつかまっちゃって……全然泣き止まなくて困っちゃいましたよ。自分の母親がどうとか，自立がどうとか言ってましたけど。30分くらい話を聴いて，給食で生徒が出てくるからって帰ってもらいましたけど，あのあと大丈夫でしたか？」
副校長の声からは若干の苛立ちが伝わってくる。
〈申し訳ございませんでした〉
ひとまず謝罪し，足早に去る。

「先生，どうしたらいいですか？　Cさんから電話かかってきちゃって話が止まらないし，大変ですよ。忘れ物の話だったのに，「私も辛いんです」とか，泣きながら話してて。ちょっとよくわからなかったけど，なんかすごく辛そうでしたよ。時間なかったから電話切っちゃったけど，大丈夫ですかね？」
担任の30代男性教諭が相談室に来てくれた。

まずいことが起こってしまったと内心焦るけど、どうしてこうなってしまったのか。何をどうしたらいいのだろうと考えるけど、頭のなかには「やばい」しか浮かんでこない。

先月面接をした、別のクラスの母親を思い出す。
その母親は「ずっとひっかかっていた母の話ができて、すっきりしました」と雲が晴れたような表情で部屋を出て行った。一体、あの母親と何が違うのだろう。

❖「話を聴かない」

「悪性の退行っていう概念があってさあ」
スーパーバイザーが言う。

「このお母さん、悪性の退行を起こしてるんじゃないかなあ。話を聴きすぎというか。聴かないほうがいいときもあるんだよねぇー」
相変わらず語尾が緩い。
話を聴かないってどういうことなのだろう、話を聴くのが心理士の仕事じゃなかったのか、と混乱してくる。

〈聴かないってどういうことですか？〉
「人ってね、話を聴いてもらえば聴いてもらうほど、相手に依存的になっていくんだよね。それは一般的に起こることなんだけど、Cさんみたいに内面にいろいろと抱えているような人はね、話を聴いてもらえるってなると、内面のドロドロがどばって急に出てきちゃって収まりがつかなくなることがあるの。Cさん、これだけのことがあったのに、有名な企業に就職して、働くママとして仕事も家庭も両立してたんでしょう？　それだけ、蓋をきつく閉めて生きてきたってことじゃない。面接の後に、副校長にも担任にも話したでしょう。それって、自分のなかにしまってたものが出ちゃってるってこと

だと思うの。要するにさ，自分の心に蓋をして生きてきたわけだけど，その蓋が取れて中身が出てきちゃったって言えばイメージできるかなあ」
　蓋が取れてしまったということだったのか。
　「退行」とか「覆いを取る」という言葉は聞いたことがあったけど，Cとは全然つながっていなかった。

　半年前から始めたベテラン女性心理士による月1回のスーパービジョンは「困ってるケースは何でももってきて」と言われている。何をもっていっても嫌な顔ひとつせずに一緒に考えてくれるから，ありがたい。
　語尾は緩いが，助言はいつも的確だ。

　〈じゃあ，どうしたらいいんですか……？〉
　「簡単に言えば，話を聴かないってことだね。山口さん，話聴きすぎー」
　話を聴かないってどういうことだろう。

✤「話を聴かない」実践からリファーへ

　3カ月後，号泣の面接から2回ほど会った後の面接だ。

　〈では，Wカウンセリングルームにご紹介しますね。Cさんご自身のことについてはそちらでご相談ください。娘さんの相談についてはこちらで一緒に考えていきましょう〉
　結局，Cさんを近隣のカウンセリングルームにリファーすることになった。

　あの後，スーパーバイザーとこんなやりとりをした。
　〈話を聴かないってどうしたらいいんですか？　話を聴くことが大事って習ったんですけど〉
　尋ねたとき，私の声には若干苛立ちが含まれていたかもしれない。それだけ，よくわからなかったのだ。

「話を聴かないって極端な言葉だったかもしれないけど，人は自分のことをしゃべりすぎると退行していくからさ。そうだなあ，今私が急に黙り出したら山口さんはきっと話すでしょう？」
〈そうですね〉
「じゃあ私がしゃべったら？」
〈たぶん，口数は減りますね〉
「だから治療者がしゃべるのはひとつの方法だよね。あとは，そもそもその面接って何を話すって話だったっけ？」
〈次女の忘れ物ですね〉
「Cさんが自分の話をしはじめたら，『Cさん，ちょっと待ってくださいね。ここに来たのは次女の忘れ物の相談をするためでしたね』って思い出させるのもひとつかなあ」
〈ああ，たしかにそう言われれば，はっとしますね〉
「そうそう，はっとさせるってこと」

　という具合にスーパーバイザーは「退行させない」術を教えてくれた。
　でも，実際問題として親の話をどこまで聞くかは悩ましい。Cだって，話を聞かなかったら怒って中断していたかもしれない。

「あとさ，これはとても難しいところなんだけど，スクールカウンセラーって働く時間も限られているし，いわゆる内面を聞いていくような面接って難しいと思うのね。だから，母親の話をどこまで聞くのかっていう基準っていうのかな，自分のなかの線引きみたいなものはもっておいたほうがいいかもね。多くの場合，それは子どもの相談ってことになるだろうけど。もし，そこからはみ出るのであれば，自分で何とかするのではなくて，他の人に任せるのがいいかもね。別にさ，一人で何とかしようと考えなくていいんだよ。みんなで何とかすればいいと思うよ」

　もちろん，スーパーバイザーの言う通りにはうまくいかなかった。

第2章　心理療法「迷子」の事例集　　　　　　　　　　49

号泣の面接の翌回，聴かないようにしようと意識しすぎてCから「今日は機嫌悪いんですか？」と聞かれてしまった。塩梅が難しく，なかなかうまくいかない。

けど，最終的には何とか軟着陸し，リファーにこぎつけることができた。

「話を聴かない」と「リファー」。
これも心理士の大事な仕事のひとつなのだろうか。

検　証

最終的には中断にこそ至らなかったが，途中で危機を迎えている。この事例は，「話を聞きすぎて親面接の範囲からはみ出してしまい，収集がつかなくなりかけた事例」と言えそうである。
この事例からはどんなことが考えられるだろうか。

❶親面接

事例Aでも触れたが，子どもの臨床をしていると必ず直面するのが親面接である。

親面接の難しさのひとつは「親の話をどこまで聞くのか」ということである。子どもの相談を目的として行う場合，基本的には親自身の話には入らずに，あくまでも子どもの話に限定すべきであるとされている。しかし，親によっては話を聞かなすぎると不満が高まって中断してしまうこともあり，実際にはその匙加減は非常に難しい。

特にCのように勢いよく話したり，急に自分の話をし出したりする場合には止めることがより困難となるだろう。

❷「話を聞きすぎる」というリスク

　一般に話を聞くことは心理士の中心的な仕事と言われている。しかし，スーパーバイザーが指摘している通り，人間には話を聞いてもらうと相手に対して依存的になる面がある。

　Cのように心理的な問題を抱えつつも蓋をして生きてきた人の場合，話を聞きすぎてその蓋を取ってしまうと，一気に内的な問題が流れ出し，私を飛び越えて副校長や担任にも話さざるをえなくなるほど収集がつかなくなることがあるのだろう。

❸「話を聞かない」という技法

　「話を聞かないようにしよう」とアドバイスをされても何をどうすれば良いのかは難しい。「治療者の口数を増やす」「面接の目的を再確認する」といった技法（工夫）は一例だが，ほかにも技法が考えられるかもしれない。心理士は話を聞いてこそ，という一般通念とのコンフリクトがここには生じている。

❹リファー

　セラピストのなかにはCの心理的な問題も含めて「（すべて）自分で何とかしたい」という気持ちがあったことは否めない。とりわけ経験年数が少ないと（そうとも限らないが），意識しないうちに自分だけがクライエントを救えるという万能的な考えを抱いてしまうことがある。

　しかし冷静に考えてみれば，たとえば本事例のようにスクールカウンセリングの枠のなかで子どもと母親自身の相談を同時に行うことは現実的ではない。母親が抱えている問題に取り組むためには，それにふさわしい治療的構造も治療者側の技量も必要となる。

　そうした環境側と治療者側の限界を見極め，適切にリファーをすることもひとつの重要な仕事になるだろう。

4　精神科クリニックにて（8年目）

事例D　「やっぱり私が悪いんです」（20代女性）
　　　　──DV被害者の面接

❖ 私に怯えている……？

〈では，また2週間後に〉

　声をかけると，Dは「はい，よろしくお願いします」と，か細い声でうなずいた。そして，ドアを開け，待合へと消えていった。部屋を出る瞬間，かすかに怯えた表情を浮かべたようにも見えた。本当にかすかだったけど。
　ふと，面接冒頭の場面を思い出す。
　私の顔を見た瞬間，わずかに動揺していたようにも感じられた。いや，それだけではない。中盤では，軽くスカートの端を握っているように見えた気がしなくもない。

　もしかして，彼女は私に怯えている……？

　でも，目の前にいるDは，主訴の話をするときこそ深刻な表情だったけれど，柔らかい笑みを浮かべながら話す，人当たりの良い女性だ。こんな人が職場にいたら働きやすいだろうな，とすら思った。対人不安があるようには見えなかったし，職場の様子を聞いていると，男性恐怖があるようにも見えなかった。

ひっかかりつつも，深読みしすぎかもしれないと思い，私は次のクライエントを迎える準備へと移った。

❖ 主訴「仕事がうまくいかない」

24歳のDと会ったのは，そのときがはじめてだった。
カウンセリングの申込書には，「仕事がうまくいかない」と書かれている。
〈「仕事がうまくいかない」とのことですが，詳しく教えていただけますか？〉
いつものように尋ねる。
「はい……」
小さくうなずいた彼女は，こんなふうに説明した。

ある地方都市出身のDは大学卒業後，メーカー企業に就職した。その会社は毎年業界ランキング5位には入るような会社で，長年業績を堅調に維持している。母子家庭で経済的に苦労したDにとって，「安定していて理想的」な職場であった。配属された物流部門は，全国各地や世界中に販路を抱える会社の屋台骨のような部署だ。

入社から2年ほどは，必死に先輩社員についていった。しかしながら，3年目を迎えた頃から，「仕事がうまくいかない」と感じはじめた。「うまくいかない」とは，「周りについていけない」「周りに迷惑をかけている」ということだ。次第に，翌日の仕事について考えると不安になったり，眠れなくなったりして，精神科クリニックの受診に至った。

「これ以上，先輩や同僚に迷惑をかけるわけにはいかないんです。申し訳なさすぎて……」
苦しそうな表情でDは語った。
話を聞いていると，職場の同僚はどれだけ大変な思いをしているのだろうとこちらも思えてくる。

Dが語る職場の先輩や同僚は，みな優秀な人たちだった。

同期入社の女性はDよりも仕事を覚えるのが「2倍」早く，先輩からも信頼を得ているという。5つ上の先輩男性は彼女が犯した「ミス」をフォローし，上司は「できない」彼女をチームとして何とか支えようとしていた。

Dが語る職場の人たちは申し分がなかった。

いや，申し分がなさ"すぎる"ように私には思えた。その点が気にかかりながらも，Dと私は「仕事がうまくいかないこと」を問題解決的に話し合っていくことで合意し，隔週のペースで会うことになった。

❖「仕事がうまくいかない」？

〈あなたはそんなに悪いのでしょうか？〉

私の語気は，いつもより少しばかり強めだったかもしれない。

「いや，どうなんでしょうか……」

Dは口ごもる。間ができる。もごもごと口を動かし，何かを話そうとしているように見える。口は動くが，何も話し出さない。私は口を挟もうかと思う。しかし，Dが話し出すまでは待つことが大事だと思う。

最近，心理療法における"待つ"ことの重要性を身に染みて学んだケースがあった。しばらく待っていたら，彼女の口元がかすかに動いたけれど，一向に言葉は出てこない。

気づいたら，私が言葉を発してから5分ほど時間が経っていた。彼女を責めてしまっているような気がしてくる。

4回目，5回目と会っていくと，Dの話に違和感を覚えるようになっていった。

彼女の会社はたしかに優秀な人材が集まっていたが，彼女の査定は同期のなかではトップクラスで，先週の人事考課でも部長からA判定をもらったようであった。

〈A判定というのは全体でどのくらいの割合の人がもらえるんですか？〉
「10％と聞いたことがあります」
〈それでも，あなたは仕事がうまくいっていないと感じているのですね〉
「はい，みんなに迷惑をかけているので……」

　Dは社員全体の1％しか取れないS判定を取れなかったことを悔いたり，S判定をくれない上司に不満があったりするわけではない。自己顕示欲や傲慢さとは無縁の，ひどく自信がない人だった。
　こうしたやりとりによって，「迷惑」「申し訳ない」と語るDの感情が変化することはなかった。

　何度か同じようなやりとりが繰り返された後に発してしまったのが，〈あなたはそんなに悪いのでしょうか？〉という言葉だった。
　5分ほど気まずい沈黙が流れた後，Dは申し訳なさそうに言葉を発した。

「ごめんなさい……」

　その声は今にも消え入りそうだった。

❖「彼ではなく，私がいけないんです」

　10回目の面接だった。
　いつもの会社の話題から，Dが「仕事がうまくいかない」と感じはじめた3年目の話になった。インテークの際にも尋ねたことではあったが，私は再度〈3年目に入るとき，そのように感じるようになったきっかけがあったのでしょうか？　仕事じゃなくても，何か大きな変化があったとか？〉と尋ねてみた。
　Dは「いや，特には……」と答えたが，その声にはどこか含みがあるように思われた。

そこから1, 2分ほど沈黙が続いた。Dは遠慮がちに語った。
「実は，その頃に同じ会社の先輩と付き合いはじめたんですね。違う部署の人なんですけど。すごく仕事ができる人で，面倒見もよくて。私なんかでいいのかって思ったんですけど，彼は積極的で結局付き合うことにして。すごくマメな人で，よくLINEもくれるし，私が体調を崩したら心配して食料を届けてくれたし，最初はこんな優しい人がどうして私と付き合ってくれたんだろうって思ってて。それに私，男の人と付き合うのがはじめてで，いろんなところに連れて行ってくれて，最初は本当に楽しくて……」
「私なんか」「最初は」という言葉がひっかかる。

そこで，Dは息をのんだ。どこか緊張感がある，そんな響きがあった。

けれども，Dは淡々と語った。
「付き合って，3カ月くらいだったと思うんですけど。その頃，仕事がすごく忙しくて，彼のLINEに返事するのが遅くなったことがあったんですね。仕事が終わった後に『ごめんね』って返したんですけど，返事がなくて。そしたらその日，彼が私の家の前で待ってて，『どうして返事を返さないんだ』『他の男と遊んでたのか』って怒鳴りはじめて。彼のそんな姿見たことなかったから，びっくりして。謝ったら，彼も『急に来てごめん』って言ってくれて，その日は帰ったんですけど……。でも，その日以来，私の連絡が遅かったり，友達と遊んだりすると，彼は何度も連絡してくるようになって。30分くらいスマホを見られないと，50件くらいLINEが来てることもあって。段々，謝っても彼の怒りが収まらないようになってきて……」

まるでそのような目に遭うのが当然かのような雰囲気でDは話を続けた。
「付き合って半年くらい経ったときに，北海道に旅行に行ったんですね。レンタカーを借りて，彼が運転してくれたんですけど。富良野に向かってたんですけど，途中で彼がナビを間違えたんですね。そのときに，『今のところ右だったみたいだね』って言ったんですね，私。彼を批判するつもりはなかっ

たし，別に他のルートで行ったらいいと思ってたんですけど。そしたら彼が『運転もしないくせに，俺を批判するのか！』って車を止めて怒り出して。そこから30分くらい車のなかで怒られて。何回謝っても『俺を馬鹿にするのか』って怒りが収まらなくて。運転のことだけじゃなくて，日頃の私のLINEの返事とか，服装とか，言葉使いとか，いろんなことを罵倒されて。私が悪かったと思って何回も謝ったんですけど……。その日の夜，宿でちょっとしたトラブルがあったんですね。食事のときに出てくる料理をスタッフの人が間違えちゃって。それに対して彼がキレてしまって，私が『やめようよ』って言ったら，『お前が口出すな！』ってさらに怒って。その後，部屋に戻ったら『さっきの態度は何だったんだ！』って髪の毛を引っ張られて……」

その後の話はさらに耳を疑うものであった。
「その日はそれで終わったんですけど，次の日，美瑛に向かう山道で彼が『昨日の態度は何だ』って怒鳴りはじめて。何回謝っても許してくれなくて，山道の途中で『降りろ』って言われて。雪は降ってなかったけど，寒いし，どこかもわからないし，どうしようってなって。でも，怒ってるし，降りるしかないと思って降りたら，彼はそのまま行ってしまって。近くにお店も家もないし，携帯も通じないし……。そしたら30分くらいして戻ってきて，泣きながら土下座されて。『Dちゃんが悪いんだよ，僕だって怒りたくないんだから』って。彼にこんな風に謝らせるなんて，私，ひどいことをしたなって」

10月下旬の北海道は，昼間とはいえ5度くらいだろうか。山道だと，さらに下がるかもしれない。車内に上着を残したまま山道に一人佇む彼女の姿を想像すると，いたたまれない気持ちになった。
同時に，「彼ではなく，私がいけないんです」と言われてしまうと，心理士として何をどうすればいいのか。

〈そう，だったのですね……〉
動揺する気持ちを抑え，絞り出した声がこれだった。

インテーク時のひっかかりの正体は，DV被害者であったゆえのような気もするが，私のなかでは全く想定できていなかった。

　そして，Dははっきりとした口調で言った。
「彼ではなく，私がいけないんです」

　その言葉は，私のなかで何度もリフレインしつづけた。

✥ 止まらない自責感

　この面接は，Dの「仕事がうまくいかない」という主訴に対して問題解決的なアプローチで取り組むはずだった。しかし，いつの間にか恋人からのDVの話で占められるようになってしまった。
　いや，正確に言うと，「DV」という言葉をDが使ったことは一度もなかった。彼女はいつも「私が悪いんです」と言い，心の底からそう思っているように思われた。

　Dが語る恋人との関係は異様だった。
　LINEは15分以内に返さなければならない，男友達のみならず女友達と遊ぶことも禁止，旅行代金は彼女持ち，夜中であっても彼の都合で呼び出される，といったことは日常茶飯事であった。2週間前にはDの風呂掃除の仕方が気に入らず，Dの髪の毛を引っ張って風呂の壁に押しつけた。

　〈それはあまりにひどいのではないでしょうか〉
　〈彼の言動は一線を越えているのではないでしょうか〉
　私は"サポーティブな"介入をしたが，Dは「いえ，私が悪いんです」と自責感を強めるばかりであった。
　あるいはDの話を黙って聞いていると，苦しそうに「やっぱり私が悪いんです」とうつむいた。私はいつものように"普通に"聞いているつもりだっ

たが，Dは話せば話すほど苦しんでいるように感じられた。Dの発する「やっぱり」という言葉には，私も彼女のことを悪いと思っているようなニュアンスすら感じられた。

　私には責めているつもりはなく，非難するような言葉を口にしたことはなかった。なぜこのように自責感が強まっているのか——私は完全に行き詰まってしまった。

❖「私は抜け出せないと思います」

　20回目の面接だった。
「最近，母も北海道に旅行に行ったみたいなんですよ。写真が送られてきて」
　彼女は母親の話をした。自ら話題にしたのははじめてのことだった。そこにも，何か含みがあるように感じられた。

　〈それは奇遇ですね〉と伝えると，彼女は「はい……義父と行ったみたいで」と答えた。私は〈再婚されていたのですね〉と驚くと，彼女は「そうなんです，私が中学のときかな？」と，まるで他人事のように語った。

　インテークで聞いていた話とは若干異なると思いながら，〈お義父さんはどんな方なんですか？〉と尋ねた。

　彼女は「お金持ちで，母を助けてくれた人ですね。母は父のことでとても傷ついたので」と，うつむいた。そして，こんなことを語った。

「私は，母に幸せになってほしかったんです。母は私のせいで苦労してきたので。だから，今，母が幸せなのはとてもうれしくて。父と母は小学3年生の頃に離婚してるんです。父は女の人にだらしない人で，離婚したのは当然ですけど。離婚した後，母はずっと働きに出てて，夜も私はだいたい一人で。家事も全部自分でしてて。義父と出会ってからは，義父の家に行ったまま帰ってこないことが多くて。その事情を知ってた中学の友達から『Dちゃん大丈夫？』って言われたことがあるんですけど，大丈夫もなにも，仕方ないじゃないですか？」

Dはこちらを見た。そこには憤りも含まれているように思われたが，淡々と，平然としていた。

　私はネグレクトもあったのかと驚きながら，〈いや……〉という言葉が口からこぼれた。強烈な無力感を味わっていた私は，それ以上の言葉を紡ぐことができなかった。
　Dは苦しそうにうつむいた。その様子は，まるで言葉を発することを禁じられているかのようであった。

　21回目。最後の面接となった日に語られた言葉だ。
「私はこういう目に遭って当然の存在なんです。彼からされていることは，一般的に言えば，ひどいことなのかもしれないけど，でも私が悪いから仕方がないんです」

　そして，こう締めくくられた。
「ここで話して，やっぱり私が悪いんだって確認できました。これ以上話しても辛いだけなんで，今日で終わりにさせてください。お願いします……」
　Dはまるで懇願するかのように言った。この面接が，彼女に「自分が悪い」と確証させてしまったようだった。
〈せめて，あと1回話せないでしょうか〉
　私は引き留めたが，Dの意志は固かった。
　そして椅子から立ち上がると，「私は自分が悪いという考えから抜け出せないと思います」と自ら宣言するように言い残し，去っていった。

検　証

　この事例は別れ方が印象的であり，私のなかでも後々まで長く尾をひいた。経過の途中からクライエントの自責感が止まらなくなったように見えたが，いったい何が起こっていたのだろうか。

❶ DV被害者支援の知識のなさ

　Dは初回面接から私に怯えているようにも見えた。が，そのことを取り上げると，さらに怯えさせてしまいそうで，私は取り扱うことができなかった。後にDがパートナーから暴力を振るわれていると判明したことを踏まえると，男性である治療者に怯えるのは当然であるように思われたが，DV被害者であるDに対してどのような支援を行うべきかという方針がなかったことが，中断につながった最大の要因だろう。

❷ 自責感が止まらない

　この事例で最も困惑したのは，話せば話すほどDの自責感が強まっていったことである。私としては，Dを責めたつもりはなく，実際に批判めいた言葉を口にしたことはなかった。他のクライエントと同じように，中立的，サポーティブに話を聞いているつもりだった。しかし，Dにとっては何らサポーティブな効果をもたらさなかったようである。
　私は何をしたら，あるいは何をしなかったら，Dの自責感を止められたのだろうか。

❸ソーシャルワーク的仕事の不在

　クライエントがDV被害を受けていることが発覚した場合，心理士であっても社会資源につなげるなどソーシャルワーク的仕事が求められることがある。この事例は結局中断してしまったが，DV被害が発覚した時点で私は動くべきだったのだろうか。すぐに動くとその時点で中断してしまった可能性が高いように思われるが，Dの身の安全を考えると，社会資源につなげられなかったことが，DVのリスクを高めたのかもしれない。

5　精神科クリニックにて（10年目）

> **事例E**　「私たち，何をしてるんでしょう？」（30代男性）
> ――話し出すと止まらないクライエント

❖ 心理士，迷子になる

　出来の悪いミックスフライ定食のような臨床は卒業したはず，だった。
　もちろん，完璧ではない。けど，「○○なら□□，●●なら■■」と，何に対して何が必要かを見立てられるようにはなった。

　なのに今，迷子になっている。
　次から次に語られる話題の嵐に呑み込まれ，もはやどちらの方向から歩いてきたのかも，どちらに向かえばいいのかもわからない。わかっているのは，自分が迷子になっているということだけだ。
　この面接はどこで間違ったのだろうか。記憶を辿ってもEが話しつづけている場面しか思い浮かばない。

　最初は仕事のトラブルだった。その後に夫婦問題。その前に長男の受験……いや，その前に職場の後輩の話だったか。上司の話もあった。違う，社会構造の理不尽さに憤っていた。
　もはや，何を話してきたかも正確には思い出せない。
　そもそも，私たちは何を目的に会ってきたのだろう。それすらもわからな

い。完全に迷子だ。今さら，なんて無責任なことを言っているんだ，私は……。

❖「よくしゃべる人だよ」

　私がEと出会ったのは，臨床を始めて10年が過ぎた頃だった。
　長く務めている精神科クリニックで主治医から「カウンセリングを希望しているのでお願いします」と依頼があった。「一応，適応障害の診断だけど，よくしゃべる人だよ」という言葉を添えて。

「仕事上のトラブル」
　カルテの主訴欄にはそう書かれていた。5回ほど診察を受け，少量の抗うつ薬と抗不安薬が処方されていた。
　高級そうなスーツに身を包んだEは，30代後半という年齢よりはやや上に見える男性であった。瀟洒な白縁メガネと，くっきりした二重まぶたが印象的だった。

「仕事で辛い目に遭いまして……」
　出だしは控えめだった。
　法律関係の仕事に従事しているEは，ある難解な案件を半ば無理やり上司から押し付けられた。顧客から理不尽な要求を幾度となく受け，その仕事が終わる頃には抑うつ症状と不眠に苛まれるようになったという。
　彼の話を聞いていると，たしかに理不尽な要求で，Eがそうした症状を呈するのも無理はないと思われた。
〈それは大変でしたね〉
　時折，私は口を挟みながら耳を傾けていた。

　3分間だった。Eが控えめだったのは。

「むろん，顧客は料金を支払っており，上司からの命令ですから，仕事自体は引き受けます。しかし，要求する権利があるのは依頼内容と金銭に見合った範囲内であるべきです。違いますか？　先方からの要求は本件において私が関与すべき内容を明らかに超えています。その点は上司にも確認しました。しかし，上司は『高校の同級生から頼まれてしまったから』という私的な理由で曖昧にしたわけです。むろん，そうした私的な理由が入り込む場合があることは私だって認識しています。しかし，本件の場合，私的な理由の入り込む度合いが一般的に許容される範囲を超えているわけです。範囲を定めるべき，と私は考えているのです。また，たしかに本件に関しては私の専門でもあります。しかし，本件は非常に事情が込み入っているので，私の専門の範囲外のことも含まれるわけです。その点について顧客の理解は十分ではなく，何度説明しても，『でも，先生の専門なんですから，お任せします』としか言わない。理解力が足りない以外の何ものでもないでしょう。以上より，本件に関しては……」

　言葉が硬い。大学時代に受講した法律の授業を思い出す。全然頭に入ってこない。
　Eの目はぎらつきを増していき，とめどなく話が続いた。

　面接時間の50分，いや100分でも話しつづけられるだろうと思うほどにしゃべりつづけ，私は圧倒されたまま面接を終えた。
　気づいたら，次のクライエントが来る1分前だった。

✤ 見立てが大事

　とにかく，見立てが大事だ。
　それがこの10年間で学んだことである。
　実際，Eとも3回ほどアセスメント面接を行い，私なりに見立てたつもりだった。

抑うつ症状と不眠については，今回の案件が一段落したことと薬物療法を行ったことで改善傾向にあり，主治医の診断通り反応性のものである可能性が高いと思われた。今回の案件を引き受ける以前は仕事上での「大きなトラブルはなく」，社会的にはきわめて優秀な人物のようであった。

　しかし，結婚以来，妻との諍いは絶えず，Eは「妻は感情的で頭が悪い」と妻のことを見下しがちだった。また，長男が小学校4年生頃から受験に強く入れ込むようになり，塾の成績が下がると夜中まで「指導」が続いた。「長男がかわいそう」と止める妻と激しく言い合うようになった。とりわけ家庭内では他罰的で，「自分が正しい」という態度は顕著だった。

　全体的に知性化が非常に強く，いわゆる知的ナルシシストであると思われた。「大きなトラブルはなかった」とEは認識していたが，中学生頃から他者を見下す傾向はあったようだ。とりわけ女性との間では妻と似たような対人関係のパターンを繰り返してきたと見立てられた。

　アセスメントを経て，Eは「今回の案件について整理したい」と希望したため，隔週の設定で面接を開始した。

✤ クライエント，しゃべりつづける

　「だから，絶対にS中学校に入れるべきだと思うんです。T中学校だと，U大学に入れる可能性が20％になってしまいますよね。最悪，VかW大学でもいいです。VかWを含めれば，学年の上位70％になります。正直，息子は私に比べれば出来が悪いです。でも，上位70％には入れるはずです。そのように息子にも説明しているのですが，全然理解できていない。大人になって困るのは彼じゃないですか。それを説明しているのに，わからないなんて困っちゃいますよ。息子は友達がいるからSでもTでもない公立中学校に行きたいと言っているみたいなんです。公立学校に行ったらどうなるかわかりますか？　教員採用試験の惨状をご存知でしょう。20年前だったらいいかもしれません。あのときは……」

仕事の話をするはずが，気づいたら長男の受験の話になっていた。しかも，日本の教育の話にまでなってしまった。

　「職場の後輩，女性なんですけど，これがまた使えなくて。頭はいいんです。U大学出ていますから。その割には機転が利かないというか，この前だってある相続の案件を担当していたんですけど，進め方が非効率的で，どうしてそのやり方で進めるんだって感じで。どう考えても私がアドバイスしたやり方で進めれば早く終わるのに，従わなくて。あんなやり方で進めても終わるわけがないでしょう。それで残業をしていて，会社にとっても不利益じゃないですか」
　仕事の話になったと思ったら，後輩の話をしている。
　でも，Eの勢いに気圧され，口を挟めない。

　「先生もそう思われるでしょう？」
　ところどころで挟まれるそのフレーズには，有無を言わせない強さがある。

　2週間に1度，Eは欠かさず通ってきた。そして，前回の話がまるでなかったかのように，翌回にはまた違う話をした。
　私は話を聞いていたけれど，Eが何の話をしているのか，何のために聞いているのか，よくわからなくなってきた。

✦ セラピスト，揺れる

　「いや，でもね，私だって，こういう自分のあり方みたいなものを変える必要があると思うんです。誰も幸せにならないじゃないですか，こんな風に人を見下して。妻とも長男ともうまくいっていないことはわかっているんです。だから，私自身も自分を見つめ直して，出直す覚悟というか，そういう風に思うことだってあるんですよ」
　言葉に重みはない。正直，軽薄である。でも，Eの言葉には妙な説得力が

ある。

〈それは職場のトラブルの話をするのではなく，Eさん自身について考えていきたいということでしょうか？〉
「そういうことです。やはり，向き合うって大事だと考えているんです」

たしかに，最初に会ったときと比べると，言葉の硬さも若干柔らかくなり，どこか変化が出てきた気がする。ただ，どうして変化したのかよくわからない。

〈自分の内面について考える面接を行うためには，週に1回の頻度が大事なんです。内面について話すということは，それだけEさんにとっても負担が大きいということなのです。例えると，傷口を開くようなものなので，開いたまま2週間，3週間と放置しておくと，危険性が高いと考えられるので〉
先日，参加したセミナーで講師の先生が話していた「精神分析的心理療法の導入」の例を思い出しながら伝えてみる。たしか，こんな例を使っていたはずだ。

「は？　馬鹿にしてるんですか？」
Eの表情が険しくなる。
なぜ怒り出したのかさっぱりわからないが，謝らないといけないような気持ちになる。
〈いえ，馬鹿にしたつもりはないのですが……〉
「私がどれだけ忙しいかわかりますか？　隔週来ているだけでも，私にとっては相当に妥協しているんです。傷口うんぬんって，私は大丈夫ですよ。私のことは私が一番わかってますから」
Eは不快そうなため息をついた。

「人を見下す傾向は問題があると思ってますが，見下すのは理由があるんで

す。妻は感情的で，論理的な話が通じないわけです」
　自分に向き合うはずが，いつもの妻に対する不満になっている。

「私が見下すから後輩だって私のアドバイスを受け付けないのかもしれません。でも，どんな人のアドバイスにも耳を傾ける謙虚さをもっているべきではないでしょうか。後輩には謙虚さが欠けているんです」
　もはや，何の話をしているのかがわからなくなってきた。でも，セラピストがあまり口を出しすぎるのははばかられるし，こういうときはどうしたらいいのだろうか。全然，思い浮かばない。

❖ 迷子の後輩

　話は1カ月前にさかのぼる。
「山口さん，もう私，心理士辞めたほうがいいんでしょうか……」
　大袈裟な後輩がまた大袈裟なことを言っている。

「精神分析的心理療法を導入しようとしたんですけど，いざ始めたら患者さんから『アドバイスが欲しかったのに』って怒られちゃって。どうしたらいんでしょう。私，もう迷子です」
　同じ失敗は3回目では？
　心のなかでつぶやくが，繊細な彼女には言えない。
　だからさっきから記録を読み返しているのか。
　〈それはモチベーションの見立てができていないってことなのでは？　あとは患者さんのニーズを把握することだね〉
　たしか，3カ月前にも同じアドバイスをしたはずだ。

「あと，ちょっとは見立てられるようになったと思ったんですけど，患者さんがどんな人かわかっても，それでどうしたらいいのかはわからないんです……」

たしか，彼女は2カ月前にも同じことを聞いてきた。
〈それは患者さんが求めていることと，こちらが提供できることのマッチングが自分のなかで位置づけられていないのでは……前にも言ったけど〉
「あ……私，進歩してないんですね……なんかもう，迷子です……」
また記録を読み返しはじめた。後輩の机には，付箋だらけの本が置いてある。

でも，人のことは言えない。私も，迷子だ。

❖「私たち，ここで何をしてるんでしょうか？」── 迷子の果てに

そして，さらに10回ほど面接を重ね，冒頭のシーンに至る。
頭がぼーっとしてきてしまった。何とか脳みそを叩き起こすそうとするが，もはや，何をどう考えたらいいのかもわからない。今から，この面接を立て直せる気もしない。どこに戻ればいいのかもわからないから。

面接の目的は，完全に行方不明だ。
心なしか，Eの視線はいつもよりも鋭さが増しているようにも見える。

「あの」
Eがこちらを見る。
「私たち，ここで何をしてるんでしょうか？」
大きな目がこちらを見つめる。

〈そうですね……〉
正直，答えようがない。なぜなら，私にもわからないから。しかも，数カ月前から。
〈最初は，職場のトラブルでいらっしゃっていて……〉
「それは解決しました」
〈その後，夫婦仲の問題について話しました……〉

「それは解決していないけど，もういいです」
〈あとは上司との関係を……〉
「それも自分で何とかなりそうだからいいです」
〈長男の受験でも悩んでましたね……〉
「もう終わりました」
それはそうだ。もう5月だ。

〈私たち，なんで話していたんでしょうね？〉という言葉が飛び出してしまいそうだ。でも，心理士たるもの，そんな無責任なことは言えない。

残念ながら，言葉が出てこない。
気まずい沈黙が流れる。

「結局，何のためにここに通っていたのかよくわかりません。それってすごく無責任なことだと思うんですけど」
〈いや……その……そうですね……〉
言葉が出てこない。自分でも，無責任だと思う。

「答えられないんだったら，私はもう来ません。今日で最後です。一応，お礼は言っておきます。ありがとうございました」
彼の背中が遠くなる。
この10年，何をしていたのだろう。1年目の迷子とは違う気がするけれど，また迷子だ。

検　証

　セラピストはそれなりに経験を積み，以前よりは見立てと方針を立てられるようになっているはずだった。しかし，面接の途中でその見立ては機能しなくなり，方針もわからなくなってしまった。
　「翻弄されたまま終結してしまった」とも表現できそうなこの事例では，何が起こっていたのだろうか。

❶面接の目的を見失う

　この事例がうまくいかなかった最大の理由は「面接の目的が行方不明」になったことだろう。アセスメントを経て，「今回の案件について整理したい」という治療目標を定めた。しかし，この治療目標通りに進まなかったのは，その後の展開を見れば一目瞭然である。
　治療目標を定めたにもかかわらず，なぜずれてしまったのだろうか。
　ひとつは多弁で話が拡散しやすい傾向をEが有していたからだろう。治療者はEの見立てを行ってはいたが，この点については見立てが不十分であったと言える。
　いまひとつは目的の共有が十分ではなかったからだろう。治療開始時に定めてはいるが，途中で目的が変わるのであれば，そのつど確認し，変更する必要があったと思われる。

❷口を挟めない

　目的の共有ができなかったのは，セラピストが口を挟めなかったからでもある。経過を見返すと，セラピストなりに見立てているものの，全体的に受身的で言われるがままに進んでいることがよくわかる。

「傾聴」や「中立性」の重要性が身に染みている心理士の文化では受身性が重視される。しかし，口を挟んだり，ツッコミを入れたりといったことをせずにただ話を聴きすぎると，クライエントと治療者の双方が何を行っているかわからない迷子状態に陥る可能性を，この事例は示しているのだろう。

6 開業オフィスにて（12年目）

> **事例F**「自分の足で立っていたい」（40代女性）
> ――途切れ途切れ続く事例

導入，失敗？
「お金がもったいないので，自分で何とかします」

私は戸惑った。
というのも，つい先日，彼女は「息子と夫とは何年も同じことを繰り返しているから行き詰まっているし，自分を変えたい」と希望し，私たちは精神分析的心理療法を始めたはずだったからだ。
こんな短期間に気が変わったのか？　あるいは何かやむをえない事情ができたのだろうか？
たしかに，精神分析的心理療法を導入直後，キャンセルが続いていた。
私は精神分析的心理療法を続けたい誘惑に駆られつつも，開始直後のこの反応を"抵抗"として扱うのは，あまりに非現実的なように思えた。重要なのは，クライエントが何を求めているか，である。精神分析という熱病から覚めたこの数年で，私はようやくそのことを体感的に理解しつつあった。
それに，治療契約をそのつど見直すことの重要性を，「私たち，ここで何をしてるんでしょう？」というEの言葉から身に染みて感じた。

〈わかりました。では，もう一度，私たちがここで何を目標にするのか話し

合うのはいかがでしょうか〉

彼女は「それなら，大丈夫です」と冷静に受け止め，私たちは長男に対する対応法についての助言を数回行うことで合意した。

❖「鎧を着て，力づくで何とか生きてきた」

40代半ばの女性Fと出会ったのは，開業心理オフィスであった。

申込はEAP（Employee Assistance Program）経由だ。EAPとは企業の福利厚生サービスの一環で，Fの場合はカウンセリングを年5回まで無料で受けられた。

はじめて来た日から3日ほど前。

Fと夫の面前で，カミソリを手にした長男が左腕を切ろうとしたという。長男がそのような行為に及んだのははじめてのことで，Fはひどく動揺していた。

Fは「長男のためなら何でもします。面接回数が足りなければ自分で払います」と焦燥し切っており，まずは2回ほどかけて詳しく話を聴くことにした。

「ここは不思議な空間ですね」と面接室のなかを見回しながら，Fは話しはじめた。

「バリバリのキャリアウーマン」

自ら語るまでもなく，その雰囲気が板についているショートカットがよく似合う女性であった。誰もが知る有名大学を卒業後，日本を代表する大手企業に就職し，順調なキャリアを辿っていた。だが，30歳頃に当時交際していた男性と婚約し，退職した途端，抑うつ状態に陥ったという。キャリア断念という「犠牲」を強いた婚約相手に強い憤りを抱き，結局，F自ら婚約破棄を求めた。

30代半ばに差し掛かった頃，別の交際相手と婚約し，その直後に妊娠が発

覚した。Ｆにとってそれは「転落するような恐怖」であった。とはいえ，出産を迎える頃には子どもへの愛情が芽生えるようになった。

　だが，日々の家事や仕事が思い通りに進まない育児をするうちに，「子どもは足かせでしかない」と感じるようになった。次第にＦは夫と長男を激しく怒鳴りつけるようになり，夫とのあいだでは時に暴力が飛び交う激しい諍いが繰り返された。

　長男の自傷は，そうした両親の諍いを仲裁しようとする最中に起こった出来事だった。

「鎧を着て，力づくで何とか生きてきた」
　2回ほど話すなかで，彼女から語られた言葉だ。
　この言葉からは自分の力で生き抜いてきた自負が読み取れた。同時に，わずかに揺れを感じ取れる声色には，幾ばくかの後悔の念が複雑に入り混じっているように思われた。だからこそ，彼女の人生を象徴している言葉なのだろう。

　このとき，私は〈誰かに頼ることが難しかったのかもしれませんね〉と伝えてみたが，その言葉に彼女は何も反応しなかった。私の介入は，どこかピントがずれていたのかもしれない。

　Ｆは「今，私が変わらないと家庭が壊れてしまう」と訴えた。
　その訴えには切実さが込められているように思われた。精神分析的心理療法のアセスメントを提案し，心理療法を継続的に行うことで合意した。このとき，「鎧を着て，力づくで生きる」というあり方を変えるためには，精神分析的心理療法こそが有用であると私は考えていた。
　しかし，どうやらこの導入は失敗だった，というわけである。

　私たちは4回ほど話し合い，長男への対応を問題解決的に話し合い，長男の危機的状態が一旦落ち着いたところで，〈またいつでもお越しください〉と伝え，ひとまず終結となった。

❖「また来ちゃった」

　Fと別れてから1年後。

「先生のことを思い出して，また来ちゃった。なんか話したくて」
　エネルギーの塊のようだったFは，1年前とは別人になっていた。
　やつれ果て，憔悴し，まるで生気を失っていた。懸命に笑みを浮かべようとしても，やせこけた頬がひきつるだけで，笑顔にはならなかった。Fの変わりように，私は戸惑いを隠せなかった。
　わけを聞くと，離婚調停となって家族と同居していた家から出て行かざるをえなくなったという。何よりも，長男と連絡が途絶えつつあることにFは絶望していた。長男は夫のいる家に住みつづけることを選択し，Fからの連絡をほとんど無視しているようだ。

「長男との関係修復」
　これが今回訪れたFのニーズであった。
「先生，私，今お金がないんです。急に家を追い出されて，しかも，裁判でもお金かかるし……だから，会社の健保サービスだけで何とかならないですか？　困ってるんです」
　困り果てた表情を浮かべながら，Fは「年5回まで」という健保サービスでの継続面接を希望した。
　たしかに，Fの生活は困窮していた。離婚調停になる直前に，大手企業から収入が不安定なスタートアップ企業に転職していたのだ。これまで社会的に成功してきたFは，翌月の家賃を心配する生活に一転したという。現在の状況が，非常に屈辱的であることは想像に難くなかった。

〈そう，ですね……〉
　私は悩みに悩んでいた。
　というのも，わずかに語られたFの両親も生活のほとんどを仕事に捧げて

きた人で，ほぼ相似形の関係性がFと長男とのあいだで反復されている可能性が高く，「長男との関係修復」というテーマはFの心的世界を扱わないことには解決しないと思ったからだ。そのためには，週1回以上の頻度でないと難しい。

また，低い頻度ではクライエントを抱える機能に限りがある。

目の前の疲れ果てているFを見ていると，年5回という超低頻度で抱えるには心許ない気持ちになってくる。

やはり，1年前に感じたように，週1回以上の頻度で精神分析的心理療法を導入しない限り，Fが変化するのは難しいように思えてきた。

そのとき，ふと，1年前のやりとりを思い出した。

「私は自分で何とかしたいんです」と，Fは何度も口にした。「私は何があっても働いて，絶対に生きつづけてやるんだから」とも。

力強いその言葉を反芻しながら，ここはFを信頼してもいいのかもしれないと思った。

「意地」と「気概」。

Fに会うと連想する言葉だ。憔悴し切っているFからも，その2つは消えていないはずだ。

私は迷いつつもFの希望を受け入れ，おおむね年に5回の頻度で会っていくことになった。

「私，何とかがんばりますから」

疲れ果てたFは何とか声を振り絞った。

退室時，Fのカバンに母校である大学のキーホルダーが付けられているのが目に入ってきた。私は揺れるそのキーホルダーをぼんやりと眺めながら，Fの意地と気概はまだ消え褪せていないような気がした。

ただし，私のなかではこの面接はあくまでも"マネジメント期"であり，

いずれ"精神分析的心理療法"へ移行するという考えがあった。
　一方で，何とも言えない形とはいえ，この面接には重要な意義があるような気がしないでもなかった。

　こうして私たちの心理療法は，再び始まった――
　（その後の長い経過と大転換は第5章に掲載されている）

検　証

　この事例は長い経過の一部であるが，そのなかで何度か心理療法の方向性が変更されている。とりわけ，設定が厳密な精神分析的心理療法を早々に導入したことは功を奏さず，軌道修正が必要となった。
　このような事例にはどのような観点が必要だったのだろうか。

❶精神分析的心理療法導入の失敗

　Fのモチベーションとニーズを吟味したうえで精神分析的心理療法に導入したつもりであったが，失敗に終わっている。たしかにFは「切実さ」を有していた。また，「自分を変えたい」とも語っていた。しかし，事後的に振り返れば，Fの切実さは「自分を変える」ことではなく，「長男との関係を修復する」ことにあったと考えられる。

❷心理療法「以前」？　心理療法「未満」？

　Fが2度目に訪れた後，私は「マネジメント」と位置づけて面接を再開した。このとき，私のなかでは心理療法の「以前」に行うものというイメージ

があり，その時期が終わったら精神分析的心理療法に移行する可能性があると考えていた。

　そもそも，この面接を導入する際には心理療法「未満」と呼びたい気持ちにすらなっていた。少なくとも私はこのような面接をセミナーや事例検討会などの公の場で，目にしたことも聞いたこともなかったからである。

❸構造化の難しさ[3]

　心理療法の初期教育では「枠を守りなさい」「枠は大事」と学ぶ。もちろん枠は大切だが，この事例のように面接初期にソリッドな構造化を行うと，中断してしまうことがある。かといって，クライエントの言うがままに任せてしまうと，枠はなくなり，極端な場合には心理療法というものが成り立たなくなってしまう。

---

[3] 心理療法の時間・頻度・場所・ルールなどをクライエントに提示し，決めていくことを「構造化」と呼ぶ。

第3章

誤りと迷いからの水先案内

「神話」からの脱出／
現場に埋め込まれた「暗黙知」

第3章のテーマは心理療法「迷子」からの脱出である。
　第1章で述べたように，迷子には「神話」の誤学習によってがんじがらめになっている「とらわれの迷子」と，教育と現場の乖離によって生じる「へだたりの迷子」の2種類がある。第2章の事例を題材にしながら，どのように迷子から脱却していくかを考えてみたい。
　ポイントは2つある。
　1つ目は，心理療法「神話」から抜け出ることである。第1節と第2節の「脱『神話』的技法論」では，「質問」や「助言」といった「使うべきではない」とされることもあった技法の再検討を行う。神話の種類として，「傾聴神話」（第1節）と「治療構造神話」（第2節）に分けている。「神話」から自由になることは，「とらわれの迷子」からの脱出を助けてくれるはずだ。
　2つ目は，「暗黙知」を発見することである。暗黙知とは，文字通り暗黙のうちに用いられている知恵のことであり，普段は表に出てくるものではない。いわば，現場に「埋め込まれている」ため，私が水先案内人となって掘り起こし，「見える化」を図る。暗黙知の発見は，教育と現場の乖離によって起こる「へだたりの迷子」から抜け出す手助けになるだろう。なお，暗黙知は膨大にあるため，ここでは便宜的に2つに分けた。「心理療法の『外』の方法論」（第3節）と「心理療法の『前』の方法論」（第4節）である。
　第3章で述べる諸技法は，特定の学派によるものではない。私が専門としている精神分析の知見が多めに配分されているが，どのような現場であっても役立つと考えている技法を学派横断的に並べた。臨床においてはひとつの学派に依拠するだけでなく，多元的に考える必要があるという考えを反映している。
　なお，〈独学〉とは知の編纂作業である。それゆえ，学派内の議論として眺めると厳密さに欠けるように見えるかもしれないが，そうではない。知を眺めるためのレンズが異なっているだけである。迷いの森から抜け出すために必要な知と技法を召喚すること，そのために学派内で整序されている図式を継承しながらもあえて再配置してみること。それを可能にするものが〈独学〉である。

第1節 脱「神話」的技法論① 傾聴神話

本節の狙い

　本節では、心理療法にまつわる「神話」を検討する。ここで取り上げるのは「傾聴」神話である。
　むろん、クライエントの話を聞くことは心理職の仕事の中心であり、傾聴は大切だ。それを否定する気は毛頭ない。
　しかし、「傾聴」を神話化し、無条件に用いてしまうと、他の技法を用いる足かせとなりうる。クライエントに質問しようとする際、どこかから「聞きつづけることが大切だ」という心の声が聞こえてきて、口をつぐんでしまった体験はないだろうか。時に「傾聴」が呪いの言葉となることもあるのだ。

1 「話を聞き」すぎていないか？

● 検討する事例

事例C　「私だって辛かったんです」
　　　　──親面接で「親の話をどこまで聞くか」問題

心理士5年目のスクールカウンセラーのケース。忘れ物が多い子どもの相談を受けていたが，途中から母親自身の親子関係（実母の自殺）が語られるようになり，収拾がつかず副校長や担任を巻き込むこととなった。

「話を聴くこと」は，私たちの仕事の土台のようなものである。繰り返すが，「傾聴＝悪」と言いたいわけではない。傾聴という言葉から本来の意味が抜き取られ形骸化されている場合が多いこと，傾聴は万能ではないことを懸念しているのだ。

ここでは事例C（「私だって辛かったんです」）を振り返りながら，「話を聞きすぎない」という技法について考えてみたい。

1 事例Cの振り返り

改めて振り返ってみると，Cが「人間にとって自立というのは……」と語った時点では一般的な話をする"大人の"状態（理性的で社会的な判断ができる状態）であった。しかし，「あんなふうに自立したくなかった」と語りはじめた時点では"子どもの"状態（感情的で非合理的な気持ちが強い状態）が

顔をのぞかせていた。そのタイミングで〈どういうことです？〉とセラピストが合いの手を入れたことでCの実母の話が始まり，Cは混乱したまま退室することになってしまった。その後，決壊したダムのようにCは副校長と担任に自身の話をし，混乱が続いた。

こうした経過はセラピストの介入によって悪性の退行が引き起こされてしまった結果と言える。仮にCよりも病態が重く，行動化の激しいクライエントに同様のことが起こったら，自傷他害などさらに深刻な事態を引き起こす可能性が高い危険な局面だった。

2 「退行」という概念

事例Cの話に入る前に，「退行」という概念について触れておきたい。

大学や大学院の授業などで一度は耳にしたことがあるだろうか。精神分析の用語というイメージをもっている読者が多いかもしれないが，割とどんな現場でも使える，心理臨床全般で有用な概念だ。

臨床現場では，「退行とは子ども返りのことである」とよく言われる。厳密には両者のあいだに差異はあるが，退行そのものを論じるものではないため，両者を厳密に区別せずに述べる。

退行には「良性の退行」と「悪性の退行」の2種類がある（Balint, 1968/1981）。プラスに働く退行と，マイナスに働いて悪さをするタイプの退行，そんなふうにイメージしてみてほしい。

前者は互いに信頼し合う関係から生まれ，プラスに働く良いものを運んできてくれる。だから心理療法のプロセスのなかで起こると，治療がうまくいく可能性は高まる。具体的には，退行状態を通してクライエントが自分自身について理解を深めたり，他者を信頼できるようになったりするということだ。

後者の場合，この信頼関係そのものが安定していない。だから，一度満たされたはずの相手への要求や欲求（例：「話を聞いてほしい」）がさらに高まり，要求や欲求は無限に続く（例：「もっともっと話を聞いてほしい」）。心理

療法のなかで起こると，クライエントがセラピストにまとわりつく／しがみつく状況が生まれる。そのため，心理療法を重ねるほどクライエントの病状が悪化する可能性が高くなる。

　退行という概念に興味がある方はぜひバリントの成書や『精神療法』第43巻第2号の特集「退行と精神療法」をお読みいただきたい。ここで重要なのは，話を聞きすぎることによって「悪性の退行」が引き起こされるクライエントも存在するという点である。話を聞いたらすぐに悪性の退行が起こる，というわけではないのでご注意いただきたい。

3 悪性の退行と「底辺」

　では，悪性の退行を引き起こさないためにはどうしたらいいのだろうか。
　クライエントの病態を見立てることに加えて，クライエントの「底辺」，つまり過去の不調時にどのような状態になったのかを把握しておくことが重要だ。たとえば，あるクライエントが最も調子が悪かった時期に自殺企図をしているのであれば，今後もその程度まで調子を崩す可能性がある（必ずそうなるということではない）。そのほかにも，底辺を知るためには抑うつの程度や行動化の内容などもおさえておけると良いだろう。
　このように述べると，「自殺企図をしている人は，悪性の退行をさせないために話を聞かないほうがいい」と思う人もいるかもしれないが，そう単純な話ではない。
　ここで強調しているのは，**話を聞きすぎてクライエントの内面を引き出しすぎると，底辺と同じ程度まで調子を崩す可能性があるため，慎重になるべきである**ということだ。

4 「話を聞きすぎない」技法[1]

　「話を聞きすぎない」技法といっても，「無視をする」という意味ではない。ポイントは3つだ。

1つ目は,「**話を引き出しすぎない**」ということである。事例Cの失敗ポイントは,退行しかかっているときにセラピストが合いの手を入れたことによって,クライエントの話を引き出しすぎてしまった点にある。つまり,知らず知らずのうちにセラピスト側が話を引き出してしまうことによって,悪性の退行が起こりうる。質問や介入をする前に,「この介入はクライエントの話を引き出しすぎないだろうか?」と自分に問いかけてみることは,悪性の退行防止に役立つだろう。

2つ目は,事例に登場したスーパーバイザーが言っていたように「**セラピストがしゃべる**」ことである。むろん,面接中に生じる沈黙が治療的に作用することはある。しかし,クライエントによっては自分が話さなければいけないという気持ちを強め,意図せずに自身の内面を話しはじめて退行してしまうことがある。

とはいえ,「セラピストがしゃべる」と言っても,何を話せばいいのかわからないと戸惑う読者もいるだろう。事例Cであれば,「あんなふうに自立したくなかった」と言われた後に〈たしかに人間にとって自立って大事なことですよね〉とあえて話を戻したり,〈娘さんが自立しないと苛立ってきちゃいますよね〉とクライエント自身の話からずらしたりするのもひとつの手である。あるいは,治療関係への影響を見極めながら,セラピスト自身が自己開示的に小話をするのもありかもしれない。

3つ目は,同じくスーパーバイザーが指摘していたように,「**面接の目的を思い出させる**」ことである。これは,〈今の話も大切なことですし,私もつい聞き入ってしまいましたが,面接を始めたときの目的は○○でしたね〉と,面接の目的を再確認して現実検討を促し,悪性の退行を防ぐ技法である(後に述べる「行き先会議」(第4節3)も参照)。

---

[1] 厳密に言えば,こうした技法は退行を止めて転移を起こさないようにするわけではなく,すでに生じている退行を食い止め,転移を発展させすぎないようにするための工夫である。こうした退行や転移に対する考え方は,メンタライゼーションに基づいた治療(Mentalization-Based Treatment:MBT)が参考になる。

以上が「聞きすぎない技法」である。最後に斎藤（2017）の論考に触れておきたい。

斎藤は悪性の退行を引き起こしうるセラピストの「全受容的な対応の危険性」を強調したうえで，以下のように指摘している。

> ロジャースRogersの来談者中心療法における「非指示的」「無条件の肯定的関心」といったキーワードが，「本人の言い分を否定せず，いいなりになることが望ましい」という「全受容」的曲解に至ったとしても不思議はない。こうした誤解を含み込んだ形で，わが国の対人支援現場には，心理療法＝カウンセリング＝全受容といういびつな思想が広がっていったのではないだろうか。

この指摘は「傾聴」の神話形成の一端を示していて興味深い。

いずれにしても，無目的に話を聞くのではなく，**なぜ・どのように話を聞くのかを絶えず意識し，目的に応じて介入を調整していくことが心理療法の技能なのである**。

まとめ

　セラピストが話を聞くこと自体が悪ではないが，話を聞きすぎてしまうと，クライエントは時に「悪性の退行」を起こすことがある。悪性の退行が起こると，クライエントの他者への要求や欲求が急激に高まり，治療関係は安定せず，クライエントの病状は悪化する可能性が高い。
　話を聞きすぎないようにするためには，「話を引き出さない」「セラピストがしゃべる」「面接の目的を思い出させる」といった技法が有効である。

「質問」してはいけないのか？

● 検討する事例

事例C　「私だって辛かったんです」
　　　　──親面接で「親の話をどこまで聞くか」問題

　心理士5年目のスクールカウンセラーのケース。忘れ物が多い子どもの相談を受けていたが，途中から母親自身の親子関係（実母の自殺）が語られるようになり，収拾がつかず副校長や担任を巻き込むこととなった。

事例E　「私たち，何をしてるんでしょう？」
　　　　──話し出すと止まらないクライエント

　心理士10年目の精神科クリニックのケース。30代後半の法律関係の仕事に従事する男性患者。「仕事のトラブル」が当初の主訴であったが，話が二転三転し，最終的に「私たちは何をしているんですか？」という言葉を残し，中断となった。

1 質問はいけない？

「私，ずっと質問してはいけないと思ってました」

職場の同僚から言われた言葉だ。3年目の心理士である彼女は，大学院で「心理療法では質問をしてはいけません」と指導されたという。

私も臨床を始めてしばらくは，質問をしていけないと思っていた記憶がある。懐かしい気持ちになりながら「どうしていけないと思ってたの？」と質問してみると，彼女は「えー，なんかいけない気がして。そんなふうに大学で習ったし。どうしていけないかって言われると困りますけど……」と困惑されてしまった。

ところで，どうして質問は良くないのだろうか。

同僚を困らせた私のように，相手を困惑させうる点は質問の良くないところだ。

ほかにも，困るどころか責められたと感じるクライエントもいる。「詰問」という言葉があるように，質問には相手を追い詰めたり，問いただしたりする性質がある。

あるいは，「誘導尋問」という言葉もある。質問をしているようで相手をある方向に誘導してしまうことだ。この場合，質問のようで，命令のニュアンスが入っていることになる。

さらには，見当違いな質問をしてしまうと，クライエントは「この人は全然わかっていない」と思って心を閉ざしてしまうだろう。

まとめると，質問のネガティブな作用としては，①困惑させる，②責める，③命令になる，④理解のなさが伝わる，といった点が挙げられる。これらはクライエントとセラピストの関係性に亀裂を入れかねないものであり，たしかに質問を控えたほうが良い臨床場面は多そうである。

2 心理臨床における質問の位置づけ

　このように質問にはネガティブな面も多く，同僚が教えられたように従来はどちらかと言えば「控えるように」といった指導がなされてきた印象がある。
　しかし，その位置づけは変化してきているように思われる。実際，2020年には『臨床心理学』誌でも「カウンセラーの『問う力・聴く力』」という特集が組まれている。
　近年，特に子どもの教育において「問う力」が注目されていることも無縁ではないかもしれないが，最も影響が大きいのはCBTを構成する要素のひとつである「ソクラテス式質問」だろう。
　とはいえ，初学者にとって質問は非常に難しい。
　その理由として石垣（2020）は，①日常生活では相手が気づいていないことや言いたくないことを問う体験や練習はできない，②問うことで相手を傷つけたり自分の手に余る事態になったりする不安が生じる，③セラピストから具体的に尋ねてはいけないといった指導者の言葉を表面的に受け止めて誤解している，を挙げている。私も質問を用いるようになった頃，「きつい言い方になってないかな？　大丈夫かな？」とよく戸惑っていた。
　「質問をする」というのは一見素朴な行為に見えて，意外と難しい技法なのである。

3 質問の4つの機能

　では，「質問する」という技法は実際，どのように用いれば良いのだろうか。
　まず，質問の「機能」を把握しておく必要がある。機能を知っていれば，それが必要となったときに用いることができるからだ。

❶明確化

　質問の機能として最もポピュラーなのは「明確化」だろう。ここで言う明確化とは，文字通り曖昧なことやわからないことを明らかにするという意味である[2]。

　たとえば，法律関係の仕事に携わっている事例Eは，「仕事のトラブル」の内容として「顧客からの理不尽な要求」と述べている。この発言から，Eがその顧客の要求を「理不尽」と捉えていることまではわかる。しかし，実際にどのような顧客からどのような要求がなされたのかはわからない。その後もEの補足説明は続くが，「私的な理由」の内容も不明瞭である。「顧客」の性別や職業や性格はどのようなもので，「要求」が質の問題なのか量の問題なのかも明確ではない。たとえば，1週間はかかる仕事量を2日で終わらせるように依頼された場合と，執拗に電話をかけてきて応対しないと怒るような顧客対応の場合では，意味が全く異なってくる。

　これらを明確にするために，〈顧客の性別とだいたいの年齢を教えていただいてもよろしいでしょうか？〉〈「要求」とは具体的にはどのようなものだったのでしょうか？〉といった質問を早めにしておけると良かっただろう。

❷アセスメント

　質問をすること自体がアセスメントの機能を担うこともある。

　たとえば，CBTのひとつであるアンガーマネジメントを行う際には，状況，認知，行動に分けて質問し，怒りのコントロールの問題が精神疾患によって生じているのか，どこに課題が存在するのかを丁寧にアセスメントする（壁屋，2020）。その際，〈怒っていますね〉と伝えると余計に怒りの増幅を招くおそれがあるため，〈何があったのか教えてもらってもいいですか？〉と質問

---

[2] 精神分析において明確化はひとつの技法として位置づけられており，学術的に検討されてきた（Greenson, 1967 など）。それらは重要な知見であるが，話が複雑になるためここでは言及しない。

するといった工夫をする。

　一方，精神分析的心理療法では，ブッシュ（Busch, 2014/2021）が「未飽和質問」という技法を提案している。これは〈私はあることに気づきましたが，あなたはそれにお気づきでしょうか？〉と尋ね，セラピストの理解している事柄がどれくらいクライエントの前意識にあるのかをアセスメントする機能である。

　このように，何をアセスメントするのかによって質問の仕方は随分と異なる。そのため，質問をする前に，**何を把握するために質問するのか**を頭のなかで整理しておく必要がある。

❸クライエントの気づきの促進

　これはCBTのソクラテス式質問のように，問うこと自体がクライエントの気づきを促すということである。

　毛利（2022）によると，ソクラテス式質問の普遍的な定義はないが，クラークとイーガン（Clark & Egan, 2015）の「言葉による探索であり，特定の事柄についてクライエントが気づき，考え，洞察を得ることを助け，クライエント自身が結論を出すように促すこと」という定義がある。

　質問の「クライエントの気づきの促進」という機能についてはソクラテス式質問について学ぶことが近道である。ベックの著書以外では，毛利（2022），石川（2020），石垣（2020）によくまとめられているため，一読をお勧めする。

❹現実検討の促進

　これはセラピストが質問することで，クライエントが現実を合理的・客観的に考える力を取り戻すということである。ツッコミを入れてクライエントが我に返るイメージだ。

　たとえば，事例Cでは「忘れ物をするのは小学2年まで」と語られている。

忘れ物をしなくなる平均年齢はないし，中学生や高校生でも，いや大人でも忘れ物はする。「小学2年生」という数字にＣなりの意味があるかもしれないが，少なくともこの数字が一般的な感覚とは乖離していることは間違いなさそうである。これらを踏まえ，〈たしかに小学校低学年よりは忘れ物をするお子さんは減るのですが，6年生や中学生でも忘れ物をする子はけっこういたりするんですよ。お母さんの中学時代にも忘れ物する人いませんでした？〉といった質問はできるかもしれない。

　もしかしたら，「私は忘れ物なんてしません！」とか，「忘れ物をする人はダメな人です！」といった答えが返ってくるかもしれない。しかし，「一般的にはそういうもの」という事実が伝わることで，冷静さを取り戻す可能性だってあるだろう。

　こうした質問をするためには，**セラピストのなかに常識や定型発達の知識があることが重要**である。心理療法のタイプによっては「心理療法には常識を持ち込まない」ことが重視されるかもしれないが，「心理療法に常識を持ち込む必要があるときもある」と並列化して考えておくことが肝要である。常識を持ち込むか否かは，目的によるのだ。

まとめ

　質問のネガティブな作用としては，①困惑させる，②責める，③命令になる，④理解のなさが伝わる，といった点が挙げられる。これらはクライエントとセラピストの関係性に亀裂を入れる可能性がある。
　一方で，質問には「明確化」「アセスメント」「クライエントの気づきの促進」「現実検討の促進」という重要な機能もあり，目的と用いるタイミングが適切であれば有用な手立てにもなる。

③ 「助言」はいけないのか？

●検討する事例
事例F　「自分の足で立っていたい」
　　　　――途切れ途切れ続く事例

12年目に開業オフィスで担当した40代女性の事例。精神分析的心理療法の導入に失敗した後にサポーティブセラピーに切り替えたケース。

1 助言もいけない？

　一般的には，「心理士は助言をしない」というイメージをもっている人が多いかもしれない。実際，「カウンセリングは助言をもらうんじゃなくて，自分で考えるものですよね」とクライエントから言われることがある。私自身，現場に出てしばらくはそのようなイメージをもっていた。
　なぜだろうか。思い返してみると，「助言をするとクライエントの主体性を軽んじることになる」「クライエント自身が自分で答えを見つけ出すことが大切」といった言説がこの業界では広く共有されていた。
　むろん，このような考えが適切な場合もある。臨床場面では，セラピストが助言することで，クライエントが自分自身で考える力を損なってしまったり，セラピストに合わせるようになってしまったりする。
　しかし，逆の場合もある。たとえば，事例Fは長男に対する対応法についての助言を求め，セラピストが助言を行うことで功を奏した局面があった。

助言が適切か否かは，クライエントのニーズや状況による。「助言はいけない」とは，「いつのまにか傾聴することがこちらの考えや助言を差し控えることとイコールで結ばれてしまって」（上田，2023）いるために，神話化されている可能性がありそうだ。

2 心理療法における助言

サポーティブセラピーにおいて重要な貢献をしてきたウィンストンほか（Winston et al., 2004/2009）とロックランド（Rockland, 1989）は，技法の一項目に「助言」を挙げている。

彼らはセラピストが闇雲に助言をすることを勧めているわけではない。クライエントが自分自身のやり方を見つけられるようになったり，セラピストに頼らずに自分で助言や情報を得たりできるようになったりするための，**前のステップ**として助言を行うことが重要であると述べている。その際，クライエントが困っていることや求めていることをセラピストが理解したうえで助言し，クライエントが自力で対処できることには助言しないこと，重症のケースの場合には日常生活に関する助言を行うことを挙げている。

一方で，その助言がたとえ一般的には正しくて素晴らしい内容であったとしても，そのときのクライエントのニーズにフィットしたものでなければ「コマーシャルや説教と同じ」であり，不適切な助言は治療同盟に破壊的に作用するとも語っている。

3 助言のポイント

助言について論考した文献は意外と少ない。ここでは精神分析的サポーティブセラピー（POST）について論じた関（2023）と，動機づけ面接（Miller & Rollnick, 2002/2007）[3]を参考にポイントをまとめる。

前提
①助言や励ましは,セラピストが意図をもって特定の方向にクライエントを動かそうとして用いる技法であり,<u>必要最小限</u>にするべきである。使うべき量を使わないことも問題だが,使用過剰となりやすいことに注意したい。
②助言が増えすぎるとクライエントの主体性を奪い,より受身的にしてしまう。
③クライエントが変わることの必要性や変わらないことの不利益をセラピストが伝えると,クライエントはかえって現状維持に固執する。クライエント自身の言葉を引き出すような関わりのほうを優先すべきである。

助言の内容
①専門家としての知識に基づいている。
②これまでの面接経過のなかにそう言える根拠がある。

注意点
①事前にセラピストが自分の心のなかを探索し,自分が"イライラしていない""焦っていない",と確かめられたときに行う。セラピスト自身がスッキリするためにこうした介入を用いる,といったことがないようにする。
②クライエントの不調はセラピストの助言欲,励まし欲を掻き立てる。しかしクライエントが不調だと,他者の言葉を侵襲的,迫害的に体験する可能性が高くなる。セラピストが必死に伝えようとすればするほど,その助言や励ましはどんどん叱責や非難,攻撃に聞こえていき,クライエントにとっては"否定された,怖い"という感覚だけが残り

---

[3] 同書では「指示(指導)」という言葉が用いられており,助言とは若干意味合いが異なる部分もある。しかし,同書は助言について考えるうえで参考になるため引用した。

かねないことに注意する。
③助言は単独で使用するよりも，質問などを用いながら十分に話を聞いたり，クライエントの語りを見守ったりといった技法と組み合わせたほうが効果的である。

4 助言の実際

具体的なイメージをもちやすくするため，事例Fでの助言を紹介する。

 クライエント：息子から返事が返ってこなくて，辛くて辛くて……
 セラピスト：ええ，そうですよね……
 クライエント：もうこれ以上は我慢できないです。辛いから連絡をしてみようと思います。
(〈これまでせっかく我慢してきたのだから，それは止めたほうがいい〉と即座に言いたくなる。しかし，セラピスト自身がやや焦っているのかもしれないと思い直す)
 セラピスト：今すぐ連絡を取りたいくらい，我慢することが辛くなっているんですね。
 クライエント：そうですね，もう連絡が取れていなくて半年も経っているし，今どうなっているのかが気になって……
 セラピスト：居ても立ってもいられなくなったのは，何かきっかけがあったのでしょうか？
 クライエント：きっかけ……どうだったかな。そういえば，この前，息子のSNSを見たことがあって，それで気になりはじめたのはあるかもしれないですね。少し困っていそうな感じもあったので。
(それは連絡を取りたくなるだろうと思う。だが，これまでのパターンを踏まえると，ここで連絡を取ると長男との関係がさらに悪化する可能性が高いだろうとも考える。また，現在の長男の年齢と状態を考慮する

と，連絡を取りたくなったら自ら連絡してくるだろうと思う）

セラピスト：それは連絡を取りたくなりますよね。ただ，これまでを振り返ると，Fさんとしては心配して連絡を取っても，息子さんは心配というよりも「Fさんの都合で連絡を取ってきた」と言うことが多かったように思います。==それを踏まえると，息子さんのほうから連絡が来るまで待つほうが関係を修復できる可能性が高いような気がします。ここは一旦連絡をせずに待ってみるのも手だと思いますが，いかがでしょうか?==

クライエント：たしかに，数カ月前も私，こんなこと言ってましたよね。ここが踏ん張りどころなのかなあ。でも，待つってほんと辛いです……

セラピスト：そうですよね……

　事例Fの場合，長男に連絡を取るか否かの局面で助言を行うことが多かった。次第に，「待つことって大事なのかもしれないですね」「今は待つことにしてみます」とFは自ら語るようになった。つまり，「待てる」ようになる前のステップとして，助言が有効に機能したと言えよう。

まとめ

　臨床場面では，セラピストが助言をしたことでクライエントが自分で考える力を損なってしまったり，セラピストに合わせるようになってしまったりすることがある。そのため，助言は必要最小限にするべきである。
　しかし，クライエントとセラピスト双方の状態を踏まえた助言であれば，クライエントの変化を促す重要な介入になりうる。

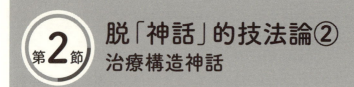

第2節 脱「神話」的技法論② 治療構造神話

本節の狙い

続いて，治療構造にまつわる神話について考えてみたい。

ここで取り上げるのは「枠を守る」「セラピストは交代してはならない」「中立性」である。いずれも心理療法を学ぶ際に教えられるものであるが，改めてその真価の再検討を試みたい。

というのも，これらはたしかに心理療法において重要な構成要素ではあるが，臨床現場で必要なことを行うべきときに足かせとなって，身動きが取れなくなることがあるからである。

1 ゆるい構造化
「枠を守る」を巡って

> ● 検討する事例
> 事例F 「自分の足で立っていたい」
> ──途切れ途切れ続く事例
>
> 12年目に開業オフィスで担当した40代女性の事例。精神分析的心理療法の導入に失敗した後にサポーティブセラピーに切り替えたケース。

1 「枠を守りなさい」

　出身大学やオリエンテーションによって異なるが，多くの読者は指導者や先輩などから「枠を守りなさい」と言われた体験が一度はあるのではないだろうか。たとえば，「（クライエントから希望があっても）安易に時間をずらさない」「毎週同じ時間に来てもらうことが大事」といった言葉で教えられたりする。

　枠を守ることは重要である。しかしもっと重要なのは，なぜ枠を守る必要があるのかを理解することだ。

2 なぜ枠を守るべきなのか ── 3つの視点

　「枠を守りなさい」という教えは，精神分析の「治療構造」[4] という考えから始まっている。ごく簡単に言えば，治療構造とは面接の場所・時間・頻

度などを一定にするということである[5]。

そもそも，なぜ枠を守る必要があるのだろうか。

1つ目は，倫理を遵守するためである。セラピストがクライエントと不適切な関係をもち（性的に搾取するなど），クライエントとセラピストのあいだの境界が破られることがある。「境界侵犯」と呼ばれたりもする。表沙汰にならないことも多いため若い読者はピンとこないかもしれないが，今でも時折，学会の倫理委員会などで問題となっている。「枠を守る」ことでクライエントとセラピストのあいだに明確な境界を引き，クライエントを守る必要があるということだ。

2つ目は，心理療法の効果を担保するためである。それぞれのオリエンテーションには，その心理療法の効果が最大限に発揮される構造がある。精神分析的心理療法であれば，外的構造と呼ばれる面接の時間や頻度を重視して，「週1回以上，50分（45分）」という構造でなければ治療効果が最大化されない，としている。一方，CBTでは数多くの実践のなかから効果があった方法を抽出して構造化したものが治療的手続きとなっているがゆえに，面接の構造の基盤は「プロセス」にあると考えられている（田中，2021）。ユング派は，個々の治療は徹底的に個別的であり，それぞれのクライエントがそれぞれのタイミングで必要とする治療は異なるというユングの治療観を色濃く反映しているため，「基本となる公式設定は存在しない」（大塚，2021）。

その学派が形作られていった歴史や治療観によって何を「構造」とするのかは異なってくるが，心理療法の効果を最大化するために構造を守るという

---

[4] 小此木啓吾が日本で発展させた「治療構造論」（小此木，1990など）は，元来，「生きた人間による生きた人間についての認識の平等性，中立性を保証しようとするための方法論」（栗原，2019）であったが，さまざまな歴史的背景によって「守るべきもの」としてイデオロギー化されてしまった（歴史的背景の詳細については栗原（2019）を参照）。簡単に言えば，治療構造論を「枠を守りなさい」という意味で使用するのは間違った認識であるという話だが，ここでは詳細な議論には入らず，なぜ枠を守るべきなのかを端的に整理するに留めたい。

[5] 厳密に言えば，外的構造（場所や時間など）と内的構造（セラピストの姿勢など）に分かれる。

共通点がある。言い換えると，"自己流を防ぐ"意味合いもある。

3つ目は，クライエントの対象恒常性の獲得を促進するためである。対象恒常性とは，その人が目の前にいなかったとしても，その人のことをこころのなかに描きつづけることである。それが安心感，安定につながる。安定した構造のなかで会いつづけると，クライエントのこころのなかで，セラピストという対象の恒常性が獲得されていくということである。

3 ゆるい構造化とは何か

しかしながら，近年の臨床現場においてクライエントや職場のニーズは刻々と変化しており，低頻度化・短時間化が求められるなど（筒井，2020），守ることそのものが難しい「枠」も現れてきている。

そのため，近年ではどのオリエンテーションも臨床現場に合わせて修正を加えたり，応用したりしつつある（例：「低強度認知行動療法」（大野，2012），「精神分析的サポーティブセラピー（POST）」（岩倉ほか，2023）など）[6]。同時に，実際に働く場所やクライエントに合わせてどのように構造化していくのかは，各セラピストに委ねられているのが現状である。

ここでは，そのような構造化の工夫のひとつとして「ゆるい構造化」を提唱してみたい。

ゆるい構造化とは，何らかの理由でセラピストが望ましいと考える治療構造を設えることが難しい場合に，緩徐に構造化をしていく方法，つまり面接初期に行う構造化のセットアップのことである。

ゆるい構造化について考える際，「治療的柔構造」[7]（岡野，2008）という概念は参考になる。「枠を守る」という言葉は，時間や場所を厳密に守る治療的「剛」構造をイメージさせる。しかし，さまざまな現実的事情でそうし

---

[6] 一方ではアウトリーチなど「枠」の外に出ていく実践もあるが，本書はあくまでも個室の心理療法に絞って論じる。
[7] 岡野自身も著書のなかで述べているが，この言葉を最初に使用したのは大野（1990）である。

た「剛」構造を設えることが難しい現場がたくさんある。むしろ、現代のほとんどの臨床現場では困難と言ってもいいだろう。そうした現場では、治療構造を厳密に守るべき根拠とクライエントのニーズや現実的な事情を天秤にかけ、バランスを取りながら実際の構造を決めていく。

また、治療構造を緩めることは一見治療的な効果が減じると思われがちであるが、「時間枠や頻度に関しても、よほど病態水準の重いクライエントでない限りは、ある程度の柔軟性をもたせたほうが中断しにくく成果も上がりやすい」(福島, 2020) という意見もある。

解離性障害の臨床について、「治療構造とは決して不動なものではなく、その時々の患者さんの状況を受けて揺れ動かされたり形を変えたりするもの」(岡野ほか, 2022) と指摘されているが、一般臨床でも役立つ視点だろう。

4 ゆるい構造化のポイント

❶心理療法文化に馴染む

私たちが会うクライエントは、心理療法を受けるのがはじめての体験ということが多い(もちろん、そうではない人もたくさんいる)。セラピストにとっては当たり前でも、心理療法文化は非常に独特で、はじめて訪れるクライエントにとっては未知との遭遇感すらある。

私も最初のパーソナルセラピー(訓練のためにセラピスト自身が受ける心理療法のこと)を受けるとき、アポイントの電話をするだけでも緊張して汗をどっとかいたことを今でも鮮明に覚えている。オフィスを訪れる際の心拍の高まり、部屋に入ったときのセラピストの表情、オフィスの独特な匂いや空気感、ただ話すという行為を続けることの難しさ。馴染んでいたはずの文化なのに、自分がクライエントとして体験するのでは全く異なった(私は心理療法文化に馴れるまで、数カ月の時間がかかった)。

このように心理療法文化に馴染むには時間を要するという観点をセラピストがもっていると、思い描いた通りの構造で心理療法を即座に行えるという

セラピスト側の妄想に水をかけてくれるはずだ。

❷リズムとダンス

　心理療法文化に馴染むためには，クライエントが定期的に来所するリズムを段々とつかんでいくことが重要だ。最初から週1回などの定期的な頻度で来られる人，とりあえず1回来てまた数カ月後に来る人，最初は来たり来なかったりだったが徐々に定期的に来られるようになる人。リズムはクライエントによって異なるのである。
　そうした**クライエント固有のリズムを踏まえながら，徐々に心理療法の頻度や話す感覚といったリズムを構造化していく**。
　このような構造化の過程を，あるセミナーの講師は「セラピストとクライエントがダンスを踊りながら少しずつリズムを取っていく」と表現していた。社交ダンスのイメージだ。最初はクライエントがなかなかうまくリズムを取れなくても，セラピストがクライエントに合わせつつリードするうちに，徐々にリズムが取れるようになっていくイメージで構造化していく。

❸面接構造を提案する

　（インテークやアセスメント面接を経て）面接の構造は，心理療法の内容や見立てや方針を踏まえ，セラピストがクライエントの問題解決のために能動的に考え検討したうえで，提案することが大前提になる（西野入，2021）。
　クライエントの希望を聞かないという意味ではない。クライエントの希望を聞くことは重要であり，面接構造は最終的に話し合って決める。とはいえ，面接構造を考え，先に提案するのは，あくまでセラピストだ。
　たとえば，腫瘍摘出の手術を受けることになったときに，医師が手術方法を説明せずに「あなたはどうやって手術したいですか？」と聞いてきたら，不安になるだろう。手術方法まで考えるのが医師の仕事であるように，クライエントの困りごとを治療するのに最も適した面接構造を考えるのはセラピ

ストの仕事だ。

　なお，治療構造の提示内容があまりにクライエントの現実的事情とかけ離れていると，その時点で中断に至る可能性もある（事例E「（週1の提示に対して）馬鹿にしてるんですか？」）。そのため，私は前もってインテークの時点で大まかな心理療法のイメージ（例：「どのくらいの頻度，どのくらいの期間のイメージをもっていらっしゃいましたか？」）を聞いている。

❹クライエントの希望を聞く

　次に，クライエントの希望を尋ねる。セラピストの提案通りに進むこともあれば，「隔週は難しくて，来られて月1回ですかね」「50分は長いので30分がいいです」「予定が不定期に入るので，曜日と時間を固定するのは難しいです」といった反応が返ってきたりもする。

　ここで，できる限り具体的に事情を確認しておく。なぜなら，経済的な事情なのか，スケジュール調整の問題なのか，心理療法への抵抗感なのか（例：「最初からたくさん来るのは気が進まない」）によって，こちらの対応を変える必要があるからだ。どうにもできない現実的事情であればその条件で提供できることを模索する必要があるし，慣れるまでゆっくり進めていきたいという希望なら，期間限定のお試しセッションを設けるのも一案だろう。

❺セラピストが基準を決めておく

　セラピストの提案とクライエントの希望を踏まえ，最終的に何らかの心理療法を進めていく。重要になるのは，セラピストが選択する心理療法について，最低限守るべき治療構造の基準を考えておくことだ。

　たとえば私であれば，精神分析的心理療法は「週1回」という頻度以下で行うとクライエントにとってデメリットがメリットを上回ると考えている。そのため，どうしても治療構造の設定が難しい場合には，精神分析的心理療法は導入せずPOSTを行う。プロセスを重視するCBTであれば「このプロ

セスは外せない」というものがあるし，他の心理療法も同様だろう。その基準がないと，導入を判断することはできない。

セラピストが最低限必要と考える構造化がどうしても難しい場合には，提供する心理療法自体を変更するという調整も視野に入れる。

5 事例Fの考察

以上を踏まえて，事例Fを簡単に考察してみたい。

事例Fは一度中断した後に再開している。中断した理由は，Fのニーズとセラピストの提案とのマッチングがうまくいかなかったことだ。ただ，改めて考えてみると，「心理療法文化に馴染む」という考えがセラピストに乏しかったことも影響していただろう。「構造こそが大事」という当時の私の考え方（「きつい構造化」）は，「自分の足で立っていたい」と考えているFのようなクライエントにとって自立心を奪う脅威と感じられたかもしれない。

この事例に関しては，後の経過を考えると中断が必ずしも悪いものだったとは言い切れない。とはいえ，「ゆるい構造化」の観点に立って治療を進めたほうが，クライエントにとってより有益だったはずだ。

6 ゆるい構造化の「液状化」

最後に，ゆるい構造化の「液状化」についても触れておきたい。

ゆるい構造化の液状化とは，セラピストとクライエントのやりとりが進むなかで，構造そのものが崩れてなくなってしまう状態を指す。

たとえば，セラピストがクライエントの言われた通りに時間を延ばし，頻度を変え，部屋を変更し，好きなおもちゃを使わせる。初期はうまくいくかもしれないが，多くの場合，徐々にクライエントの言動がエスカレートしていく。最終的には，セラピストのほうが抱え切れなくなって投げ出したり，治療機関から部屋の使用を禁止されたりして，クライエントが深く傷つく結果になることがある。クライエントにとって間違いなく悲劇的な結末だ。ゆ

るい構造化の液状化はクライエントの悪化を招く可能性が高いのである（このような事態を避けるために，「枠を守りなさい」と口酸っぱく言われるのだろう）。

　ゆるい構造化の液状化を起こさないためには，以下の2点を意識したい。

　1つ目は，セラピストのなかに「面接構造」という概念がインストール（内在化）されていることである。セラピストのなかに一般的にスタンダードとされているような枠の基点があり，かつ「これ以上は崩すとまずい」といった基準があるため，ある範囲のなかで枠を緩めたり締めたりできる。

　一方，面接構造概念がインストールされていない場合は，基点も基準もないため，構造は液状化する。「型があるから型破り，型がなければただの形無しだよ」という18代目中村勘三郎の有名な言葉になぞらえて言うと，ゆるい構造化は型破り，液状化は形無しということになるだろう。

　2つ目は，構造化の視点からクライエントの悪化を見立てられることである。セラピストがクライエントの希望に合わせることは，一見クライエント思いの行動のように見える（実際にそうした面もある）。

　しかし，希望に合わせつづけ，クライエントの甘えたい気持ちや万能感が肥大化した結果，クライエントの状態が悪化していくことがある。「自分はクライエントの希望に応えている良いセラピストだ」とセラピストが自己満足に浸っているあいだに，クライエントは悪化していく……という事態が起こりうるのだ。構造化の視点がないと，セラピストの振る舞いがクライエントの悪化に影響している可能性を感知すらできない。

まとめ

　近年の臨床現場においては，一定の決められた面接構造を守ることは難しくなりつつある。ゆるい構造化とは，何らかの理由でセラピストが望ま

しいと考える治療構造を設けることが難しい場合に，緩徐に構造化をしていく方法，つまり面接初期に行う構造化のセットアップのことである。

ゆるい構造化の際には，「心理療法文化に馴染む」という観点をもちながら，クライエントが少しずつ定期的に来所するリズムを摑んでいくことが重要になる。

ただし，ゆるい構造化の「液状化」はクライエントの悪化を招く恐れがある。そうならないためにも，セラピストが面接構造という概念をインストールしておくことが必須である。

2 リファーする
「セラピストの交代」を巡って

●検討する事例

事例C 「私だって辛かったんです」
──親面接で「親の話をどこまで聞くか」問題

心理士5年目のスクールカウンセラーのケース。忘れ物が多い子どもの相談を受けていたが，途中から母親自身の親子関係（実母が自殺）が語られるようになり，収拾がつかず副校長や担任を巻き込むこととなった。

1 「救世主の夢」

「救世主の夢」とは，コゾリーノ（Cozolino, 2021/2022）の『心理療法家になる』という本から引用した言葉である。彼は，臨床家は自分こそがクライエントを救える人間であるという「救世主の夢」を見がちで，自分一人の手でクライエントを治療しようとしたり，抱え込みすぎたりすると指摘している。そのうえで，セラピストがナルシシズムと向き合うことの重要性を述べている。この指摘は臨床家にとってけっこう痛いところをついていると思う。自分自身にもそういうところがあるな，と胸にチクリと刺さった。

一方で，そういった個人的な問題だけでなく，まるでひとつの心理療法を行えばクライエントが治るかのような錯覚が，心理療法を学ぶ過程で形づくられている面もあるように思われる[8]。

ゆえに，自分以外のセラピストの手を借りる「リファー」をひとつの技法

として位置づけ，その意義について論じたい。

2 リファーとは何か

リファー（refer）とは「委託する，付託する，委ねる，任せる」といった意味の動詞[9]で，臨床現場では「利用者を他の専門家や専門機関に紹介すること」（下山，2010）といった意味合いで使われることが多い。下山は臨床心理学の実践活動を構成する3種類の基本技能（システムオーガニゼーション，ケースマネジメント，コミュニケーション）のうち，ケースマネジメントの一項目としてリファーを位置づけ，その重要性を強調している。

実際，スクールカウンセリングなどの領域ではリファーの重要性は高まっているが，心理臨床全般のなかでは未だに光が当たっていない。

3 リファーが行われにくい背景

リファーが一般化していない背景のひとつに，専門家間でリファーのシステムが整備されていないことが挙げられる。

アメリカのClinical Psychologistである森（2019）によると，アメリカではクライエントの症状の種類や重さの程度により，どのような臨床機関・クリニックにリファーするのか体系化されている。たとえば，まず学校心理士が学校でアセスメントを行い，その結果によって，校内で心理カウンセリングなどの対応をするのか，あるいは学校外の専門家（臨床心理士や精神科医など）にリファーするのかを判断する。後者が必要であれば，外部の病院やコ

---

[8] もちろん，このような教えられ方をしていない読者もいるだろう。この点についてはいつどのような場所で教えられてきたかといった地域性や世代性の影響が大きいように思われる。
[9] 名詞は「リファーラル（referral）」である。正確に言えば「リファーラルする」という言葉のほうが適切であると思われるが，ここでは一般に流通している「リファーする」を用いる。

ミュニティ，クリニック，あるいは個人開業の心理士や精神科医にリファーするといった流れだ。

　別の理由としては，先に述べたように，ひとつの心理療法で治せるといったイメージが教育のなかで身に付いてしまう点が挙げられる。一方，「あるクライエントがいつか将来どこか他の場所で心理療法が成功するための準備を私がしていて，その間に，他の心理療法家が私の未来のクライエントとの基礎作りをしてくれている」(Cozolino, 2021/2022) といった教育はあまりなされない。このように教えられていれば，一人のセラピストが治すものではないという考えをもちやすくなるだろう。

4 「リファーする」という技法

　技法と名づけるほどではないと思う人もいるかもしれないが，リファーを技法と位置づけること自体がその重要性を強調することになる。以下がリファーのポイントである。

❶ ネットワークの構築

　リファーを行うために最も重要なことは，リファー先のネットワークである。スクールカウンセラーであれば近隣の医療機関や福祉機関などである。医療機関では通常，ソーシャルワーカーがその仕事を担うが，ネットワーク情報をもっていることは役立つはずだ。ネットワークの構築は社交性の問題と思われるかもしれないが，一朝一夕では構築できない立派な技法のひとつである。

❷ 下準備──紹介先への問い合わせ

　リファーの前には下準備が必要だ。下準備とは，事前にリファー先に連絡を取って対応可能かを確認したり，紹介手順を尋ねたりすることである。こ

の下準備をおろそかにすると，たとえ適切な紹介先であったとしても受け入れを拒否されたり，後回しにされたりする可能性がある。

❸理由を明示しながらの説明

　クライエントにリファーの説明をする際のコミュニケーションにも工夫が必要である。機械的に〈では，○○クリニックをご紹介しますね〉ではなく，リファーする理由も明示しながら説明したほうがいいだろう。一例を挙げると，こんな感じだろうか。

　　〈ご自身のお母さんを自殺で亡くされたことや，早い時期から自立をせざるをえなかったことについては，Cさん自身のカウンセリングが必要だと思うのですが，残念ながらここはお子さんの相談を行う場所なのです。ですので，私が信頼するセラピストを紹介しようと考えているのですが，いかがでしょうか？〉

❹紹介状の準備

　現病歴と治療経過をまとめたうえで，紹介の経緯がわかる紹介状を丁寧に作成する。その際，どのような経緯でリファー先を勧めたのか，それに対してクライエントはどのような反応だったのかを書いておくと，紹介先のセラピストは助かるだろう。

❺クライエントとの心理療法のまとめ

　リファーのタイミングにもよるが，一定期間会っているわけなので，クライエントは大なり小なりセラピストを信頼している場合が多い。そのような状況で別のセラピストを紹介されると，クライエントによっては「セラピストから見捨てられた」と感じる可能性もある。

傷つきが強そうな様子のクライエントの場合には,「紹介されたことで傷ついたところもあるかもしれませんが, 長い目で見るとリファーしたほうがあなたの利益になると思って紹介しました」と傷つきに触れつつ, 再度意図を伝えてもいいだろう。

　いずれにしても, セラピストが「一人で治す」という発想ではなく, クライエントを取り巻くさまざまな人の力で治っていくという考えをもっておくことが重要である。

まとめ

　特に初心者の場合には, ひとつの心理療法・一人のセラピストでクライエントが治るという考えに陥りがちである。しかし, クライエントを取り巻くさまざまな人の力（もちろんクライエント自身の力も）によって治っていくという発想をもち, リファーをひとつの技法として位置づけることは, クライエントにとって有用であると考えられる。
　リファーを行うためには,「ネットワークの構築」「紹介先への問い合わせ」「リファー理由の説明」といった手順が必要である。

3 距離的ポジショニング
「中立性」を巡って

●検討する事例

事例A 「ガムが怖くて何が悪い！」
——強迫症のCBTの導入

心理士1年目に精神科クリニックで出会った10代男子のケース。「ガムが怖い」というOCD症状の治療のためCBTを行ったが，うまく導入できず，中断に至った。

事例B 「完璧な私でいたかった」
——ベッドサイドの面接

心理士3年目に総合病院精神科で出会った20代女性のケース。ベッドサイド面接を行ったが，患者とのコミュニケーションも病棟連携もうまくいかず，中断となってしまった。

事例D 「やっぱり私が悪いんです」
——DV被害者の面接

心理士8年目に精神科クリニックで出会った20代女性のケース。面接の途中でパートナーからのDV被害が発覚したが，自責感を強めたまま，「やっぱり私が悪いんです」という言葉を残して中断となった。

1 責めているつもりはなかった──事例D

　後にDV被害者であることが発覚した事例Dは，私との面接のなかで自責感を強め，最終的には中断に至ってしまった。

　振り返ってみれば，Dには初回から私に怯えているような雰囲気があった。とはいえ，私は〈あなたが悪いのではないでしょうか〉などと，口にしたことはない。Dを責めているつもりもなかった。私としては，"いつも通り普通に"接しているつもりであった。恥ずかしながら，当時の私にはどうしてDの自責感が強まっていくのかわからなかった。自責感が強まるのに気づいてはいたが何もできずに見ているしかない，という感覚すらあった。

　なぜ，このようなことが起こったのだろうか。

2 セラピストの権力性／権威勾配

　このことを考えるためには，セラピストの権力性に触れる必要がある。

　「セラピストの権力性」と言われても，ピンと来ない読者もいるかもしれない。クライエントに対して，権力をふりかざそうと思ってそうしているセラピストはいないだろう。私も，Dに対して権威的に振る舞っているつもりはなかった。

　しかしながら，この「つもりはなかった」が厄介なのである。

　セラピストの権力性について考える際のポイントは，セラピストに権威を振りかざすつもりはなくても，クライエントとセラピストのあいだには権威勾配（人間関係における権威の差の傾き）が生じる，という点である。つまり，「権威的に振る舞ったつもりはない」といったセラピスト側の意図の問題ではなく，権威勾配が生じるクライエントとセラピストの非対称的な関係性に目を向ける必要がある，ということである。

　こうした関係性を考えるうえで，笠井（2023）の論考は参考になる[10]。クライエントを「社会の中で排除され辺縁化されやすいマイノリティ」と見立てると，セラピストは「支援者専門職集団に守られ，経済的に保障され，

専門性で権威づけられたマジョリティ」と位置づけられ，クライエントに対して「暴力性，抑圧性，搾取性を持ち得る」[11]。

つまり，遠景からセラピストとクライエントを捉えると，両者のあいだに権威勾配が生じることは避けられない。そのような「対人支援の構造や，専門職が知らず知らずのうちに身につけてきた規範や価値に基づいて『よかれと思って』提供する支援のあり方」が，セラピストが気づかない間に「暴力的に作用し，トラウマ再受傷（re-traumatization）をひきおこす」ことがある。

近年，セラピストの権力性や加害性について，さまざまな観点から議論されつつある。社会的マイノリティ集団に対する加害者（ここではセラピスト）の無自覚な差別＝「マイクロアグレッション」（Sue, 2010/2020）や，セラピストがクライエントを自身の価値で染め上げて支配する「植民地化」（富樫，2021）などが一例だ。

なお，セラピストは必然的に権威をまとうとはいえ，それは一様ではない。権威を強く帯びているセラピストもいれば，そうではないセラピストもいる。もちろん，あるクライエントにとって権威主義と感じられるセラピストが，別のクライエントにとってはそうでないように，権威勾配の程度はクライエントとセラピストの組み合わせによって決まるものでもある。それでも，セラピストは自分という人間がどのような刺激を与えやすいかを認識しておくことは重要である。具体的には，ジェンダー，年齢，身体的特徴，話すスピード，話すトーン，振る舞い方，服装のスタイル，思想，醸し出す雰囲気といったセラピストの特徴が，クライエントにどのような刺激を与えるのかということである。

まとめよう。クライエントとセラピストのあいだの非対称性が権威勾配を

---

[10] 笠井（2023）は専門職もまたマイノリティであることにも言及しており，その点も重要であると私は考えているが，本稿の論旨とは外れるため言及していない。
[11] セラピストのマジョリティ性とクライエントのマイノリティ性を考えるためには，綾屋（2018）が編集した『ソーシャル・マジョリティ研究』という著書が参考になる。

生み出すことや，セラピストが付帯せざるをえないマジョリティ性に対して意識的／自覚的になることは，セラピストにとって必須であると言えるだろう。

3 「ワンダウン」「ポジショニング」——信田理論のインパクト

　では，事例Dでの私の失敗は，セラピストの権力性を自覚できておらず，権威勾配に意識的でなかったゆえに起こったのだろうか。たしかに，自覚のなさや勉強不足は否めない。当時の私がもう少しセラピストの権力性について真剣に考えていれば，Dが責められたと感じることはなかったのかもしれない。

　とはいえ，自覚すればDとのあいだで起こったような事態を避けられたかと考えると，疑問符が浮かぶ。Dとの治療が終わった後，私は多少なりともセラピストの権力性について考えるようになったが，残念ながらその後も何度か似たようなことを繰り返してしまった。それも，決まってDV被害者や被虐待体験のあるクライエントとのあいだで起こった。DVや虐待やトラウマの専門書を読んで，トラウマインフォームドケアのことも知ったが，それでも私には「何か」が足りないように思われた。

　私は，どうしたら良かったのだろうか。

　このことを考えていたとき，信田（2019）の論考に出会った。「優れた専門家であれば，自分がもつ権力性を自覚することであえてワンダウン的位置取りをしながら，カウンセリングを展開するだろう」という言葉は，私に強烈なインパクトを残した。

　だが，なぜ自分が衝撃を受けたのか，そのときにはよくわからなかった。頭のなかでこだまする「ワンダウン」という響きをしばらく考えるなかで，ようやく思い至った。"その位置にいたまま"セラピストの権力性について考えたって何の意味もないと，頭をガツンと殴られた気がしたのである（もちろん，実際にそんなことは誰からもされていない）。

　私に足りなかった「何か」とは，熟練セラピストであれば自然と行ってい

るであろう「ワンダウン的位置取り」だったのである。

　信田はこの論考のなかでポジショニング論を展開している。「援助－被援助のシーソーは放っておくと援助者が上になってしまう。だから絶えず自分の側に『重し』をかけなくてはならない」（信田，1999）という考えに基づき，セラピストが「クライエントに対してどのような位置取り，立場性をとるか」（＝ポジショニング）という実践である。つまり，ポジショニングとは，セラピストが自身の権力性を自覚しながら，クライエントに対するセラピストの位置を上げたり下げたりと意識的に変えていく動きのことである[12]。

　なお，「わが国における援助関係は，きわめて容易に勾配関係，上下関係に転化しうる」（信田，1999）と指摘しているように，信田は以前から，クライエントとセラピストのあいだに生じる権威勾配にいち早く気づき，セラピストの権力性の議論をリードしてきた。権威勾配に関する信田理論は，フェミニズムやアディクション臨床における自助グループの存在と当事者研究などを踏まえた複合的な背景をもっており，思想的にも臨床的にも大変興味深い。興味のある方はぜひ成書をお読みいただきたい。

4 「ワンダウン的位置取り」とは何か

　ワンダウン的位置取りとは，「一段下がった立場」という意味だが，実際にワンダウンするためにはどうしたらいいのだろうか。

　信田（1999, 2002）はこの点について，「援助者と被援助者の等価性の保障」「中立はない」という2つの考えを提出している。

　前者の等価性の保障のためには，「援助の脱価値化」と「援助を『する』必要性をみずから問う」ことが必要だという。セラピストが前提とする援助に対する価値を取り去り，自らが援助者にいたるまでのプロセスを振り返るなかで，クライエントが被援助者になったのもセラピスト自身が支援者になっ

---

[12] 松本（2016）と信田・松本（2018）で議論されている，支援における「垂直方向」（「父親」「超越」「深める」など）と「水平方向」（「横のつながり」「表面」「生き延びる」）は，ポジショニング論のさらなる発展形と思われる。

たのも「等価である」という感覚をもつことが，セラピストとクライエントの等価性を生み出す。

後者の「中立はない」という考えは，DVや虐待の臨床において中立的立場を取ろうとすれば，必ず「力の強い者」の立場に立ってしまうというパラドクスのことである。最も必要なことは，中立性ではなく徹底的にクライエントの味方になることであり，加害者に対して共に怒り，憤慨し，時に戦う必要があるという。このあたりの議論は愛着トラウマについて論じた岩壁・工藤（2024）とも共通点を見出せる。

信田理論は，従来の心理療法的価値観（援助の価値，中立性の重視）の転換によって「ワンダウン的位置取り」を実現していると言える[13]。

5 距離的ポジショニング

以上，信田流ポジショニング論ひいてはワンダウン的位置取りを概観してきた。ここでは，ワンダウン的位置取りを行うための別の方法論も探ってみたい。

私は，**セラピストがクライエントとの距離感を調整したり，適度な間合いをはかったりといった自らの位置を調整することも，ワンダウン的位置取りを行ううえで重要な働きを担う**と考えている。距離を詰められるという圧力によってセラピストに権力性を感じ取るクライエントも存在するからだ。ここでは，このような距離感を調節するセラピスト側の動きを「距離的ポジショニング」と呼びたい。

もちろん，「そもそも私たちは，人との距離を含めた感情を操作できるのだろうか」（妙木，2023）という指摘があるように，クライエントとの距離を意図的に操作することは難しい。セラピストが「このくらいの距離が適切

---

[13] 信田理論では自助グループの重視など具体的な方法論も提示されているが，ここですべてに言及すると"信田さよ子論"となってしまうため，あえて単純化して論じている。なお，「ワンダウンポジション」という言葉を知らなかったのは私の勉強不足で，家族療法やブリーフセラピーの文脈では以前から使われていた言葉のようである。

かもしれない」と見立ててクライエントと接したとしても，クライエントにとっては「適切な距離感」ではないかもしれないからである．また，人と関わるということは必然的に互いに「巻き込まれる」ことでもあるため，セラピストが「このくらいの距離感にしておこう」と思ったとしても，その通りにはいかないことが多い．

　ヤマアラシのジレンマを補助線に「ちょうどいい距離感」について論じた山崎（2023）が「傷つき／傷つけられながらでしか，ちょうどいい距離を見出すことはできない」と論じているように，臨床においてもセラピストとクライエントは傷ついたり傷つけられたりするなかで，ちょうどいい距離感を測っている面もある（もちろん，セラピストからクライエントへの傷つきは最小限でならなければならないが）．

　とはいえ，「なんてクライエントとの距離感の測り方が上手いんだ」と思われる臨床家に出会うこともある．この原稿を書きながら，私はある二人の人物を思い出していた．

　一人は，大学院時代の実習先の病院で出会った指導者の女性心理師．彼女は主にリエゾン業務を行っており，実習中にベッドサイドでの面接に陪席させてもらう機会があった．彼女がクライエントと話す場面を見た際，私はショックを受けた．気難しそうな患者や身体的に深刻な状態にある患者が，彼女と話すときは気を許してリラックスしながら話していたのである（と私には見えた）．経験も知識もなかった私には，なぜそんなことができるのか不思議で仕方なかったが，"距離感が絶妙なんだろう"と漠然と思っていた．近づきすぎず，遠ざかりすぎず，絶妙に距離を調整しながら話を聞いていた彼女に，私はあまりに興奮して，「どうしたらそんな風に話を聞けるんですか!?」と聞いた覚えがある．「別にそんなに話聞くの上手じゃないよ」と笑われたような気がするが，私は「こういう人が臨床家というのだろう」と感じた．

　もう一人は，私が働きはじめてから出会った総合病院精神科のベテラン看護師．先の先輩と異なって口が悪いその看護師は，「めんどくさい」が口癖であり，お世辞にも模範的な看護師ではなかった．が，患者とのコミュニケーションの取り方は抜群にうまかった．病棟でトラブルを起こしがちで近づき

難い中年男性の患者に，いつの間にか「ちょっとあんた，いい加減にしなさいよー」と軽口をたたいていた。自殺企図をしたばかりの非常に繊細そうな若い女性とは，「ほんと馬鹿ねえ」など，こちらがぎょっとするような言葉使いで談笑していた。それは単に懐に入るのが上手いとか，コミュニケーション能力が高いという単純な話ではない。そのベテラン看護師も，適度な距離を保ちながら距離感を調節して関係をつくっていたのである。

クライエントとの距離感の測り方が上手な臨床家は存在する――そう考えると，ちょうどいい距離感は関係性のなかで築かれるがゆえに操作できるものではない。だとしても，ちょうどいい距離感に近づけるためのセラピスト側の技術（＝距離的ポジショニング）を考える価値はあるだろう。翻ってそのような技術は，ワンダウン的位置取りにもつながるはずだ。

6 改めて事例Aと事例Bを考える

6つの事例のなかで距離的ポジショニングが特にうまくいかなかったのは，事例Aと事例Bであった。この2つの事例は後に述べる「文脈づくり」（第4節2）でも取り上げるが，距離的ポジショニングも十分ではなかった。

OCDの事例Aの場合，初回は緊張気味で，自ら話し出す雰囲気はなかったが，私の問いかけに応じないわけではなかった。多少なりとも相談意欲があるように感じられた。しかし私が勇み足で症状を把握しようと試み，心理教育を行おうとしたことは，Aにとっては症状という内面と密接する領域に一気に近づかれた感覚があったのだろう。たとえば，好きなことや学校の話など，症状とは直接関係のない話をするなどして，どのような距離感がAにとって心地よいのかを見定める必要があった。

ベッドサイド面接だった事例Bの場合，初回の面接では非常に"拒否的"と感じられ，私は戸惑いつつも，無理に距離を近づけないほうがいいと考えていた。しかし改めて考えてみると，カーテンを開けて話すこと自体がBの警戒感を強めてしまったのではないか。もちろん，当時の私が職場から求められていた仕事としては話す必要があったのだが，カーテンを開けずに話

すという選択肢もあったかもしれない。あるいは，初回は挨拶だけに留めておいても良かったかもしれない。空想の域を出ないが，カーテンのなかに入るという私の行為自体が，急に距離を詰めてきたとBに感じさせた可能性がある。

　いずれの事例も，より繊細な距離的ポジショニングの調整が必要であったのは間違いないだろう。

7 ワンダウン的位置取りを翻案する
──方法としての「距離的ポジショニング」

❶巻き込まれながら離れてゆく──ゆらぎのステップ

　人と関わるということは必然的に互いに「巻き込まれる」ことだ。それは決して悪いことではない。巻き込まれないように最初から離れていたら，クライエントを理解することはできない。しかし，巻き込まれるだけでは適切な距離は取れない。

　現象学者の村上（2021）は看護実践を現象学的に研究するなかで，看護現場は必然的に巻き込まれる実践であるが，有効な実践において支援者は巻き込まれつつ冷静に観察するという二重のスタンスをもつことが多いと指摘している。そして，そのように距離をもった視線で，つねに全体と細部の観察を総合しながら状況を判断し，状況と交差するさまざまな文脈の力線から状況判断の「形」を摑み取っているという。

　こうした客観的な視点やメタ視点の重要性は，心理臨床の世界でも言われてきた（例：「第三項」「メタ認知」「関与しながらの観察」など）。クライエントとの距離感を測るうえでも，この巻き込まれながら距離を置いて眺める能力は重要となる。

　だが，巻き込まれつつ冷静に観察するというのは，言うは易く行うは難しである。特に若手にとっては至難の業だ。看護師の菅谷（2021）は，若手時代に「巻き込まれているよ」と先輩看護師に声をかけてもらうことで，クラ

イエントに振り回されたり巻き込まれたりしていることに自覚的になれたと述べている。私も同僚やスーパーバイザーから指摘されて自覚できたことが何度もあった。「これが巻き込まれているということなのか」とはっとした体験もした。このように周囲の「目」を借りることも有用だろう。

❷見る・感じる―― ゆらぎのスケッチ

　クライエントとの距離感を測るためには，クライエントを見て，感じる必要がある。
　この点については子どもの臨床がヒントを与えてくれる。苛烈な虐待を受け，関係を築くことが難しい子どものこころの理解を論じているミュージック（Music, 2019/2022）の著書を読むと，臨場感ある臨床描写のなかで繊細に距離感を測っている様子がよくわかる。

〔引用者注：保育園での長い散歩から帰りたがらず，職員とやり合っている小さな男の子（イーサン）と著者とのやりとり〕
　私はイーサンに近づいた。彼は私を見て**たじろいだ**。私は距離を保ちながら，しかしはっきりと「いやいや，この大人たちがどうしてほしいのか分からないなあ」と言ってみた。イーサンは**少し落ち着いた**。私は力を込めて，「もう行かないといけないってことに，とてもとても怒っているんだ」と言った。彼の**あごの緊張がわずかに和らいだ**。「フェアじゃないよね？」彼は私を**じっとみつめた**。「何がフェアじゃないのかなぁ？」彼の**唇がわずかに震えた**。私は静かに独り言を言った。「うん，どうなんだろう。イーサンには何か言いたいことがあるのかどうか，僕は本当のことを知りたいよ」永遠のように思われた時間が過ぎた。

(p.5／強調引用者)

　まるで，ゆらぎのスケッチのようである。この短い描写からわかるのは，著者ミュージックは子どもの様子をつぶさに観察しながら，微妙に距離を調

節していることである。「子どもの様子」とは，クライエントの行動や身体の観察を通して把握できる緊張感，不安，落ち着きといった情緒の程度やその揺れ動きのことである。距離を測るためには，こうした観察をもとにした見立て，特に身体性への注意の向け方が重要になってくる。

どのような観点から観察を行うべきか。子どもの心理療法のケースを論じた文献（弘中，2002；Lieberman & Van Horn, 2008/2014），乳幼児観察の本（Miller et al., 1989/2019 など）を読んだりすることも役に立つ。乳幼児観察とは精神分析的なセラピストになるための訓練のひとつで，生まれた直後の赤ちゃんがいる家庭に訪問し，その赤ちゃんが2歳になるまで，毎週1時間，赤ちゃんと家族のこころの交流を観察するというものである。また，身体感覚について鋭い観察を続ける美学者の伊藤亜紗の一連の著書（2018, 2020など）も，身体性の感覚を養うという意味で臨床に活かせるだろう。心理職が書く文章とはまた異なる文体で身体を捉えており，身体感覚に対する感受性を広げてくれる。

❸ 聴く・語る ── ゆらぎのリズム

先のミュージックの描写をセラピストの「声」という観点から眺めてみると，また異なる側面が見えてくる。

「はっきりと」「力をこめて」「静かに独り言を言った」と，3つほど声のトーンがわかる記述を発見できる。クライエントの語りを聴きながら，ミュージックは声の高さ，トーン，リズム，強弱，スピード，湿り気など，非常に微妙な調整を行っている。

部屋の構造などによって多少の変化はあれど，私たち臨床家はサッカーやラグビーと異なって，実際に体を動かしながら距離を調節するわけではない（プレイセラピーなど例外もある）。クライエントに伝える内容や，あるいは伝えないという選択によって距離的ポジショニングを行うわけであるが，私たちが最もよく使っている「声」でも微妙な調整を行っているのではないだろうか。

もちろん，最も適度な距離を生み出す声というものはない（と思う）。早いスピードで話されると，「自信がありそうで信頼できる」と思うクライエントもいれば，「自分のことを理解しようとしてくれないから信頼できない」と感じるクライエントもいる。湿り気のある声でセラピストの理解を伝えられるからこそ理解されたいという実感がもてるクライエントもいれば，「距離が近すぎる」と感じるクライエントもいるかもしれない。しかしながら，セラピストが何かを伝えようとする際に，声の質と距離感という観点から考えてみると，発せられる声（形式）と伝えられること（内容）が調和し，距離的ポジショニングを調節できるだろう。

まとめ

　セラピストが権威を振りかざすつもりはなくても，クライエントとセラピストのあいだには権威勾配が生じる。セラピストが自身の権力性を自覚しながら，セラピストの位置を上げたり下げたりと意識的に変えていく動きをポジショニングと呼ぶ。ワンダウン的な位置取りをするための方法としての「距離的ポジショニング」は，権威勾配の傾きのなかに居ながらも，クライエントが過度に権力性を感じないように距離を調整することで，結果的にはセラピストがワンダウン的位置取りを行うことになる，いわばセラピストがクライエントとの距離感を調整したり適度な間合いをはかったりする作業だ。

第3節　心理療法の「外」の方法論

本節の狙い

　第3節と第4節では，私が水先案内人となって現場に埋め込まれている「暗黙知」を掘り起こし，「見える化」を図る。

　第3節では，暗黙知のなかでも心理療法の「外」に焦点を当てる。

　心理療法に憧れていた私は，いかに心理療法について学ぶか，つまり心理療法の「中」のことばかりを考えていた。しかしながら，いくら「中」を学んでも，心理療法がうまくいかないことは多々あった。

　そのようななかで，いくつかの失敗を通して心理療法の「外」に目を向けるようになると，うまくいくケースが増えはじめた。最初は不思議な体験だった。だが，いかに「外」に働きかけられるかが心理療法の成否を握っており，それこそが現場の暗黙知であると確信するようになった。

　第3節では，「多職種連携」「親面接」「ソーシャルワーク的仕事」を取り上げる。いずれも心理療法とは別枠の「マネジメント」という言葉で論じられたり，それぞれ単独で語られることも多いが，これらをまとめて心理療法の「外」として捉え，その意義や方法論を述べてみたい。

1 多職種連携

●検討する事例

事例B　「完璧な私でいたかった」
　　　──ベッドサイドの面接

心理士3年目に総合病院精神科で出会った20代女性のケース。ベッドサイド面接を行ったが，患者とのコミュニケーションも病棟連携もうまくいかず，中断となってしまった。

1 公認心理師法と多職種連携の時代

　「その業務を行うに当たっては，その担当する者に対し，保健医療，福祉，教育等が密接な連携の下で総合的かつ適切に提供されるよう，これらを提供する者その他の関係者等との**連携**を保たなければならない」
　　　　　　　　　　　　　　　　　　　　　　　　　　　　（強調引用者）

　読者はこの文章に見覚えがあるだろうか。
　これは，公認心理師法第42条である。「連携」という言葉が，私たちの職務のひとつとしてしっかりと明記されている。
　こんなふうに明記されたのは，「〔心理職の〕活動の目指すところの達成は，連携，協働なくしてはなしえない状況にある」（鶴・津川，2018）と言われるように，多職種連携の時代になったからでもある。私が大学院を修了した

10数年前と比較すると,「連携」「協働」「コラボレーション」「チーム」という言葉を聞く頻度は,格段に増えた。「『連携』や『協働』はいまや,医療福祉関係者の共通の合言葉」(野口,2018a)とすら,言えるだろう。

日々の臨床を振り返ってみても,「合言葉」感はたしかにある。私が働いている医療現場でも,「連携ミーティング」「連携ケース報告会」など,「連携」はもはや日常語だ。

多職種連携の重要性が叫ばれているのは,なにも心理士に限ったことではない。Amazonで「多職種連携」と検索してみると,看護師,医師,介護職,リハビリ職,福祉職,教員など,さまざまな職種によって書かれた本がヒットする。

背景には,世界的な医療従事者の人員不足を懸念してWHOが専門職の連携と連携医療の教育の重要性を推奨している,という世界的な流れがある。日本でも,厚生労働省が多職種協働・地域連携の必要性を強調し,推進している。

ただ,そうした政策的な事情だけではないようだ。

「一人でできることなんて,限られてるんだよ」

これは,ある医師から言われた言葉である。しみじみとした実感が込められたその声に,私は深くうなずかざるをえなかった。たしかに,一人でできることは限られている。裏を返せば,誰かと組めばできることは広がる,ということでもある。こうした感覚が職種を超えて共有されてきたからこそ,「多職種連携は大切だ」とあちこちで言われるようになったのだろう。

2 とはいえ,多職種連携は難しい

しかしながら,実際の多職種連携は難しい。事例Bで多職種連携に失敗して心理士を辞めたくなるくらいに打ちのめされたのが,何を隠そう,私である。

とはいえ，多職種連携の難しさを感じているのは私だけではないようだ。近藤・長屋（2016）は，心理臨床家の専門職アイデンティティの発達を調べるため，医療領域で働く初学者から熟練まで15名の臨床心理士にインタビュー調査を行っている。その結果，初学者では「チーム全体を視野に入れて動くことや心理職の立場からの主張など，自立した連携ができる」ことは稀であり，中堅・熟練になると約半数以上が可能になるという。この結果を知ると，初学者のうちは多職種連携ができないのは当然だったのか，とほっとする。

だが，初学者は「自身の力量不足から，多職種と連携することに消極的になり，孤立・逃避する」という調査結果には，胸が痛む。たしかに，事例Bでは逃避したい一心であった。また，中堅になっても，およそ半数の心理士は苦戦しつづけているという事実も見逃せない。

このような多職種連携の難しさを踏まえ，近年では連携を行ううえで心理士に求められる要素を抽出して大学院教育を見直したり（樫原ほか，2016），専門職連携教育（Interprofessional Education：IPE）が注目されたりしている（川島・山田，2017）。IPEとは，「2つ以上の専門職が，協働とケアおよびサービスの質を改善するために，共に学び，お互いから学び合いながら，お互いのことを学ぶ機会」（Center for the Advancement of Interprofessional Education, 2016）のことだ（詳しくは，川島・山田（2017）を参照）。

以前，IPEを特集したテレビ番組を見たことがある。医学生と薬学生が一緒に授業を受け，ディスカッションをしながら，「へー，そういうことを大事にしているんですね」と互いの価値観の違いに驚く場面が映し出されていた。学生の頃から専門職間の違いを知る機会は，有用な連携の教育方法だろう。

以上をまとめると，現代は「多職種連携の時代」と呼べる時代であり，大学院教育の体制も見直されつつあるが，初学者を中心として多職種連携に苦戦している心理士は大勢いる，ということになる。

本項で試みたいのは，多職種連携の重要性を改めて唱えることではない。そうではなく，多職種連携の難しさの背景を考察し，その難しさを乗り越え

るために何ができるかを事例Bから考えることである。言い換えれば，「"お題目"ではない多職種連携とは何か」を考え抜くことだ。

なお，心理職における連携には，領域を超えた共通基盤もあるが，領域依存的な側面もあるし，連携の内容や手段，必要とされる資質は，それぞれの現場によって変わってくる。以下に述べる内容は，共通基盤となりうる側面もあるが，私が主に経験してきた医療現場の連携が中心になることに留意してほしい。

3 なぜ，多職種連携は難しいのか

多職種連携の難しさについては，「医学的知識の不足」「社会性不足」など心理職側の課題や，「情報の抱え込み」「役割の不明確さ」など他職種から見た課題といった観点から研究されてきた（上田・下山（2017）を参照）。どのような知識やスキルを身につければいいのか，どのような教育が効果的なのかを考えていくうえで，これらの研究結果は参考になる。

だが，多職種連携の難しさには，もう少し"複雑な"背景がある。その複雑さを的確に言い当てているのが，フィンランドでオープンダイアローグを考案したセイックラたち（Seikkula & Arnkil, 2006/2016）の指摘である。オープンダイアローグとは，急性期のクライエント本人や家族，その他の関係者とともに自宅で治療ミーティングを毎日行い，クライエントの病的体験や治療に関するあらゆるテーマについて，クライエント参加のもとでさまざまな対話をする手法である。入院期間の短縮や再発防止の効果のエビデンスが認められており，昨今では世界的に注目を集めている。

野口（2018b）を参考にセイックラたちが考える連携の難しさをまとめると，以下のようになる。

①専門家が互いに能力を競い合ってしまう

多職種間には微妙で複雑な関係がある。医療の現場では医師を頂点とするピラミッド構造がいまだに存在し，その構造のなかで多様な専門職

がそれぞれの能力を競い合う事態が起こりうる。

②共通の見方を強要されると関わりの個別性を考えなくなる
　連携の場では一般的な見方をまず共有し，そのうえで各職種がどう関わるのかを決めることが多い。この方法は各職種が同じ見取り図を共有するという意味では有用だが，専門家それぞれの個別性や独自性が背景に追いやられる可能性がある。

③自分はできるだけ身を隠そうとする
　連携が大切と言われる一方で，自分の仕事や責任が増えることはできるだけ避けようとする場合がある。誰もがこのような消極的姿勢を取れば，結局は問題の押し付け合い，責任のなすりつけ合いになってしまう。フィンランドの最近の研究では，「皆のクライエントは誰も背負わないクライエント」「皆で責任をもつということは誰も責任をもたないのと同じ」という結果が出ているという。

④専門家の相互作用がクライエントの相互作用のパターンに似てくる
　専門家がクライエントの抱えている不安に巻き込まれ，同じような相互作用が生じることがある。巻き込まれ自体は真摯な対応の結果だったり必然的に起こることでもあるが，「援助する立場に立てなくなってしまう」のは問題である。こうした状況では，相手がどう考えて何をすべきかを勝手に決めつけるモノローグの誘惑に駆られやすい。

　セイックラたちの指摘は，現場で連携を行っている読者にとっては，すべてが当てはまらないにしても，共感できるところが多いだろう。「連携」という言葉の美しさの背後には，このような人間くさい一面があることを忘れてはならない。
　このような事態に陥らないように，セイックラたちがオープンダイアローグという方法を新たに確立したのは深くうなずける。実際，オープンダイア

ローグの文献を読んでいると，従来の多職種連携のもつ有害性を克服する可能性を秘めているように思われる。

とはいえ，オープンダイアローグが多職種連携に有用であるとしても，一心理職がオープンダイアローグを新たに病院に導入するのは，病院のシステム自体を変革することでもあるため容易ではない。そこで，ここではセイックラたちの指摘を踏まえつつも，あくまでも心理職が個人でできる多職種連携の工夫を考えてみたい。

4 事例Bの多職種連携は何がまずかったのか

事例Bを多職種連携の観点から振り返ると，まずかった点は以下のようにまとめられる。

①病棟という場に馴染めず，病棟スタッフの信頼も得られていなかった。
②病棟のニーズを把握できず，何をすべきかわからなかった。
③病棟に具体的に役立つ介入法を身につけていなかった。
④カンファレンスに役立つコメントができなかった。

これらを「場に『馴染む』」「ニーズを『把握する』」「ニーズに『対応する』」「多職種カンファレンス」と読み換えて論じてみたい。

5 場に「馴染む」

岩倉（2013）は，乾（2010）の"pre-therapeutic management"を下敷きにして，個人心理療法導入（1期）の「前」の段階の仕事を「ゼロ期（0期）」と名づけ概念化している[14]。さらに「ゼロ期」を「耕し過程」と「治水過

---

[14] 後に岩倉（2022）は，「ゼロ期」の後に必ずしも個人心理療法が来るわけではなく，「ゼロ期」自体が個人心理療法とは独立した過程であると考えを改めている。

程」に分け,前者を「仕事をするための職場環境を醸成し,心理的介入や心理療法を展開する基礎部分を作ること」,後者を「場で起こる問題に対して適切な対応と整備を行い,問題を収束させ,1期へとつなげていくマネジメント機能のこと」とした。

心理職として病棟という場に定着し,仕事を獲得し,チームの一員として馴染むためには,このうち「耕し過程」が重要だ。

具体的には,岩倉が挙げているように,病棟に足しげく通いながら「雑談的なコンサルテーション」を行ったり,困難事例を抱えて困っているスタッフを見極めたりなど,病棟全体に対する細やかな読みと配慮を行う。「ちょっとした会話の積み重ねによって,こういうケースだったら臨床心理士に依頼してみよう」(北村,2013)と,他職種に思ってもらえたら第一段階は成功だろう。

ポイントは,**耕しは一朝一夕にはいかないため,日常的に地道に行いつづける**ことだ。

振り返ってみれば,私は「できるだけ病棟に行く回数を減らしたい」と内心で思っていた。緊張するし,多職種と話すのが怖かったからだ。避ければ避けるほど,「耕し」の作業は進まなかった。事例Bの中断後,私は折を見て病棟にカルテを読みに行ったり,カルテを読んでもわからないことを病棟ナースに質問したり,病院周辺の地域について世間話をしたりといったことを少しずつ試すようになった。すぐに病棟に馴染めた感覚はもてなかったが,数カ月続けると,病棟ナースから「そういえば,○○さんなんだけど,最近困っててさ」などと話しかけられる機会が増えていった。

とはいえ,初心者にとって「病棟に通う」という行為は,非常にハードルが高い。スクールカウンセラーだった頃,「職員室」に入るのはとても緊張した。単科の病院の「医局」に入る前には深呼吸が必要だった。

病院や学校をひとつの「異文化」と捉えてみてもいいかもしれない。異文化に入っていくのは,緊張するし,大変疲れる。留学生などが体験するいわゆる「カルチャーショック」の研究では,異文化に馴染む過程は,適応とストレス状態を螺旋状に繰り返して徐々に適応していくモデルが提唱されてい

る（Kim, 2008）。心理職も同じことだ。異文化という場に慣れるまでには時間がかかるという視点は，連携のためには必要である。もちろん，雇用契約が単年であるなど，悠長に構えていられない事情はあるが，焦って「耕し」を疎かにすれば，場に「馴染む」という多職種連携の土台は築けない。

6 ニーズを「把握する」

　多職種連携では，「現場のニーズに応える」「ニーズに幅広く対応する」など，「ニーズ」という言葉がよく出てくる。そして，ニーズを把握し，ニーズに対応することの重要性が強調されている。事例Bでの私は病棟のニーズを把握しきれていなかったが，この「ニーズ」とは一体何を指しているのだろうか。

　心理職の関連業界に対して質問紙調査を行った「医療領域における臨床心理士に対するニーズ調査」（日本臨床心理士会，2014）によると，患者・家族への心理的支援からチーム医療におけるアセスメントまで，さまざまな回答があった。詳細を知りたい方はインターネット上で結果報告を見られるのでご覧いただきたいが，率直な感想としては，多岐にわたりすぎていて，結局ニーズが何なのかはよくわからなかった。「社会というマクロな視点からは，チーム医療から心理職への期待が高まっているが，ミクロでみると，いずれの現場でもニーズは明確ではない」（上田・下山，2017）というのが，現場の実情なのだろう。

　留意すべきは，**ニーズは多層的**ということである。

　医療現場の場合，心理職への依頼を行うのは，書類上では医師である場合が多い。しかしながら，「依頼の背景に，患者，家族，医療スタッフのニーズが交錯していることが多いので，依頼内容を越えて『この現場では誰が何を必要としているのか』を考慮する」（藤澤，2017）必要がある。また，患者のニーズと医療スタッフのニーズは，「日常的にはあるいは一時的にはズレが生じることもある」ため，「どっちの立場を優先するかというような二者択一的な思考ではなく，その状況で生じている悪循環を理解し，両者のニーズが

第3章　誤りと迷いからの水先案内

達成されるべき方法を検討していくことが心理士の仕事」（鈴木，2008）になる。つまり，ニーズを把握するためには，職場の力動を含めた理解が求められる。

いずれにしても，==ニーズは待っていれば降ってくるものではなく，「耕し」や「ちょっとした会話」によって，自ら掘り起こさなければならない。==

7 ニーズに「対応する」

次に，掘り起こしたニーズに「対応する」ということについて考えてみたい。私は病棟他職種との連携について論じるなかで（山口，2022a），ニーズへの対応を以下のように述べた。

ニーズに「対応する」とは，端的に言えば「他職種の困り感を軽減する」ことである。そして困り感を軽減するためには2つの方法がある。

1つ目は，患者に働きかける方法である。働きかけた結果，患者が「困らない人」になれば，他職種の困り感は軽減されるはずである。

2つ目は，他職種に働きかける方法である。この場合の困り感が軽減されるとは，①「『困った』患者ではない側面が見えるようになる」（**認識が変わる**），②「困ったことが起こっても対処できるようになる」（**対処能力が高まる**），という2つの状態である。

このように書いたのは，私の職場である総合病院精神科では，「困った患者さんをどうにかしてほしい」という病棟のニーズが多かったからである。たとえば，糖尿病の男性患者（勝手にお菓子を持ち込む，看護師を怒鳴る）について，「ちょっと山口くん，この人（＝患者）なんとかしてよ！」と依頼（？）されることがあった。ほかにも，病棟のルールを守らない，自殺企図や暴言暴力などの行動が激しい，コミュニケーションが取りづらい，治療のモチベーションが低いなど，「困った患者さん」の相談が多かった。

現場のニーズによって対応も変わってくるが，「認識が変わる」「対処能力が高まる」という2つの観点からニーズへの対応を考えることは，心理職の独自性を発揮できるという意味で有用である。

8 多職種カンファレンス

　心理職を辞めたくなるほどに惨敗した事例Bのカンファレンスについては，どのような改善ができただろうか。正直に言えば，カンファレンス前の対応からやり直さなければうまくいかなかっただろう。しかしながら，うまく対応ができていない状況でもカンファレンスに出席せざるをえない事態はよく起こる。

　カンファレンスに参加する際には，①「短く」，②「わかりやすく」の2点を押さえる必要がある。たまに，「心理職は話が長いうえに，何が言いたいのかわからない」「心理検査の所見も長くてわかりづらい」といった声を病院スタッフから聞くことがある。こうした指摘はこの2点が欠けているゆえであろう。順に説明しよう。

　①については，医療現場はとにかく時間が限られているため，依頼理由と直結する内容を優先しながら，短い時間内で情報に優先順位をつけて伝えることが重要だ（吉田，2017）。といっても初心のうちは，発言時間を計算しながらポイントを絞って伝えるのは至難の業である。ポイントを押さえて伝えられるようになるためには，心理アセスメントに必要な項目を頭のなかに入れたうえで，他職種に情報を伝えることが推奨されている（鶴・津川，2018）。伝える優先順位をつけるためのひとつの基準になるという意味で，この方法は有用だろう。

　②については，ひとつは心理の専門用語をできる限り使わないことである。「ロールシャッハのP反応が……」「スキーマが……」「PS（分裂−妄想ポジション）になっていて……」などと，つい口にしてしまうことがある。まずは自分が言いがちな専門用語を自覚しておくことが大切だ。私の場合は「抑圧」「投影」「躁的防衛」といった精神分析用語を多用していた時期がある。今考えれば恥ずかしい限りだが，他職種からすると「なんだこの心理職は？」と思っていたことだろう。

　もうひとつは，多職種間で流通している「共通言語」を探り当てることである。共通言語はある程度まで一般にも流通している場合もあれば，超ロー

カルな場合もある。私が以前働いていた職場では，ありとあらゆる職種のあいだで「ワンツーツー」という言葉が飛び交い，その謎の響きが気になって仕方がなかった。読者の皆さんは意味がわかるだろうか。正解は「国道122号線」である。正直，「道路だったのか……」と内心拍子抜けしたが，「ワンツーツーを上っていったところの……」と話すだけで多職種連携がしやすくなった（気がした）。まさに「共通言語」だったのである。

9 事例Bのカンファレンスをやり直すとしたら

　最後に，もし時計の針を巻き戻せたら，事例Bのカンファレンスで何が言えたのか考えてみたい。先ほどふれた2つの観点（「認識が変わる」ための工夫，「対処能力が高まる」ための工夫）に，山口（2022a）で論じた4つの観点を加えて事例を見直し，師長からの質問への返答を再考する。

「認識が変わる」ための工夫

① 「補助線を引く」――Bは若手ナースやリハビリスタッフとはコミュニケーションを取っていたが，中堅以上のスタッフとはどちらかと言えば疎遠であった。「だからスプリッティングだ」と言えるほど単純なものではないが，思い返してみれば，他の病棟患者よりもBの担当チームは「若手vsベテラン」の構図になりかかっていた。

② 「物語を見出す」――Bは一見何も困っていなそうに見える人であった。しかしカルテ情報から自殺企図に至った経緯を読み解いてみると，異なる印象が浮かび上がってくる。進学校出身でエリートビジネスパーソンという経歴は非常にきらびやかであるが，幼い頃から両親は不仲で家庭は安心できる場所ではなかった可能性がある。また，社会人4年目の挫折は人生ではじめてかもしれず，深く傷ついた彼女を支えてくれる人もいなかったのかもしれない。彼女の物語にはいくつかの「傷つき」があることが想定される。

「対処能力が高まる」ための工夫

③「起こりうることを予測する」――大まかに言えば，Bの表面と内面には大きな乖離があるかもしれず（実際に自殺企図までしている），表面のBからは自殺企図などを推測することが難しいと考えられる。そのため，一見落ち着いたように見えても再び自傷などの行動に移す可能性があり，周りは安心しすぎないほうが良いかもしれない。

④「聞き方と構造化」――Bの場合，話しすぎて退行するというよりは話すこと自体が難しいタイプであった。ただ，Bと話す人同士が対立する動きがあったため，話す相手を固定することもひとつの方法かもしれない。

以上のように考えると，私はあのとき，こんな風に言えたかもしれない。

師長：「山口さんはいかがですか？」
私：〈今のところ私自身は，ご本人とうまくコミュニケーションを取れているとは言い難いのですが，カルテの情報や皆さんのお話を踏まえて，大まかに3つのことを考えました。

　1つ目は，Bさんは一見何も問題ないかのように見えるのですが，実際に行っていることは大変深刻なことですし，表に見える姿と内面にはギャップがあるかもしれません。ですので，今回の自傷の後も平然としているように見えるかもしれませんが，再び行動に移す可能性は低くはないと思われます。

　2つ目は，Bさんが実際にどのようなことを考えているのかはわからないところがありますが，幼い頃から両親が不仲で「人に頼る」ということが難しいのかもしれません。また，いわゆるエリートの道を歩んできたなかで，入社4年目の失敗は非常に傷つくものだったと思います。

　3つ目は，何となくBさんって同世代のスタッフとは親しく話せるけど，自分よりも上の世代の人とはあまり話さなくて，Bさん

に対する印象もスタッフによってばらばらだと思うんですね。それを踏まえると，今後入院期間が長引けば，スタッフ間で，分裂と言うと大げさかもしれないですが，そういったことも起こってくるかもしれません。見当違いな意見も入っていたかもしれませんが，そんなことを思いました〉

　どうだろうか。当時の多職種カンファレンスよりも，Bの心理状態の見立ては多層的になり，病棟の「認識が変わり」，「対処能力が高まる」可能性が上がったのではないだろうか。
　もちろん，これでうまくいくかはわからないし，実際には，このようにまとめられないまま意見を言うしかない局面もあるが，**拙かったとしても仮説を伝えることによって，何かしらの反応があり，そのやりとりのなかでニーズが垣間見えてくるはずだ。**

10 多職種連携の対話性

　この原稿を書くにあたって，私は以前勤めていた病院のリハビリ課長に連絡を取ってみた。彼女はカンファレンスにも参加していたが，その後も一貫して私のことを温かく見守ってくれていた人だ。病棟連携で心理職が役立った点を尋ねたところ，「患者さんの病状説明と接し方のアドバイス」「患者さん本人の考えやニーズを聞き出して，スタッフ間で共有してくれたこと」の2点を挙げてくれた。
　私は彼女とやりとりをしながら，当時の病棟で抱いていたさまざまな感情を思い出していた。チームだったからあそこまでできたという達成感もあれば，どうしてあんなにわかってもらえなかったのだろうというモヤモヤもあれば，役に立てなかったという申し訳なさもあった。言うなれば，多職種連携とは喜怒哀楽の混ざり合いみたいなところがあって，決してモノトーンではないということだ。
　そしてこの原稿を書きながら気づいたことがある。自己満足的に心理職の

専門性に酔わないためにも，私のように事後的に他職種に尋ねるのではなく，その場で他職種からフィードバックをもらい，微修正していくことの重要性である。だから多職種カンファレンスは，専門性を発揮するための「ゴール」ではなく，互いの専門性を発揮するための「スタート」だ。その対話性を高めていくことこそが，多職種連携の肝ではないだろうか。

　安井（2018）が指摘するように，スーパーマン的な支援者になることではなく，無力さや限界を感じている弱い存在のままに，多職種とのつながりのなかで何とか支援をしていこうとする基盤を育てていくことが，連携のエッセンスなのだと思う。

まとめ

　現代は「多職種連携の時代」と呼べるような時代であり，大学院教育の体制も見直されつつある。しかしながら，実際の多職種連携は容易ではなく，初学者を中心として多職種連携に苦戦している心理職は大勢いる。そうした難しさの背景には，専門家同士が能力を競い合ってしまうなど複雑な力動がある。

　"お題目"としての多職種連携にしないためには，能動的に「場に馴染む」「ニーズを把握する」「ニーズに対応する」といった仕事を行う必要がある。多職種からの「多層的な」ニーズは待っていれば降ってくるものではなく，「耕し」や「ちょっとした会話」によって，自ら掘り起こさなければならない。また，多職種カンファレンスは，専門性を発揮するための「ゴール」ではなく，互いの専門性を発揮するための「スタート」だ。その対話性を高めていくことこそが，多職種連携の肝となる。

2 親面接

● 検討する事例

事例A 「ガムが怖くて何が悪い！」
　　　——強迫症のCBTの導入

　心理士1年目に精神科クリニックで出会った10代男子のケース。「ガムが怖い」というOCD症状の治療のためCBTを行ったが，うまく導入できず，中断に至った。

事例C 「私だって辛かったんです」
　　　——親面接で「親の話をどこまで聞くか」問題

　心理士7年目のスクールカウンセラーのケース。忘れ物が多い子どもの相談を受けていたが，途中から母親自身の親子関係（実母が自殺）が語られるようになり，収拾がつかず副校長や担任を巻き込んでしまった。

1 親面接が必要な理由とその目的[15]

　そもそも，もともとファーストクライエントではなかった親への面接（以下，親面接）はなぜ必要なのだろうか。子どもの治療について包括的に述べ

---

[15] 親面接には「成人になった子と親の関係」を含む場合もあるが，ここでは「養育されている子と親の関係」に限定して述べる。

ている文献（Lieberman & Van Horn, 2008 ; Rexwinkel & Verheugt-Pleiter, 2008）をもとに整理すると，以下の4点が挙げられる。

❶親の養育機能を高めるため

　子どもの治療に訪れる親のなかには，養育機能が十分とは言い切れない人もいる。自身が十分に養育されずに育った親（被虐待体験を含む）や何らかの病気を抱えている親もいれば，特別な事情はなくても養育が苦手な親もいる。そうした親に対して，具体的な養育スキルを伝えたり，親自身のメンタルヘルスを支えるための面接やリファーを行ったりといったことを目的に会う。

　また，親が子どもをひとつの人格をもった別個の存在と認識できるようになること（Rexwinkel & Verheugt-Pleiter, 2008），親が自分の問題と子どもの問題を分けられるようになること（中村，2018）も，結果的に養育能力を高めることにつながる。

❷親のクライエント理解を深めるため

　たとえば，OCDに困っていた事例Aでは，クライエント（子ども）も親もOCDについて十分には理解していなかった。子どもの忘れ物に困っていた事例Cの母親は，子どもがなぜ忘れ物を繰り返すのかを理解できずに困惑していた。そのような場合には，クライエントの疾病理解を目的とした心理教育が役立つ。

　また，自分の状態や気持ちを家族に伝えることが難しいクライエントの場合には，あいだに入って"翻訳者"の役割を担うことが効果的である場合もあるだろう[16]。

---

[16] ただし，クライエントに承諾を得てから行うことが前提である。また，クライエントの状態や気持ちを伝えることがかえって家族を混乱させることもあるため，家族がどれだけ理解し受け止められるかという見立ても必要になる。

❸**クライエントを連れてきてもらうため**

　特にクライエントが子どもの場合，親が連れてこないことには治療は始まらない。同時に，治療費を払っている親は子どもの治療のスポンサーでもある（完全保険診療の場合は無料であるが）。いずれにしても，親が治療方針に納得し，協力してくれなければ，その時点で子どもの治療は中断する。

　そのため，親に対して治療方針を説明して協力を得ることは，子どもの治療を継続するための中核的な作業となる。

❹**日常的にサポートしてもらうため**

　事例Aでは，親にOCDの心理教育を実施するだけでなく，日常的にどのようにサポートするか，どのように働きかけるかといったことも伝えている。心理療法の時間は多くても週に1時間，多くの場合は2，3週間に1時間，少ない場合は1カ月や2カ月に1時間であり，クライエントや親の日常のほとんどは心理療法以外の時間で構成されている。そうした時間の働きかけが治療の成否を決めると言っても過言ではない。

　日常的なサポートは能動的に働きかけるものだけではない。時には何もせずに見守ったり待ったりすることも，クライエントにとっては大きな支えになる。そもそも，家族がクライエントの悩みを理解してくれている環境に身を置くだけでも安心感は全く違ってくる。

　このように，**親面接には目的が複数ある。漠然と親に会うのではなく，何を目的に会うのかをセラピストのなかで明確にし，親に説明してから面接を導入する**。

2 親面接の「構造」と「理論的背景」[17]

親面接はいくつかの文脈で議論されてきたが、それを定義する統一見解は存在しない。全体像を把握するために、親面接を「構造」と「理論的背景」の2つの軸から整理してみたい。

❶親面接の「構造」

ここでは、代表的な2つの親面接の構造を紹介する（紙幅の関係で詳しくは論じないが、その他の構造としては、「（同一セラピストあるいは2人のセラピストによる）親子同席面接」「（同一セラピストによる）親子同席面接と並行親面接との併用」「（同一セラピストによる）子どもの個別面接と親子同席面接との併用」などがある）。

◉（2人のセラピストによる）親子並行面接

「母子並行面接」と呼んだほうが、馴染みがあるかもしれない。何らかの困りごとで親子が来所した際に、子ども担当のセラピストと親担当のセラピストがそれぞれ分担して個別に面接を担当する方法である。子ども担当のセラピストを「子担」、親担当のセラピストを「親担」と呼んだりする[18]。この方法は、教育相談や精神科病院などを中心に長らく主流とされてきた。

この方法の長所は、親子それぞれに語る内容を秘密保持しやすい、セラピストが親子双方の要求の板挟みになりにくく感情的に巻き込まれにくい、といった点が挙げられる（小俣、2006）。つまり、親と子のあいだに明確な境

---

[17] 親面接については、親のメンタルヘルスや養育能力の向上、子どもの問題行動の改善といった点でエビデンスが認められている養育支援プログラムが開発され、多領域で実践されている（Whitham, 1991/2002；伊東・加茂, 2014；北川, 2015など）。
[18] 通常、年齢の若いセラピストが子どもの面接を担当し、経験の豊富な年長のセラピストが親を担当することが多い（小俣, 2006）。その背景には、子どもの面接よりも親の面接のほうが難しいという考えがあるようだ。しかし、面接の難易度は親子によって異なるのが実態であり、この考えは「神話」の可能性が高いと私は考えている。

界線を引きやすいということである。また，同一セラピストによる親子並行面接と比較して難易度が下がるため，経験の浅いセラピストはこの方法から経験を積むのが望ましいという意見もある（鑢・名島，1983）。

一方，短所もある。2人のセラピストのあいだの信頼感が十分でないと，事例を取り巻く人間関係が複雑化し，親子が抱えている問題が拡大してしまう（村瀬，1985；河合，1986）。また，時にセラピスト同士の関係が険悪になることもある（山口，2022b）。

● （同一セラピストによる）親子並行面接

1人のセラピストが親子それぞれの面接を共に担当する方法である。元来は一般的な方法ではなかったが，親子それぞれにセラピストを割り当てる人的・経済的余裕がないこともあって，以前より実施されることが多くなった方法である。

この方法について研究を重ねてきた小俣（1999, 2006）によると，以下のような特徴がある。

長所としては，親子相互の関係性をより客観的に摑みやすく，セラピストが親子のあいだに立って双方の調整役や橋渡し役を担いやすい点が挙げられる。親子同席面接と比較すると，親と子の内面や率直な感情をそれぞれの個別面接の場で吐露しやすいという側面もある。

一方の短所としては，親子それぞれに「お互いの話がセラピストを通じて漏れてしまうのではないか」という危惧を抱かせたり，面接を進めていくなかで親子関係が悪化した場合に「セラピストはいったいどちらの味方なのか」と不信感をもたれやすかったりする点が挙げられる。

こちらの方法はどちらかと言えばマイナーだったが，同一セラピストが親子双方に会うからこそ生じる治療的作用もあるため，今後さらに検討されるべきだと考えている。

❷親面接の「理論的背景」

◉システム論

　システム論とは，おそらく家族療法理論のなかで最も一般臨床に流通している理論である。一般システム論と呼ばれる生物学の理論がもとになっており，「一般システム理論とサイバネティクス理論を包括し，個々の要素が関連しあい全体として形成されるシステムのありように関する理論」（日本家族研究・家族療法学会，2013）である。簡単に言えば，家族を有機体，ひとつのシステムとして捉え，関係性のありようやシステム全体の変化を促していく考え方である。

　システム論の立場から親面接を論じた村上（2006）は，以下の点を強調している。システム論的な親面接では，親のニーズに応える方向で面接を進めながらも，問題解決を志向した取り組みをベースとする。また，親の発言を文字通りに受け止めるのではなく，別のコンテクストがあることも想定しながら把握する（「不登校で困っている」という訴えの背景に，夫への不満が隠れているなど）。さらには，目の前の親に対する支援だけでなく，子どもの問題を全体システムのなかで捉え，全体システムを視野に入れながら対応する。

　端的に言えば，親を家族システムの一部と捉え，親面接を通してその一部が変化することで子どもの問題も含めた家族全体の問題がドミノ倒しのように連続的に変化する，と考える立場である。

◉マネジメント論／コンテインメント論

　精神分析の文脈では，「マネジメント」や「コンテインメント」の一環として親面接が語られることが多い。マネジメントはウィニコット，コンテインメントはビオンという精神分析の大家が考案した概念である。

　マネジメントとは，「クライエントを取り巻く外的環境が治療的・援助的なものになるように挑戦する」「（セラピストと）クライエントとの支援の場それ自体が適切な形になるよう整備する」（上田，2023）ことである。

コンテインメントとは,「(臨床現場に) 潜在する『心的痛み』に対して,どのようにコンテイナーとなる関係性を提供し,構築していくのかというロジスティックスや後方支援」「心理士がスタッフや家族のコンテイナーとして機能すると,そのスタッフや家族がコンテイナーとして機能し始め,心的苦痛が投げ込まれる関係が形成される」(岩倉,2022) ことである。

システム論も,マネジメント論／コンテインメント論も,結果的に子どもをサポートする環境を構築するという点で共通している。しかし,システム論は子どもと親を家族システムの一部として見る,マネジメント論／コンテインメント論は子どもを中心に据えて親をサポート体制の一部として見る,という視点の違いがある。

3 「応用問題」としての親面接

ここまで親面接の構造と理論的背景を整理してきた。いずれも有用だが,私が事例Aで玉砕し,事例Cに翻弄されたように,実際の臨床場面における親面接では困難に直面することが多い。理由はいくつかある。

1つ目は,大学院教育では基本的に1対1の面接を基軸に学ぶからである。事例Aのように対象が複数になるだけでも,初学者は構えてしまうものだ。対象が2人以上になると,1人のときよりも複雑な力動に巻き込まれる。これは,**複数対象者への慣れの問題**と言えよう。

2つ目は,親の話に対して「どのように,どこまで触れるか」,つまり何をどこまで扱うかという範囲を定めることが難しいからである。親面接では子どもの話を軸に据えること(高野,2006)は,おおむね専門家のあいだで共有されている。しかし,実際にはその通りに進めるのは難しく,一筋縄ではいかない事例も多い。母親自身が実母の自殺を語った事例Cのように,親の話をそのまま聴いて退行させすぎれば,親自身が心理的なバランスを崩し,子どもの治療も継続困難となりかねない。さらに,親の問題に深入りすると,子どもは自身が軽んじられていると感じ,セラピストとの信頼関係が損なわ

れる可能性もある[19]。これは，**親面接で扱う範囲を定めるセラピストの基準の曖昧さと，親の困りごとが親面接の適用範囲外に至った際のリファーの問題**と言える。

　3つ目は，親面接を行う際に，家族全体の病理に巻き込まれやすいからである。親に会ってみないと家族のことはわからないが，会っているとセラピストも気づかないうちに家族の病理に深く巻き込まれ，抜け出せなくなりやすい。いわば，入ってしまうと容易には抜け出せない蟻地獄——これと隣り合わせというのも，親面接の難しさである。これは，家族病理を評価しながら，提供する親面接の範囲を見定めるという，**親のアセスメントの問題**と言える。

　1つ目の「慣れ」問題については，臨床経験や集団療法などのトレーニングが解決の糸口となるだろう。ここでは，2つ目と3つ目の問題，すなわち，**セラピストのなかに基準をもち（＝内的準拠枠），アセスメントし，リファーできるようになること**について考えてみたい。これらは親面接の新たな方法や理論ではないが，親面接を適切に進めるための重要事項である。

4 親面接に対するセラピストの内的準拠枠

❶「親自身の治療」ではないという前提

　最も重要なことは，親面接は「親自身の治療ではない」という点である。たとえば，事例Aの母親は子どものOCDの治療のために来院した。事例Cの母親も子どもの忘れ物相談のためにスクールカウンセラーのもとを訪れた。いずれも目的は母親自身の相談（例：「仕事がうまくいかない」「夫との間で諍いが絶えない」）ではなく，子どもの治療だ。言葉にすると単純なことだが，「親のための面接に容易にすり代わりやすい」（高野，2006）という親面接の

---

[19] もちろん，扱える範囲はセラピストの力量やオリエンテーションにもよる（例：家族療法であれば家族全体へのアプローチに長けている）。

性質に鑑みると，押さえておく必要がある。

　とりわけ，家族病理が重い場合には，親自身も心理的課題や病理を抱えている可能性が高い。子どもと会っていると，「親こそが変わるべきだ」という心境になることも，稀ならずある。実際に，セラピスト自らが親自身の治療を行うことを提案したくなることすらあるだろう。しかし，家族病理を見極めながら支援対象を変えていく一連の作業には，熟練した技能が求められる。

　だからさしあたっては，親は親自身のために来たわけではないし，親自身の治療ではない，という前提を押さえておきたい。

❷「現在の親子関係への影響」という視点

　以前，親面接において親の話をどこまで聞くかについて論じたことがある（山口，2021）。そのなかで，「親自身の話から親の内的対象関係を想定して親自身の歴史を理解しつつも，それが現在の親子関係にどのような影響を及ぼしているかという点に焦点化して親の話を理解する軸をもつことが，子どものための親面接という枠組みを保持するために重要である」と述べた。

　「内的対象関係」とは，精神分析で用いられる言葉で，個々人に特有の他者や世界との関係のもち方，主体のあり方を指す。このうち思考や行動に焦点を当てれば，認知心理学で用いられる「スキーマ」とも言い換えられるだろう。

　仮に親主体の心理療法であるならば，親自身の両親との関係性の質や，そのなかでどのように自己が形成されているかといった内的対象の布置やスキーマを理解する必要がある。しかし，子どものための親面接の場合には，内的対象関係が「現在の親子関係にどのような影響を及ぼしているか」という点に範囲を限定することが，親の機能を保持しながら面接を進めるにあたって有用だ（たとえば事例Cのように）。

　こうした準拠枠をもつことにより，親自身の抱えるテーマが子どもと親の関係や子どもの成長にどのような影響を与えているか，親自身に考えてもら

う方向に働き，親の側に子どもを知ろうとする探求心が芽生えてくる（吉田, 2013）。

5 親面接をアセスメントするためのポイント

❶子どもの問題に必要なことは何か

　先に挙げた親面接の目的という観点から，子どもの問題に対して，何が必要なのかをイメージしていく。

　事例Aであれば，子どもはOCDの症状を抱えていたが，親はOCDという病気を理解することが難しく，子どもは親の無理解に苦しんでいた。そのような場合には，「親に対してOCDの心理教育を行う」という案が浮かんでくるだろう。

　事例Cの場合，「忘れ物が多い」という子どもの困りごとに対しては，「親に対して子どもの特性理解を促す」という案が思い浮かぶ。一方で，半ば強制的に「自立」を促し，毎日のように怒りつづける養育環境は，子どもの立場に立てば家庭が安心できる居場所になっているとは言い難い。そのため，「親の養育能力および家の居心地をどのようにして高めていけるか」ということにフォーカスする必要があるかもしれない。

　この段階では，あくまでも「親とこのようなテーマで話していければ，子どもの問題の改善につながるかもしれない」とイメージするに留め，親に提案はしない。なぜなら，このイメージはあくまでセラピストが考える子どもの治療にとって必要なことであり（「理想」と呼んでもいいかもしれない），実際に実現可能かどうかはまた別の話だからである。

❷キーパーソンは誰か

　次に（あるいは同時に），キーパーソンを見極める。
　一般的には「親面接＝母親面接」というイメージが強いが，そのイメージ

は捨てたほうがいい。家族のなかの誰と手を組むかという判断を曇らせる可能性があるからである。発想を切り替えて，クライエントを治療するうえで，「誰が最も力になってくれそうか」という視点をもつ必要がある。

キーパーソンを見極めるためには，親が普段行っている子育てをセラピストがイメージできるくらいになることが望ましい。普段子どもとどのように関わっているのか，どの程度一緒にいるのか，親は子どもの問題をどのように捉えているのか，などを詳細に聞いていく。そのなかで，親の養育能力がどの程度あるのか，子どもの問題に対してコミットする気持ちがあるのか，などを判断していく。

そのためには，面接の初期に両親（複数の養育者）で一緒に来てもらうなど，**実際に複数の家族に会って協力を仰げそうかを見極めるプロセス**が重要である。というのも，来られる頻度が少ない親のほうがクライエントの助けになることはあるし，協力を求めた際の家族の反応がひとつの見立てになりうるからである（提案を拒絶する，協力的ではなさそうな人が意外と来る，など）。

つまり，先ほどふれた「①子どもの問題に必要なことは何か」を実行するのは誰が適切かを見極める段階だ。重要なのは，「案を考える→人を決める」という順番である。「人を決める→（その人に行ってもらう）案を考える」だと，セラピストのなかに，「どうしたら，この人がこの案を実行できるようになるか」という発想が生まれる。そうすると，泥沼にはまる可能性がある。なぜなら，そもそもその案を実行することが苦手な人に（「子どもの養育が苦手」な親），半ば強制することになるからだ（セラピストが〈子どもに共感的に接しましょう〉と伝える）。

そのようなミスマッチが起こると，どうなるだろう。親のストレスがさらに高まり，子どもを支えるどころか，より関係性が悪化する危険性すらある。苦手なことをしてもらうより，得意なことを活かしたほうが子どものため，ひいては家族全体のためになる。

仮に家族のなかに実行する人がいなければ，家族以外のキーパーソンを考えるか，「子どもの問題に必要なこと」を練り直す必要があるだろう。

❸ 限界を見定める──「あえて浅く」親と会う[20]

　一方で、病理が重い家族の場合には、「あえて浅く」親と会うことも専門的な判断である。

　家族病理とは、家族全体に病的な状態が蔓延していたり、一世代あるいはその上の世代から何らかの負の歴史が引き継がれていたりしていることである[21]。たとえば、クライエントの曽祖父の年代から伝統的に男尊女卑が強かったり、反対に女系家族だったり、何世代も虐待が連鎖していたりといったことはよくある。

　家族を変える必要があると考えて安易に家族全体にアプローチすると、痛い目に遭うどころか、クライエントがかえって悪化したり、治療そのものが中断してしまったりすることもざらに起こる。

　最近、地域おこし協力隊などで地方移住した人と地元民とのあいだのトラブルが、SNS上で炎上することがある。背景には個別の事情があるはずだが、ひとつの要因は移住した側が地元のルールや歴史を理解しないまま飛び込んでいることにあるだろう。地元には地元の複雑なローカルルールと風習があり、ちょっとやそっとでは変わらない。同じように、家族の歴史も非常に複雑で入り組んでいる。もし、セラピストが自分の手に負えないと思ったら、すぐに手を引いてそれ以上は家族に手を出さないと判断するほうが、クライエントの利益になることもある。

---

[20] 家族療法家の中釜（2021）は、「家族の問題は根深く、よほどの覚悟がないと手を出してはいけない」という考えは、客観的証拠に欠ける「臨床家神話」であると指摘している。この考えには私もおおむね同意するが、ここでの強調点は、家族の病理とセラピストの臨床力のアセスメント抜きに安易に家族に手を出すことへの警鐘にある。
[21] 家族のアセスメントについては、中釜（2008, 2021）、中釜ほか（2008）、小俣（2006）などが参考になる。

❹ 区切りを入れる──蟻地獄を避け，手を引けるようにするために

とはいえ，気づいたら蟻地獄にはまったかのように抜け出せなくなってしまうこともしばしばだ。つまり，会ってみないとわからないが，会いはじめたら蟻地獄と背中合わせ，というのも親面接の難しさである。

蟻地獄を避け，必要なときに手を引けるようにするためには，面接開始時点で長期的に会うことを提案するのではなく，〈○○について話し合うことを目的に2回ほどお会いして，効果を一緒に検討しながら進めましょう〉と，区切りを入れながら面接を進めることも一案である。

会う回数はそれほど厳密でなくて構わない。ポイントは，〈2回で治る〉と伝えるのではなく，〈2回経ったら話し合いをしましょう〉という提案の仕方にある。<u>回数を提示する目的は，短期間で治すためでなく，区切りをつくるためである。</u>あらかじめ区切っておけば蟻地獄にはまりかけてもセラピストは事態に気づきやすくなるし，その時点で親面接の目的の範疇を越えていれば，それ自体を話し合うこともできる。また，手を引くタイミングを図りやすいというメリットもある。

⑥ 親を他の心理療法へリファーする

❶ 親のリファーとは何か

時間的・物理的に限りのある親面接のなかでは，取り扱い切れないもの，はみ出してしまうものも存在する。事例Cであれば，「子どもの忘れ物」という子どもに関する困りごとは親との面接で取り扱えるが，母親の実母のモーニングワークや「自立」を巡る葛藤については，子どものための面接という枠組みからはみ出している。

もちろん，そのような一応の区切りがつくまでは時間を要するし，それらの区別は容易ではない。また，子どもの問題で相談に来ている親面接であっても，子どもと親自身の課題の割合は7対3という枠組みを持ちながら，親

自身の課題についても窓を開いておく姿勢の重要性も指摘されている（永井, 2021）。しかし，先に述べたセラピストの内的準拠枠を参照しながら，アセスメントをしていくなかで，セラピストが取り扱い切れないと判断したら，リファーを検討すべきだろう。枠をはみ出しているにもかかわらず，親のパーソナルな問題を扱いはじめると，物理的に子どもの面接時間が減るだけでなく（時間配分を子どもと20分，親と30分に変更するなど），「子どもより親を優先する」というメタメッセージが子どもに伝わる危険性もある。

　セラピストのなかでおおよその理解が積み上げられたら，何がどのように親面接からはみ出しており，なぜそれが扱えないのかを親自身に伝える。理由を説明せずにリファーを行うと，親がセラピストから見捨てられたと感じたり，納得がいかないままリファー先に紹介してもつながらない可能性が高まったりするからである。リファーの理由を伝えたら，親の意向を聞き，セラピストにできることと調整をはかる（本章第2節2「リファーする」も参照）。

❷リファー先のパターン

　リファー先にはさまざまなパターンがあるが，ここでは2つに大別したい[22]。

　1つ目は，親個人の心理療法へリファーする場合である。これは事例Cのように親自身の心理的課題が明確で，モチベーションもそれなりに高い場合に行われる。親の抱えている問題に応じて紹介するオリエンテーションを変えられると，なお良いだろう。

　2つ目は，家族療法へリファーする場合である。これは親個人の心理療法を行うよりも，家族システムに介入するほうが，改善を見込めるケースである。ただ，親個人の心理療法が良いのか，家族療法が良いのか，という判断

---

[22] もちろん医療機関への紹介が最も高頻度だが，ここでは心理療法へのリファーに限定して論じる。また，リファーするリソースが限られているエリアでは，このような考えでは立ち行かないことも多いと思われるが，セラピストに何ができて何ができないかを考えるために，リファーという視点をもっておくことは意味があるだろう。

は非常に難しい。私の場合，深刻な夫婦関係の問題を抱えている場合や，その親が自分自身の問題というより家族全体の問題と捉えているような場合には，家族療法へのリファーを検討している。

いずれの場合も，「困った親だから」といった理由でリファーしてしまうと，継続的な心理療法につながる可能性は低くなる。そのような理由でセラピストがリファーをしたくなったら，一旦立ち止まり，親に説明できるまでリファーの理由を練り上げることが先決だ。

まとめ

親面接の最も重要なポイントは「目的は子どもの治療であって，親自身や家族自身の治療ではない」ということである。この点を押さえておかないと，親と子どちらの治療なのかが曖昧になり，子どもの治療も中断に至る場合がある。そのためには，親面接では何をどこまで行うかという基準をセラピスト自身がもっておくことが肝要である。

親面接にはいくつかの目的がある。漠然と親や家族に会うのではなく，何を目的に会うのかをセラピストのなかで明確にしたうえで，親や家族に説明してから面接を導入したほうが親自身のモチベーションも高まる。一方で，セラピストが自分の手に負えないと思ったら，すぐに手を引いてそれ以上は家族に手を出さないと判断する。そのほうが，長期的に見ても，クライエントの利益になることがある。

3 ソーシャルワーク的仕事

> ● 検討する事例
>
> **事例D**　「やっぱり私が悪いんです」
> 　　　　　——DV被害者の面接
>
> 心理士8年目に精神科クリニックで出会った20代女性のケース。面接の途中でパートナーからのDV被害が発覚したが，自責感を強めたまま，「やっぱり私が悪いんです」という言葉を残して中断となった。

1 ソーシャルワークができないと生き残れない？

　長年，アディクションや虐待の臨床に携わってきた信田（2021）は「公認心理師という資格は，ソーシャルワークができないと生き残れないと思う」と語っており，2022年の日本心理臨床学会・学会賞受賞講演でも同様の発言をしている。もちろん，ソーシャルワーカーとの連携が重要なことは言うまでもないが，これからの時代は心理職自身がソーシャルワーク的仕事を行う必要性を訴えた発言と捉えてもよいだろう。

　実際に生き残れないかどうかは別として，私もソーシャルワーク的な観点なしに心理療法を行うことは，非常に大きなリスクを孕んでいると考えている。なお，厳密な意味でのソーシャルワークには広範な定義があるが，ここではクライエントに社会資源を紹介したり，多職種連携を行ったりすることを指す言葉として用いる。

ソーシャルワークの特徴のひとつは"フットワークの軽さ"にある。私がはじめて出会ったソーシャルワーカーは，電話をかけるスピードが驚くほど速かった。クライエントが何かに困っていたら，すぐにアクションを起こし，何かしらの解決策を見出そうとした。

こうした「安全確保・環境調整」といった「心以前」を重視するソーシャルワーク的仕事"も"できるようになることは，心理療法において大変役に立つ。

ここでは心理士が行うソーシャルワーク的仕事について考えてみたい。

2 ソーシャルワークの必要性

ソーシャルワーク的な視点が必要となった事例Dから考えてみよう。事例Dでは経過の途中でDV被害経験が発覚したが，結局ソーシャルワーク的仕事ができないまま，中断へと至ってしまった。

また，事例編に収めることはできなかったが，私がソーシャルワーク的仕事の大切さを痛感した別の事例をここで紹介したい（こちらも架空事例である）。

事例：小学校3年生の男児

小学校入学直後から立ち歩きなど落ち着きのなさが見られた。グループ活動や休み時間には他児と頻繁にケンカをすることも多く，学校ではいわゆる「問題児」とみなされ，担任も対応に苦慮していた。何度か保護者面談を行ったものの，母親は「家では問題ありません」の一点張りであった。

夏休み明け，同じクラスの生徒を突き飛ばし，相手は骨折をする大怪我を負ってしまった。担任がスクールカウンセラーに相談し，スクールカウンセラー経由で保護者に児童精神科が紹介され，来院した。

保護者は「家では問題ないのに，学校で暴力を振るうみたいで。アンガーマネジメントのプログラムを受けさせたい」と主治医に訴えた。数

回の診察を経て「アンガーマネジメント」の心理療法を依頼された私は，主治医の依頼通り，アンガーマネジメントの心理教育から始めた。

しかしながら，男児は取り組む気配がないように見え，難航した。たとえば，〈怒りの感情というのは……〉と心理教育をしようとしても，どこかうつろで，聞いているのか聞いていないのかわからない様子であった。

私は違和感を抱いたものの，心理教育の仕方の問題と考え，どうしたらより伝わるようになるのだろうかと悩んでいた。

5セッション目，彼は「怒るなって言われるの辛い」と言ってから押し黙ったまま泣きはじめた。私は感情を表に出す気配が全くなかった彼が泣き出したことに戸惑った。また，〈怒るな〉と伝えたつもりは全くなかったが，そのように彼が感じていることにも当惑した。

しばらくすると，「昨日もお父さんから叩かれて」と父親からの暴力がほのめかされた。そして，彼がTシャツをめくると，そこにはこれまで何度も暴力を振るわれたと思われる生々しい痣があった。虐待を全く想定していなかった私は申し訳ない気持ちになりながら，〈そんなことがあったんだね〉という言葉しか言えなかった。

この事例は極端な例かもしれないが，表からはそうは見えなくても実際には心理療法どころではないケースはいくらでもある。仮に日常的に虐待を受けている子どもにアンガーマネジメントを行いつづけたら，「怒りを我慢できないあなたが悪い」というメッセージを伝えることになりかねない。セラピストが虐待に加担していると言っても言いすぎではない。まず必要なことは，「安全を確保する」ためのソーシャルワークである。

このような事態は，大人でも起こりうる。パワハラとセクハラが横行するブラック企業で疲弊している会社員に対して，「自分の感情をコントロールできるようにしましょう」とアンガーマネジメントなどを提案してしまうと，そのクライエントをさらに追い込むことになる。必要なのは，クライエントが置かれている環境を冷静な目で判断し，必要に応じてセラピストをはじめ

とする支援者が「環境を変える」支援をすることである。

「**今，心理療法ができる状況なのか**」——この観点は，心理療法を行ううえで絶えずもっておく必要がある。

3 なぜ，ソーシャルワーク的仕事は難しいのか

　ソーシャルワーク的仕事の重要性が指摘されているのは，心理士に求められる仕事の内容が年々変化しているにもかかわらず，一般的には心理士がこの手の仕事を得意としていないからだろう。そもそも心理士がソーシャルワーク的仕事を行うか否かについては議論が分かれ，ソーシャルワーカーとの棲み分けという問題もある。ここでは一旦それらの議論は横に置き，なぜ心理士にとってソーシャルワーク的仕事が難しいのかについて，3つの視点から考えたい。

　1つ目は，一般的に心理士は社会制度や社会資源に明るくないことである。児童福祉法や障害者総合支援法などの法律，障害者年金や障害者手帳といった制度，利用できる福祉サービスや近隣の相談機関などに精通し，すぐに行動に移せる心理士は少数だろう。たとえば，学生相談で相談を受けている学生が金銭的に困窮しているときに，内面の話を続けるよりも，生活を支えるための具体的な情報提供が迫られる場面に遭遇するかもしれない。もちろん，臨床のなかで必要に迫られて調べたり，問い合わせたりといったことを通して，徐々に詳しくなっていくことはある。私もクライエントを通してそれらを学んできた。しかし，そうしたアドホックな学び方には限界があり，偏りも生じる。

　2つ目は，社会への関心の薄さである。心理士は「心」に関心がある。職業上，必要なことだ。しかし，「心」という人間の内面に関心が向きすぎるあまり，その個人を取り巻く「社会」に無頓着になりがちである。社会に目が向かなければ，「ソーシャル」ワークはできない。

　3つ目は，治療構造を守ることへの囚われである。治療構造については「ゆるい構造化」（本章第2節1）で詳しく言及したが，ソーシャルワーク的仕事

を行おうとすると，「枠から逸脱するのではないか」「セラピストのアクティングアウトなのではないか」といった考えが浮かんで躊躇してしまうことがある。そうした感覚がすべて間違っているわけではないし，むしろ必要な臨床感覚でもある。しかし，治療構造を守ることが目的化してしまうと，ソーシャルワーク的仕事を提供する機会を逸することにもなる。

4 ソーシャルワーク的仕事を行うために

　では，実際に心理職がソーシャルワーク的仕事を行うためには何が必要なのだろうか。ポイントは4つある。

❶知識をつける

　まずは知識をつけなければならない。制度を知らないと，利用しようがないからだ。

　とはいえ，社会制度やサービスは山ほどあり，何をどのように学べばいいのか難しい。厚生労働省や自治体のホームページも参考になるが，見慣れない用語が並び，心が折れそうになる。心理職が利用する本としては，浜内（2024）がお勧めである。浜内は社会福祉士・精神保健福祉士の資格を有している臨床心理士・公認心理師で，具体的な事例を通して心理職が知っておくべき社会制度やサービスを丁寧に解説している。「大人」と「子ども」それぞれの相談窓口，金銭的サポート（年金など），手帳関係，DV・虐待の福祉サポート（児童相談所，配偶者暴力支援センターなど），就労支援はおさえておくべきだろう。

❷電話に慣れる

　子ども家庭支援センターや児童相談所，役所の生活課などに電話をかけるのは緊張するし，電話をかける必要があるとわかっていても，気が重かった

りするものである。要は,「慣れ」の問題だ。

　私が初めて外部機関に直接電話をしたのは,「虐待をしてしまいそう」と訴える母親の希望で保健所に問い合わせたときだった。「ちゃんと説明できるだろうか」「よくわからないと言われたらどうしよう」と内心びびっていたが,対応してくれた保健師はとても親切で,電話をかけたことへの御礼まで伝えてくれた。もちろん,残念な経験をすることもあったが（「どうして電話してきたんですか？」と言われるなど）,実際に外部機関に自分で電話をかけてみて慣れることが大切だ。

❸フットワークを養う

　被災地支援などのアウトリーチや学校臨床といったフィールドで働いていれば必然的にフットワークは養われるかもしれないが,その他の領域で働いているとしたら,日常的に養うことは難しい。とはいえ,日常の些細なことからも練習はできる。いざという時に動けるようになるためには,日頃からの練習が必要だ。

　松本（2019）は,SMARPPと呼ばれる薬物依存症集団療法プログラムを無断でキャンセルした患者に対して,積極的にコンタクトを取るようにしていると述べている。「治りたくない病」である依存症の治療効果を高めるためには,何とかしてドロップアウトを防ぐ必要があるからだ。解離臨床を専門とする岡野ほか（2022）も,対人不信が強い解離性障害のクライエントとの信頼関係を築くためには,「こちらから迎えにいく」姿勢が重要だという。セラピストの側がクライエントとの出会いを歓迎し,積極的に交流をするということである。

　こうした日常臨床における"おせっかい"的なアプローチは,フットワークを養ってくれるだろう。

❹セラピスト自身の傷つきの可能性を考えてみる

　ここまでソーシャルワーク的仕事をするために「動く」ことの重要性を述べてきた。しかし，時に「動けない」ことに目を向ける必要もある。

　ソーシャルワーク的仕事が求められるのは，虐待やDVといった身体的・心理的暴力にまつわる事例であることも多い。そのような事例でソーシャルワーク的仕事を行おうとすると気が重かったり，実際に動き出せなかったりしたら，セラピストがトラウマタイズされている可能性を考えてみよう。その可能性を考慮せずに無理して「動こう」とすると，セラピスト自身がバーンアウトしてしまう危険性がある。その場合には，主治医や同僚に相談をしたり，リファーしたりといった選択肢が浮上するだろう。

まとめ

　昨今，心理職によるソーシャルワーク的仕事の重要性が高まっている。クライエントにとって心理療法よりも身の安全の確保や社会資源につなげるほうが優先される場合には，心理療法を始める前にソーシャルワーク的仕事が求められる。

　しかし，「社会資源や制度の知識のなさ」「社会への関心の薄さ」「枠への囚われ」といった心理職の特徴から，実際にソーシャルワーク的仕事を行うことは難しい。「知識をつける」「電話に慣れる」「フットワークを養う」「セラピスト自身の傷つきの可能性を考えてみる」といったことが，心理職によるソーシャルワーク的仕事の実行を後押ししてくれると考えられる。

第4節 心理療法の「前」の方法論

本節の狙い

　第3節に続いて，誰もがそれとなく身につけているものの言葉にされない心理療法の「暗黙知」を解説する。

　本節では，心理療法の「前」に注目してみたい。心理療法をどのように導入していくか，クライエントが心理療法という異文化に馴染むためには何ができるか，といった心理療法を始める「前」に行う作業のことである。駆け出しの頃の私は，心理療法を始めようとすれば，すぐに導入できるものだと思い込んでいた。しかし，現実の臨床現場では，私が思い描いていたように心理療法を導入できるクライエントは存在しなかった。今考えれば，あまりに無知であったと思うが，当時は「前」の作業の存在すら知らなかった。

　心理療法の「外」と同様に，「前」の作業も心理療法の成否を決めると言っても過言ではない。心理療法を始める「前」に，私たちは何を行う必要があるのだろうか。

　クライエントの情緒と言語水準に波長を合わせ，クライエントと一緒に心理療法の文脈をつくり，心理療法が向かう行き先を話し合っていくこと——この3つの視点から，多くの臨床現場で暗黙知と化している「前」の仕事について考えてみたい。

① 波長を合わせる

> **●検討する事例**
>
> **事例A**　「ガムが怖くて何が悪い！」
> 　　　　――強迫症のCBTの導入
>
> 心理士1年目に精神科クリニックで出会った10代男子のケース。「ガムが怖い」というOCD症状の治療のためCBTを行ったが，うまく導入できず，中断に至った。

　事例Aで失敗した要因のひとつは，セラピストが医師からの指示を守ることに躍起になっており，クライエントのリズムや言語水準に合わせることができなかったことにある。
　つまり，クライエントに波長を合わせる（attune）ことができなかったと言える。

1 波長を合わせる（attune）

　波長を合わせる（attune）とは，乳幼児精神医学者であるダニエル・スターンが「自己感の発達」を提唱するなかで用いたaffect attunement（情動調律）をモデルにしている。情動調律とは，たとえば子どもがあくびをしたときに親が「あー」と声を出してみたり，子どもがおもちゃに興奮したときに親が手を挙げると子どもが親のほうを見て笑ったりすることである。このとき，

親子の気持ちが通じ合っている。近年ではこうした意味合いに限定されず，「言語を介さなくても，相手の情動・感情に，こちらが音叉のように共鳴して，相手と同様の情動・感情が生じる」（Cozolino, 2021/2022［訳注］）という意味で用いられることが多い。

なお，本書ではattuneに対し「調律する」ではなく，「波長を合わせる」という訳語を採用する。なぜなら，調律という言葉はどうしても楽器を思い浮かべてしまい（元来の意味的にはそうしたニュアンスがある），「波長を合わせる」という言葉のほうが日常臨床の感覚にマッチしているからである。

2 情緒に波長を合わせる

とはいえ，「波長を合わせる」のは，難しい。

そもそも，セラピストは波長が合っているか否かを判断できないから，波長を合わせる過程は終わりのない作業とも言える。ここでは事例Aを振り返りながら，どのように波長を合わせることができたのか／できなかったのかを考えてみたい。

出会いの場面でAは，「ガムが怖いんです」とつぶやいている。眉毛はハの字だった。このとき，私の注意は「ガムが怖い」という言葉に向いており，その後すぐにガムについて尋ねている。しかし改めて振り返ってみれば，この発言時にはすでに緊張感が非常に高まっている。もしかするとガムを思い出したゆえに緊張しているのではなく，私と話すこと自体に緊張していたのかもしれない。あるいは，話すこと以前に新しい場所に緊張していたのかもしれないし，ひょっとすると病院に来る前に何か緊張が高まる出来事があったのかもしれない。

私がAに会った際に真っ先に行うべき仕事は，**Aの情緒に波長を合わせようとすること**だったように思う。

3 言語水準に波長を合わせる

　また，私の言葉使いがAの **言語水準と波長がずれていた** 可能性もある。どういうことだろうか。

　私は〈あなたが今困っているガムが怖いっていう症状は，強迫症といって……〉と心理教育を行おうとしている。改めて振り返ると，いくら言語能力の高い小学6年生とはいえ，クライエントの言語水準とセラピストの言葉かけは大きく乖離していた。つまり，言語水準において波長合わせができていなかった。こんなふうに気づかないうちにセラピストの言語水準で話しかけてしまうことは，日常的に起こりうる。

　Aの場合，〈Aくんは今ガムを見るのが怖いことに困っていると思うんだけど，潔癖症って言葉聞いたことある？　汚いって思うと触りたくなくなったり，見たくなくなったりするものなんだけど……〉といった言い方に置き換えたほうが良かったかもしれない。もちろん，一度に波長が合わない可能性もある。大切なのは，何度か言い換えながら言語水準を調整して波長を合わせていくことだ。

　その際，言葉の定義にこだわりすぎず，わかりやすい言い方を心がけ，正確性をある程度はあきらめるという姿勢も大切である（もちろん嘘を教えてはいけないが）。一方で，ちょっとした言い回しがクライエントとの距離をつくってしまうこともあるので，言葉選びには細心の注意を払う必要がある（例：「あなた」ではなく「Aくん」と呼びかける）。特に大人に合わせるタイプの子どもの場合，大人の言語水準に合わせてしまいやすいため，本来の言語水準を見極めて波長を合わせる必要がある。

まとめ

　心理療法を行おうと躍起になると，クライエントのペースやリズムに合わせることを忘れがちになる。クライエントに波長を合わせることには，2つの側面がある。ひとつは，クライエントの情緒を捉え，その情緒に波長を合わせようとすることである。もうひとつは，クライエントの言語水準を把握し，できる限りクライエントの言語水準に波長を合わせて話しかけることである。いずれの場合も，言い換えや調節を繰り返すことを大切にしたい。

② 文脈づくり

●検討する事例

事例A　「ガムが怖くて何が悪い！」
　　　　——強迫症のCBTの導入

　心理士1年目に精神科クリニックで出会った10代男子のケース。「ガムが怖い」というOCD症状の治療のためCBTを行ったが，うまく導入できず，中断に至った。

事例B　「完璧な私でいたかった」
　　　　——ベッドサイドの面接

　心理士2年目に総合病院精神科で出会った20代女性のケース。ベッドサイド面接を行ったが，患者とのコミュニケーションも病棟連携もうまくいかず，中断となってしまった。

事例E　「私たち，何をしてるんでしょう？」
　　　　——話し出すと止まらないクライエント

　心理士10年目，精神科クリニックのケース。30代後半の法律関係の仕事に従事する男性患者。「仕事のトラブル」が当初の主訴であったが，話が二転三転し，最終的に「私たちは何をしているんですか？」という言葉を残し，中断となった。

1 文脈づくりとは何か ── 事例A・B・Eの失敗について

　OCDの事例Aを担当した私は，躍起になってCBTを導入しようとした。しかし，導入できないどころか，中断に至ってしまった。ベッドサイド面接を行った事例Bでは，最終的に「この面接は必要ありません」と言われてしまった。事例Eは，話が二転三転するうちに方向性を見失い，中断した。

　他のセラピストが担当したとしても，いずれの事例も心理療法の導入は難しかったかもしれない。もちろん，すべての人が心理療法を必要としているわけではないし，すべての人に心理療法が適しているわけでもない。だが，改めて経過を振り返ってみると，大いに工夫の余地があったように思われる。

　足りなかったのは，「文脈づくり」だ。文脈づくりとは，（初回の時点で）心理療法を求めている状態とは言い難いクライエントに対して，クライエントの背景に沿いながら心理療法の有用性を感じてもらう方法である。言い方を換えれば，クライエントのモチベーションを高め，心理療法に取り組む気持ちになってもらうための下ごしらえである。

2 文脈づくりが必要なクライエント

　どのようなクライエントであっても多かれ少なかれ文脈づくりは必要であるものの，ここでは4つの典型例に分類してみたい。

（a）誰かに連れてこられたクライエント

　多くの現場で，クライエント本人の意志とは別に，家族などの第三者が連れてくることはよくある。事例Aのように子どもの場合や，アルコールなどのアディクションの問題を抱えている場合を想像してみてほしい。

　こうした事例では，当然ではあるが本人に治療のモチベーションがなかったり，「どうして自分が来なければならないのか」という不満を抱いていたりすることがある。

(b) **主訴が未分化なクライエント**

　何らかの主訴は抱えているものの，それが明確でなかったり，複数の主訴が混ざっていたりするクライエントのことである。事例Eは「仕事のトラブル」が主訴であると思われたが，そのほかにも複数の「困っていること」があった。しかも，本人のなかで優先順位を決めることは難しく，不明瞭であったと言える。

　ほかにも，漠然と「辛い」「苦しい」と訴えるばかりのクライエントや，「よくわからないけど来た」と言って来所するクライエントも該当する。

(c) **治療に対して両価的なクライエント**

　治療を受ける気持ちはあるものの，治療に対してアンビバレント（両価的）なクライエントもいる。アンビバレントな理由は人それぞれである。そもそも心理療法というものに抵抗がある人，病院嫌いの人，誰かに頼ると負けたような気持ちになる人，お金をかけたくない人，「どうして家族ではなく自分が変わらなければならないのか」と納得がいかない人……ほかにもさまざまな理由が挙げられる。

　一見，治療意欲が高そうに見える人のなかにも，実は非常にアンビバレントな人も一定数いる。

　逆の場合もある。事例Bは心理面接を拒否しているように見えたが，「完璧でいたかった」とぽろっと本音らしきものをこぼしたり，若手看護師とは雑談を交わしたりしていた。本心では心理療法を受けたがっていたとまでは言えないが，アンビバレントな思いを抱えていた可能性はあるだろう。

(d) **潜在的なクライエント**

　何らかの現実的な困りごとのために訪れた人が，会っているうちに全く異なる主訴を抱えていたことが明らかになっていくこともある。たとえば，子どもの相談に訪れた親が夫婦関係の問題に悩んでいたり，アル

コール依存の夫に困っている妻が実父への恨みの感情に苦しんでいたり，といったことはよくある。松本（2019）は援助希求能力の乏しいクライエントを「『助けて』が言えない」という言葉で表現しているが，そうした人たちも含まれる。

　面接をしていくうちに主訴が変わって苦しみが前景化することもある。

❸ 文脈づくりのための4つの視点

　次に，「文脈づくり」に役立つ4つの視点を述べる。実際の臨床場面では，上記に分類できるとは限らないから，いずれの場合もこれらの視点を携えておくことは有用である。

❶「今日はどんなことでいらっしゃいましたか？」——主訴の明確化

　山崎（2021）は，主訴を「病名」「周囲への不満・対応」「負荷のかかるイベントへの対応」「自分について考えたい系」「主訴がない」の5つに分類し，それぞれの場合にどのように主訴を明確にしていくかを詳細に論じている。山崎は，主訴を明確にする作業を「クライエントの面接へのモチベーションについて話し合うこと」と捉え，この手続きを「モチベーション論」と名づけている。

　事例Eであれば，「周囲への不満・対応」「負荷のかかるイベントへの対応」の2つが主な困りごとであった。山崎（2021）を参考にすると，〈どんなところからそう感じました？〉〈ここに来ることでどんなことを期待していらっしゃいますか？〉といった質問を交え，事実とクライエントの空想を分けつつ，求めていることを明確にしていく作業が必要だったのだろう。

　重要なのは，主訴を明確にする作業そのものにクライエントのモチベーションを高める作用があるという点である。何のために行っているのかよくわからない場所に行くよりも（＝主訴が不明確），自分が何のためにその場所に行っているのかわかっているほうが（＝主訴が明確），モチベーションは高ま

るだろう。「何となく」の主訴であっても，しばらくは通うことができるかもしれないが，長続きしない可能性のほうが高い。主訴には治療同盟を支える（Peebles, 2002/2010）側面があるからだ。

とはいえ，クライエントのなかには主訴が明確になりすぎないほうが通いやすい人も存在する。たとえば，自分の抱えている問題に直面しないからこそ現状を維持できている人や，それを他者に知られることを警戒しているような人などである。

そのため，原則論としては主訴の明確化は非常に有用であるが，例外もあることを頭の片隅に置いておきたい。

❷「わざわざこんなところに来ることになって，大変でしたね」
── 来所経緯の文脈の共有

前述した「(a) 誰かに連れてこられたクライエント」の場合，セラピストが最初にすべき仕事は来所経緯の文脈を共有することである。

この点について妙木（2010）は以下のように詳しく論じている。たとえば，不登校の子どもが母親に連れてこられたとしたら，最初は〈どんなふうにここに来ることになったか教えてくれるかしらね〉と質問したり，〈わざわざここに来ることになったのは，いろいろと大変でしたね〉と労ったりする。あるいは，〈お母さん（お父さん）はどういう理由で君を連れてきたのかしら〉と問う。この手続きそのものが治療同盟を築くための出発点となる。クライエントが来所に至った文脈の理解なしにクライエントと同じ光景を見ることはできない。

妙木（2010）の本を読んだとき，私は事例Aのことを思い浮かべ，どうして最初に来所経緯から聞かなかったのかと後悔したことを覚えている。Aの立場に立てば，半ば強制的に連れてこられたことだけでも不満を募らせていたはずで，そのことを労いもされずに心理教育をされるなんてたまったものではなかっただろう。自戒も込めて，文脈づくりにおいて「来所経緯の文脈の共有」は，必須の手続きであると考えている。

第3章　誤りと迷いからの水先案内

また，〈何で来たの？〉と問うことは，非難と受け取られる可能性が高いため避けるべきであると妙木は強調している。付け加えると，特に子どもの場合には〈何に困っていますか？〉と問うことも，反治療的に作用する場合が多い。子どもは自分自身が何に困っているのかよくわからないことが多く，わからないことを言葉にしないといけない「圧」を感じさせる可能性があるからだ。

❸「こんな風に問題を整理できるでしょうか？」
── 問題を整理するための枠組みの提供

　CBTの治療導入期にセラピストが行うこととして，濱家（2019）は，次の2つを挙げている──①問題や症状を聴取しながらCBTの枠組みに即した情報収集を行い，それらを統合して治療の重要な指針となる事例の概念化・定式化を進めること，②クライエントにCBTの基本的な概念や手法に慣れてもらう（socialize）こと。特に②については，クライエントの困りごとを例に取りながら，「出来事−認知−感情−行動」という基本の認知行動モデルに沿って整理して，クライエントが体験的に認知行動モデルについての理解を深め，自分で整理を行っていく準備を整える。

　このように，治療導入期にクライエントの問題を整理するための「枠組み」を提供することは，他のオリエンテーションにも共通している。力動的な立場であれば，クライエントの困りごとに対して心のなかの力動という枠組みを用いて説明する。システム論的な家族療法の立場であれば，生じている事態をシステム論の観点から説明するだろう。

　情報のアクセシビリティが高まっている昨今では，以前と比べると専門家並みの情報を仕入れてから来所するクライエントも増えてきた。しかしながら，ある理論的枠組みに自分の困りごとを当てはめる作業は，独力では案外難しい。セラピストの理論的枠組みにクライエントを当てはめてしまう可能性には留意しつつも，クライエントが自分の問題を考えるための補助線を手にすることは，心理療法の有用性を体験する契機になるはずだ。

❹「あなたの考えていることは，こういうことでしょうか？」
　──**動機づけ面接という視点**

　文脈づくりを考えるうえで，動機づけ面接の考え方はオリエンテーションを問わず外せないだろう[23]。ここでは，文脈づくりに役立つと思われる動機づけ面接の概念を簡潔にまとめたい（原井，2020；岡嶋，2015；Miller & Rollnick, 2002/2007）。

　動機づけ面接の戦略は，チェンジトークの強化と維持トークの弱化を狙うことにある。チェンジトークとは，変わりたい願望や理由，その必要性といった準備性が表れたクライエントの発言や，すでになんらかの動きを伴った実行性の高い発言のことである。維持トークとは，現状を維持したいとか，そうせざるをえない事情があるといった発言のことである。

　クライエントの発言をこのような観点から捉え，言葉の背景にある考えなどを想像しながら詳しく聞き，どのように変わりたいのかを具体的に整理していく。その際，チェンジトークの出現頻度やそれについて語る時間を増やして，行動変容を促進する。つまり，クライエントの内発的動機づけをセラピストが引き出すことによって行動変容が自発するようにする。

　動機づけ面接の優れた点は，人間が陥りやすい両価的な状態に，チェンジトークと維持トークという名前を付け，それらがどのようなメカニズムで変化していくのかを明らかにしたことにある。その意味で，先に挙げた「(c) 治療に対して両価的なクライエント」に対して絶大な効果が期待できる。

---

[23] 岡嶋（2015）が指摘するように，動機づけ面接を使用できるようになるためには，動機づけ面接の訓練や行動療法の知識が必須である。

4 あきらめる・手放す
——文脈づくりの断念を考慮する際のポイント

　もちろん，文脈づくりをしたからといって，すべてのクライエントに心理療法を導入できるわけではない。そもそも，すべての人が心理療法で変わるわけでもない。「それもクライエントの選択として尊重することは，カウンセラーとしてはつらいことかもしれないが，結果的には双方にとっての利にかなう」（原井，2020）のである。

　個人心理療法が適していないと判断した場合には，文脈づくりを断念し，集団心理療法やデイケアなど別の手段を提案したり，実際にリファーしたりする仕事にシフトチェンジする必要がある（もちろん，集団心理療法の前に必ず個人心理療法を行うべきという意味ではない）。

　文脈づくりを断念するといっても，いろいろなパターンが想定される。ここでは文脈づくりの断念を考慮に入れる際のポイントを2つほど挙げてみたい。

　1つ目は，クライエントが現実的な危機状況の最中にいる場合である。本章第3節の「ソーシャルワーク的仕事」でも言及したように，身の危険があったり，生活に困窮していたり，心理的危機状態にあったりする場合には，文脈づくりをする前に医療につなげるためにリファーしたり，必要な諸機関につなげるためのソーシャルワークを導入したりする。

　2つ目は，クライエントが個人と集団のどちらに向いているかである。集団心理療法やデイケアは，個人心理療法よりも依存的な治療関係が薄まったり，仲間の存在に支えられたり，グループ内で情動的な刺激や相互交流が得られるといったメリットがある（American Group Psychotherapy Association, 2007/2014）。また，個人心理療法はその構造上，何らかの作業に取り組まざるをえないが，グループの場合は"ただそこに居る"という関与もありうる。

　個人と集団のどちらが治療的に作用するかはクライエントの性質や状態による。個人心理療法から始まったとしても，グループの体験により適性がありそうだったら，個人心理療法から集団心理療法への切り替えを考慮しても

いいだろう（実際に私は，個人心理療法を始めようとしたものの導入が難しかったため，主治医と相談して集団心理療法に切り替え，数カ月後に個人心理療法を再開したという事例を体験したこともある）。

以上をまとめよう。セラピストなりに文脈づくりの工夫や努力は行う必要はあるが，だからといって文脈づくりが適しているかどうかはクライエントによるため，セラピストは個人心理療法以外の選択肢も考慮しておきたい。

まとめ

　文脈づくりとは，（初回の時点で）心理療法を求めている状態とは言い難いクライエントに対して，クライエントの背景に沿いながら心理療法の有用性を感じてもらう方法である。誰かに連れてこられたクライエントや主訴が未分化なクライエントなどには特に必要なプロセスだ。
　文脈づくりを行うポイントとしては，「主訴の明確化」「来所経緯の文脈の共有」「問題を整理するための枠組みの提供」「動機づけ面接という視点」の4つが挙げられる。

③ 行き先会議

● 検討する事例

事例E 「私たち，何をしてるんでしょう？」
――話し出すと止まらないクライエント

　心理士10年目，精神科クリニックのケース。30代後半の法律関係の仕事に従事する男性患者。「仕事のトラブル」が当初の主訴であったが，話が二転三転し，最終的に「私たちは何をしているんですか？」という言葉を残し，中断となった。

■ 「行き先会議」とは何か

　「行き先会議」とは，心理療法の目指す方向（目的）と現在地（進捗状況）をクライエントとセラピストのあいだで確認する作業を指す。
　たとえば，うつ病で休職中の復職を目指している会社員男性のクライエントであれば，「生活リズムを整えて会社に復帰する」が目的であり，「週に1回30分ウォーキングする」が進捗状況になる。そして行き先会議では，〈私たちは生活リズムを整えて会社に復帰することを目的に面接を始めましたが，外に出るのも難しい状況から今は週1回30分ウォーキングをするところまで来ましたね。○○さんとしてはどうでしょうか〉などと話し合う。このように確認しながら進めることで，クライエント自身が「次は週2回に増やそうか」と今後の方向を考えたり，「会社に復帰する前に家族の問題を話し合いた

いのですが」などと軌道修正できる。

　事例Eのように心理療法がどこに向かっていくのかわからなくなる場合，行き先会議が十分でないことが多いように思われる。つまり，**面接の目的を見失い，進捗状況の確認をしていないにもかかわらず，その問題が放置されつづけている**。たとえば，海外旅行に行って地図を見ずにレストランを探しても見つからず，それでも突き進んでいくと全然違う場所に辿り着き，行きたかったレストランが実は出発地点の近くにあった，と気づくようなものだ。事例Eのように話が拡散しやすいクライエントや，目的が見えなくなりやすい親面接では，行き先確認を何度も繰り返すことが必要になる。

2 「プチ契約」と「アジェンダの設定」

　関（2020）は「プチ契約」という言葉を用いて，どのような面接においても目的が変わった際にはクライエントとのあいだで何度も契約を結び直す話し合いの必要性を提唱している。たとえば，先に挙げた会社員男性の場合，「生活リズムを整える」という目的で面接を始めたものの，途中で「妻との関係」や「職場の上司との関係」に話題が変わりそうになったら，そのつど話し合って面接の目的を変更するというイメージである。

　一方，CBTには「アジェンダの設定」と呼ばれる時間がセッションの冒頭に設けられている。これは主にその日の議題を決める時間だが，面接の目的を確認する作業も内包されていて，行き先会議の一部が行われている。

　両者を比較すると，頻度と所要時間と内容に違いがある。「プチ契約」の場合は，目的が変わるタイミングで治療構造自体の検討も含めて長めに時間を取って話し合う。一方の「アジェンダの設定」は，短めの時間であるが毎セッション行い，主にその日のセッションで話し合う内容の確認に当てられる。

　どのようなオリエンテーションであっても，大なり小なり行き先会議を行う時間を設け，再検討と微調整を繰り返していることがわかる。

3 目的と進捗状況の再測量

とはいえ、目的と進捗状況がわかりやすい面接ばかりではない。

そもそもクライエントによっては目的を定めること自体が難しかったり（「何に困っているかわからない」）、目的が曖昧だったり（「生きやすくなりたい」）、事例Eのように目的がコロコロ変わったりすることもある。

進捗状況についても、前に進んでいるのか、あるいは後退しているのか定かでないこともある。「心理療法とは螺旋階段のように進んでいくものである」と言われるように、心理療法のプロセスは直線的ではない場合が多い。また、セラピストが進捗状況を把握するためには心理療法のプロセスをメタ的に見る能力が必要となる。しかし、セラピスト自身も心理療法のなかの登場人物の一人であるがゆえにメタ視点をもつのは非常に難しく、初心の臨床家は特に苦労するだろう。

だが、このような難しさがあるからといって行き先会議を怠ると、心理療法は迷路に迷い込み、不幸な末路を辿るだろう。羅針盤を確認せずに航海に出るようなものである。

4 「行き先会議」のポイント

ここからは、行き先会議の実例を説明しよう。迷子状態に陥ってクライエントから「私たちは何をしているんですか？」と言われてしまった事例Eを解説しながら、実際の事例においてどのように行き先会議を行うのかを述べてみたい。

❶ ベースラインを決める

ベースライン（＝「何のためにこの治療を行っているのか」という原点）とは、心理療法を始める際にクライエントとの話し合いで取り決められる心理療法の目的に当たる。多くの場合、主訴と関連したものになる。「仕事がう

まくいかない」「友人との関係で困っている」「何となく虚しい」「怒りがコントロールできない」など，抽象的なものから具体的なものまで多種多様だ。
　このベースラインは治療を終結するか否かを判断する材料にもなると同時に，治療がうまく進んでいるかを評価するひとつの基準になりうる（山口, 2023）。

　　事例Eのベースラインは「今回の案件について整理したい」である。だが，この点についてもう少し明確にしたほうが良かっただろう。
　「整理」という言葉はよく使われるが，Eの場合は「整理」が何を指すのかが明確ではない。今回の案件で「傷ついた気持ちを整理したい」のかもしれないし，今回の案件が「なぜ起こったのかを整理したい」のかもしれない。あるいは，「整理」という言葉を使っているけれど，ただ不満を吐き出したかっただけかもしれない。
　アセスメントの後に〈「今回の案件について整理したい」というのは，「なぜ起こったのかを整理したい」，つまり今回の件が生じた理由について一緒に検討したいという理解で合っていますか〉といったことを伝えるのも，ひとつの手だっただろう。もちろん，同意したとしても実際は異なるかもしれないし，そのときにはそう思っていてもすぐに変わるかもしれない。それこそ，無意識下では全く異なることを考えているのかもしれない。とはいえ，このように確認してから進めておけば軌道修正もしやすい。〈アセスメントが終わった時点では，今回の件が生じた理由について一緒に検討すると話し合って決めました。面接の方向性が変わってきているように思うのですが，いかがでしょうか〉と確認することができるからだ。

　ただし，主訴が漠然としていたり，行動で表されたりして，主訴が不明瞭で，未分化なニーズのケースも少なくない。
　その場合には，クライエントとの話し合いでベースラインを決めることは難しいため，セラピストのなかである程度のベースラインを想定しておく。

すると，主訴がはっきりすること自体（主訴化する）が心理療法の目的になりうる。

　また，面接の目的を決めること自体に難色を示したり，違和感を覚えたりするクライエントもいる。以前，あるクライエントから「ここに来るためには目的が明確じゃないといけないんですか？」と言われたことがある。私は面接の目的を決めることに躍起になりすぎていたと反省したが，そのクライエントは「何か目的があるわけじゃなくて，ただ話を聴いてほしい」と後に語った。そのような場合には，「ただ話を聴く」がベースラインだ。

❷目的共有の重要性を説明する

　行き先会議を行うこと自体の重要性をクライエントにも理解してもらう必要がある。そうでないと，行き先会議の時間を取ることが無駄に思えたり，クライエントがセラピストに合わせて行き先会議を行っているだけで形骸化したり，といったことが起こりうるからである。

　つまり，なぜ面接の目的を共有しなければならないのかを説明するということだ。私は次のような言い方をすることがある。

　　〈(ベースラインを決めた際に) 面接を始めてからも，今決めたようなことを確認しながら進めていけたらと思います。というのも，この面接がうまく進んでいるのかを確認したり，終わり時を考えたりするために必要だからです〉

　　〈面接を行っているうちに何を目指しているのかわからない迷子状態になってしまうことが起こりうるので，何のためにこの面接を行っているのかを時々一緒に確認しながら進めていきたいと思いますが，いかがでしょうか〉

❸ ズレを感知する

　心理療法が始まるとベースラインで決めた方向に面接は進んでいくが，途中で方向性がズレていくこともある。もちろん，必ずしもそれが悪いことでもないし，また目的に戻っていくこともあるが，セラピスト側はズレていること自体を感知しておく必要がある。
　あまり強迫的に「ズレた＝目的に沿うように正す」と考えてしまうと，窮屈な面接になってしまうため，ズレたとしてもまずはしばらく様子を見ることを勧めたい。

　　　その後，Eの話題は長男の話や日本の教育の話に移り，さらに職場の後輩の話を始めた。
　　　こうした拡散傾向がADHDの注意の拡散から生じているのか，双極性障害の躁状態ゆえに起こっているのかなどを見立てつつ，しばらくはズレがどの程度続くかを見ていく。

❹ 話し合いを提案する

　しばらく様子を見てもベースラインの方向に戻らなかったり，クライエントに新たな困りごとや話したいことがあったりする場合には，〈最初に決めた方向性と少し違う方向になってきたので，面接の方向性について話し合いましょう〉〈このところ，○○についてお困りのようですが，それについても話し合っていきたいでしょうか〉など，セラピストのほうから話し合いを提案する。

　　　Eが日本の教育の話を始めた時点で，〈今，ご長男の話や日本の教育の話になっていて，それはそれで話したいことなのかもしれないですが，当初決めていた面接の目的とはずれているようです。Eさんとしてはどちらを話したいでしょうか〉と伝えておく必要があった。この介入によっ

て拡散が収まればこちらの方向づけが必要ということがわかるし，それでも拡散していくのであれば，何らかの精神疾患の可能性も疑って主治医との連携を取る必要があるかもしれない。

Eのように勢いよく話す人の場合には口を挟むのが難しいことが多い。「怒らせるのではないか」「せっかく話しているのだから話させたほうがいいのではないか」といった気持ちになることもある。実際，クライエントによっては口を挟むと怒る人もいるかもしれない。

しかし，この事例が結局のところ中断してしまったように，口を挟まないことが必ずしもクライエントの役に立つとは限らない。早め早めの「軽微な軌道修正の積み重ね」（山口，2021）を行っていく。

重要なことは，話し合いを提案する際に，クライエントに「ズレ＝悪い」という印象を与えないことである。そもそも面接の目的が経過の途中で変わることはままあるし，それ自体が悪いわけでは全くない。あくまでもニュートラルに提示することが肝要だ。

❺微修正あるいは方向転換を試みる

話し合ったうえで，ベースラインの方向に再び戻すこともあれば，別の内容について話し合っていくこともあるだろう。これらは「微修正」と言える。

一方，話し合った末に，面接の方向性を大きく変えることもある。たとえば，「職場の人間関係について相談したい」と語っていたクライエントが，途中で「なぜか男性とのあいだで同じような関係を繰り返しているのを何とかしたい」と希望したとする。その場合，支持的心理療法から精神分析的心理療法へ移行するといったように，面接を大きく「方向転換」することもありうる[24]。

---

[24] この移行問題については山口（2023）で詳しく論じたので，興味のある読者はご一読いただきたい。

まとめ

　「行き先会議」とは，心理療法のなかでクライエントとセラピストが目的と進捗状況を確認する作業のことである。クライエントの目的や現在の進捗状況を話し合いながら進めることで，方向性の調整や目標の修正が可能となる。ポイントとして，「ベースラインの明確化」や「目的の共有」が挙げられる。

　しかし，目的や進捗状況を明確にすることが難しい事例もあり，その場合にはセラピストのなかで独自にベースラインを考えておく必要がある。

✚ 補節

もし，事例Aがうまくいったとしたら？
――「神話」を学びほぐし，「暗黙知」を身につける

▍補節の狙い

　第1節から第4節にわたって，「脱神話」と「暗黙知」について述べてきた。多くは先人たちの知に準拠しながら，しかし随所に私の経験知を差し挟んできたことに気づかれたはずだ。このハイブリッドで複合的な形に，私の考える〈独学〉スタイルが反映されている。

　こうしたことを学ぶことで実際の対応がどのように変化するかを示すため，強迫症のCBTの導入に失敗した事例Aを，はじめからやり直してみたい。「事例A'」のケーススタディである。

　第1節から第4節まで紹介してきたテーマを，事例のスクリプトに書き込んでみた（[　]内に解説を加え，【　】内にキーポイントを記してある）。第3章全体の復習を兼ねつつ，具体的なイメージを浮かべることに役立ったらと思う。

事例A' 「ネッチョン」（10代男子）
――児童精神科にて

「ガムが怖いんです」

　見るからに頭がよさそうな，しかしどこか神経質そうなAは，眉毛をハの字にしながらつぶやいた。

［非常に緊張していることが伝わってくる。カルテには「学級委員で生真面目」と書いてあり，学校を休んでいることにも自責的になっている可能性が高そうだ【波長を合わせる】。ガムの件も聞き方によっては「どうしてガムなんか怖いの」と責められたように感じてしまうかもしれない。そもそも，ガムが怖いと言っているが，自分で来ようと思ったのか親から連れてこられたのかよくわからない］

私はどういうことだろうと考えつつ，できるだけ不安や自責感を強めないような声になるように気をつけながら【ポジショニング論】，〈うん，ガムが怖いんだね。教えてくれてありがとう。よかったら，そのことについてもう少し教えてもらってもいいかな【質問する】〉と伝えた。
「はい……去年，学校に行く道でガムを踏んじゃって……」
そこで会話が止まってしまった。唾を飲む音が聴こえそうなほどに重い沈黙が流れはじめた。若干，不満のニュアンスも含まれているような口調だ。
［やはり緊張しているようだ。それだけではなく，ここに来ることが嫌だったのかもしれない］

〈学校に行く道でガムを踏んじゃったんだね。病院ってさ，緊張するよね【波長を合わせる】。私もはじめて行く病院とかすごく緊張するほうでさ，嫌なもんだよね。ちなみに今日って，お母さんかお父さんから病院に行くように言われた感じなのかな？【文脈づくり】〉

「そうです」
先ほどまでの不安気な様子と異なり，どことなく苛立ちが伝わってくる。

〈病院なんて行きたくないのにって感じかなあ〉
Aは少しだけ表情が緩ませて「そうです。そりゃ僕だって困ってはいるけど，今日は図工があったんです。どうして図工を休まないといけないのかな……」

［まずはガムの話ではなく，図工の話から入って様子を見る必要がありそうだ【ポジショニング論】］
〈そうかあ，それは残念だったね。そんななか，よく来てくれたね。図工が好きなの？〉
「はい。工作が好きで」
〈へーそうなんだ。今年の自由研究は何作ったの？〉
「割り箸でトラス橋作って」
〈トラス橋ってどんな橋なの？〉
「んー，鉄道が川の上を通るときに鉄橋で三角っぽくなってるじゃないですか。あれのことです」
〈へー，あれトラス橋っていうんだ。よく知ってるね。あれを割り箸で作るってすごいね。橋が好きなの？〉
「橋もそうだけど，建物とか好きで，去年は東京タワーを作ったんです」
〈おお，すごいなあ，手先器用なんだね〉

　徐々にハの字だった眉毛の角度は緩み，体のこわばりもいくらか取れたように思われた。

〈そうそう，さっきの話だけどさ，去年，学校に行く道でガムを踏んじゃったんだね。もう少し詳しく教えてもらってもいいかなあ〉
　Aは「はい」とうなずき，次のことを教えてくれた。

　去年の9月1日。小学5年生の夏休み明けのことだ。
　ようやく買ってもらったニューバランスのスニーカーをはじめて履いた彼は，ガムを踏んでしまったという。校門を出て左に曲がるいつもの道だ。

「"ねちょっ"ってしたんです。"ねちょっ"って……」

　その晩，靴の裏にこびりついたガムの映像が頭から離れなかった彼は，寝

不足のまま翌日登校したようだった。学級委員として何事もなかったように朝の会を行ったが,「おはようございます,今日は……」と言いながら,どうしてもガムの映像が頭から離れなかった。
　まるで靴にくっついたガムのように。

　その日の帰り,彼は「今日はこっちから帰ろうよ」と,ガムを踏んだ道とは別のルートで友達と帰った。翌日以降,行きも帰りも「あそこ(ガムを踏んだ場所)」を避けるようになった。その道を通らなければ,安心できた。
　けれど,ほっとできたのは束の間だった。

「ここにもガムが落ちてるかも」
　ガムを踏んでいない道なのに,こんな考えがむくむくっと湧いてくるようになった。
　夢中になれたはずの塾の勉強も,好きだったゲーム"スプラトゥーン"も助けてくれなかった。その考えはいつでも,どんなときでも浮かんでくるようになった。信じられないくらいしつこい。

「あそこの道はガムが落ちてるから,通らないで!」
　気づいたら,家族にも強要するようになっていた。
　3学期に入る頃には,学校に行くためのルートはほぼ全滅した。

　話し終えると,Aの眉毛は再びハの字になった。
〈教えてくれてありがとうね。話すといろいろと思い出しちゃうし,大変だよね。お母さんとお父さんも心配して連れてきたのかなあ【文脈づくり】〉
「たぶんそうだと思うけど……まあ,僕もあの道は通らないでとか言っちゃうし。親も困ってるんだろうけど……」

❖ 心理教育を「やめておく」

「OCD（強迫症）に対してERP（曝露反応妨害法）をお願いします」
これが主治医からの依頼だ。
［治療の手順としては心理教育から入るものだが，Aの様子を見ているともう少し関係を作ったほうが良さそうだ。準備していた心理教育の資料を出すのはやめよう【波長を合わせる】【ポジショニング論】］

〈今日は話してくれてありがとうね。ここでは一緒にガムが怖いのを何とかしていけたらと思っているんだけど，またここに来てみるのはどうかなあ〉
「んーあんまり来たくはないけど……でも，もう1回ならいいよ」
〈うんうん，それで大丈夫。じゃあまた2週間後に待ってるね。ちょっとお母さんとも会いたいんだけど，今日の話のなかで話してほしくないことはあるかな？〉
「今の話は全部知ってるから，大丈夫です」
〈そうかそうか，じゃあまたね〉

❖ 「親」と会う

Aと話した後，10分ほど母親と2人で話すことになっていた。
先ほど待合で見かけた母親の顔を思い出す。A以上に線が細く，見るからに神経質そうだった。「この子は大丈夫でしょうか？　ちゃんと治りますよね？」目の奥に有無を言わせない圧を感じる。
けど，わが子が突然このような症状に悩まされてしまったのだから，そう思うのも当然だ。小さい頃から周りのママ友に羨ましがられるような子どもだったのだから，なおさらだ。

強迫症の治療において，家族支援は子どもの治療と同じくらい重要だ。
［今回の親面接は何を目的にするのがいいだろうか。あの様子だと，まずは

親の不安を少しでも和らげることかもしれない【親面接】]

　私は，待合に母を迎えに行った。

「息子はどうでしたか？」
　面接室のドアが閉まった瞬間に母親は尋ねてきた。母親の眉毛もまたハの字だった。
〈初回ということもあって，少し緊張されていたみたいですね〉と伝えてみると，母親は「そうですよね……で，治りそうですか？」とこちらをじっと見た。
〈今日は緊張されている様子だったので，関係づくりのために内容には入らないでAくんの好きなことなどを教えてもらいました〉
「そうですか……次は話せるといいんですけど」
〈お母様として心配されていることを詳しく教えていただいてもよろしいでしょうか〉
「あの子，親が言うのもなんですけど，ずっと良い子だったんです。優等生タイプというか，手がかからなくて。それが急にあんなことになってしまって」
〈それはお母様も不安ですよね【波長を合わせる】〉
「はい……」
〈主治医からはカウンセリングについてどのように説明を受けてらっしゃるのでしょうか【文脈づくり】〉
「強迫症？って言われて，それで専門のカウンセリングを受けたほうがいいって」
〈強迫症についてはネットで調べたり，本を読んだことはありますか？〉
「そうですね，軽くネットで調べたりは……」
〈どんなイメージがありますか？〉
「手を洗ったりとか。でも，うちの子は手を洗ったりはしないし」
〈そうですね，手を洗うのも強迫症のひとつなのですが，ほかにもいろいろとあるんですね。もしよろしければ，強迫症についてお母さんにも説明でき

たらと思うのですが，いかがでしょうか〉
「そうですね，よくわからなくて余計に不安なので教えてもらえると助かります」

母親の眉毛の角度も少し緩んだようだ。
〈では，また2週間後にお会いできたらと思います〉

❖ 主治医に報告する

初回終了後。
［今日の様子だとすぐにERPを導入するのは難しいかもしれないから，一旦主治医に報告をしておこう。早く導入してくれって感じだったら早めにすり合わせしないとまずいことになる【多職種連携】］

一日の診察を終えた主治医に，〈今日お会いしたAくんですけど，けっこう緊張気味であんまり内容に入ると中断しそうだったので，今日は関係づくりを優先して心理教育まで入らないほうがいいと判断してやめたんですけど，大丈夫ですかね？　もちろん，これから折を見て進めていこうとは考えているのですが〉と伝えてみる。
「ああ，全然大丈夫，大丈夫。あの子，生真面目って感じだよね。かたいというか。あんまり無理しなくていいよ」と主治医から返答があり，私はほっとした。
〈そうなんですよね，お母さんもかなり不安気な様子で〉
「そうそう，あの親子似てるよね。お母さんはなんか言ってた？」
〈早く治るのかって心配してました。OCDについてあんまり理解されてなかったので，こちらでお母さんにも心理教育しても大丈夫ですか？〉
「ああ，そうだね。よろしくー」

思ったよりも主治医は早く治すべきとは考えていないようだ。こちらもほっ

とする。

❖「ちょっと……」

〈トラス橋ってさ,ああいう形だと頑丈になるんだね。ちょっとネットで調べてみたんだけどさ〉
「あと,アーチ状にすると頑丈になるんですよ」
2回目に現れたAは前回よりもいくらか緊張が和らいでいるようだ。

〈前回話してくれたガムの話だけど,今日はちょっと話せそう?〉と尋ねると,Aの表情が曇る。
「うーん……」
［何かあったのだろうか］
〈あんまり話したくない感じかなあ〉
「ちょっと……あとでお母さんに聞いて」と口をつぐむ。
〈そうかそうか,じゃあ今日は短めにして,お母さんと話す時間を少し長めにしようかな【ゆるい構造化】〉
「うん,今日はそれでいい」

❖2回目の親面接

子どもの面接は15分で切り上げ,母親と35分間,会うことにする。
〈今日はあんまり話したくなさそうな様子でしたけど,何かありました?〉
「ああ,やっぱり……昨日の夜,父親が『明日は病院でちゃんと話すんだぞ』ってうるさくて。私からは『あんまりプレッシャーかけないで』って言ったんですけどね。父親は通院自体もあんまり協力的じゃなくて,私も困ってるんですけど。そもそも,あの人,人の気持ちっていうものがわからないんですよ。この前だって,私が……」
［母親自身の話が止まらなくなりそうだ【話を聴きすぎない】］

第3章　誤りと迷いからの水先案内　　　　193

〈それは大変でしたね。お父さんにもできれば協力してほしいので、そのあたりも一緒に考えていけたらと思います。この前もお話ししましたが、まずは強迫症についてご説明していくのでよろしいでしょうか【行き先会議】〉
「ああ、はい、大丈夫です」
〈強迫症というのは……〉

✣ "ネッチョン"

「"ネッチョン"を一緒に倒すってこと？」
〈ああ、そうそう、そういうことだね。今は"ネッチョン"が超強くなっててさ。ラスボスみたいになってるってことだね。で、ラスボスの"ネッチョン"を倒すためには、儀式をやらないことが大事ってこと。儀式っていうのは、Aくんだとガムを踏んだ道を通るのを避けるってことね〉
「えー、でも通りたくないし」
〈そりゃ通りたくないよねえ。大丈夫、いきなり「今日から通るな！」みたいなことは言わないからさ〉
「わかった」
〈ちょっとずつね。じゃあ"ネッチョン"の倒し方なんだけどさ……〉

4回目のセッション。Aは「やっぱりガム怖いの嫌だから、ちょっと一緒にやってみる」と治療を受け入れたようであった。
〈じゃあ一緒に、Aくんが困っていることを知ることから始めようか〉
「うん」
〈Aくんはガムを踏んでからガムを踏みそうな場所が怖くなったじゃない？そういうのってね……〉

私たちは心理教育を始め、AのアイデアでOCDを"ネッチョン"と名づけることにした。ようやく、OCDのERPが始まろうとしている。

❖ 失敗に補助線を

　以上，第3章を通して論じてきたアイデアをフル活用し，事例Aをやり直してみた。実際の対応についてイメージできただろうか。

　読んでみてどう感じただろう。きっと事例Aより事例A'のほうがクライエントのためになっている，と思われたのではないだろうか。
　大事なことは，事例Aから事例A'にするための方法論だ（第3章ではそのためのヒントをさまざまに紹介してきた）。そしてもうひとつ大切なことは，私が〈独学〉によって掘り起こしてきた脱神話的技法と暗黙知を自覚的に方法として用いることができていたら，（その当時は知る由もなかったが）事例Aは事例A'になりえた，ということだろう。
　読者の皆さんが思い浮かべる自分自身の失敗事例には，何が足りなかっただろうか。あるいは，何が余計だっただろうか。
　この第3章がそうした事例を振り返る際の補助線となり，迷子から抜け出るための方法論となったら幸いである。

第4章

どうしたら現場で学べるか？

暗黙知の学習論／
独学の方法論

第3章では脱神話と暗黙知の発見を通して,「とらわれの迷子」と「へだたりの迷子」からの脱出を試みた。迷子から脱け出る道筋をイメージできたのではないだろうか。

　しかしながら,時代はあっという間に変化し,一度手にした地図は古くなってしまう。そのため,自分自身で地図を更新しなければならない。更新するためには,暗黙知を教えられるのを待つのではなく,変化の最先端である臨床現場から主体的に学ぶ必要がある。つまり,現場で〈独学〉するということだ。

　とはいえ,その性質上,現場で暗黙知を学ぶことは難しい。第4章では暗黙知を現場で学ぶことの構造的な困難さを整理したうえで,それでも現場から暗黙知をいかにして身につけていくかについて論じる。いわば,暗黙知の学習論であり,〈独学〉の方法論である。

　第4章を通して,心理療法における学習の主体性を獲得することを目指したい。主体的に学んで自分なりに暗黙知を更新できるようになったとき,今よりも自分の臨床を客観視できるようになり,心理療法の学びはもっと面白くなるはずだ。

「現場で学ぶものでしょう?」

　私にはずっとひっかかっている言葉がある。
　大学院時代，ある精神科病院で実習をしていたときのことだ。その病院の事務局長からこう言われた。

　　「心理士にスーパービジョンとかいう制度あるじゃん？　君もあれを受けるようになるの？　あれ，絶対おかしいよ。だってさ，お金がない若者からベテランがお金を巻き上げるわけでしょ？　どう考えても搾取だよ，搾取。絶対やめたほうがいいって。だって，他の職種見てみなよ？　そんな制度ないでしょう。みんな，現場でタダで教えてもらってるじゃん。<u>そうやって現場で学ぶものでしょう？</u>　医師だって，看護師だって。そりゃ，研修くらいは行くだろうけどさ，普通，そういうものでしょう。事務の仕事だってさ，お金払って外で教えてもらう？　そんなの給料がいくらあっても足りないよ。馬鹿馬鹿しい。カルト宗教じゃないんだから。そんなとこに入っちゃだめだよ」
　　（事務局長の物言いに不快さを感じる方がいるかもしれないが，10年以上前の出来事であり，こうした物言いは日常的であったことをご理解いただきたい。リアリティを残すためにそのまま書いたが，ここで注目したいのは物言いではなく，中身のほうである）

　事務局長は親切心で言ってくれたようだった。
　だが，正直なところ私にはぴんとこなかった。当時の私には，言われていることの意味がよくわからなかったのだ。すでにスーパービジョンを受ける

第4章　どうしたら現場で学べるか？

のは当たり前だと思っていたし，スーパービジョンを受けなければ心理療法家になれないとすら考えていた。そのときの私が思い浮かべていたのは，ある種の徒弟制だった。

　だから，事務局長に対して「はあ……まあ，局長から見れば，そう思うのかもしれないですけど，心理の世界ってそういうものなんすよ」と答えた。すると，高田純次みたいなその局長から，「バカだねー，君。こうしてまた入信者が一人増えて，上納金が増えていくわけだ。よくできたシステムだね。洗脳だよ，洗脳」と言われた（おそらく今であればこのような物言いはしない良識的な人である）。

　その後，私は長らくスーパービジョンを受け，事務局長が言うところの「上納金」を収めてきた。とはいえ，それに意味がなかったとは思っていない。むしろ，上納金というよりは，「必要経費」あるいは「自己投資」だと考えている。と書くと，事務局長から「君も完全に洗脳されちゃったね」と言われそうだが……

　なお，本書の目的は，スーパービジョンのように制度化された学習ではなく，現場における脱制度的な学習を論じることであるため，スーパービジョンについては詳しく論じない（だからといって必要性を過少評価しているわけではない）。

　ここでは，当時の私が気にかけていなかった言葉――「他の職種見てみなよ？　そんな制度ないでしょう。みんな，現場でタダで教えてもらってるじゃん。**そうやって現場で学ぶもの**でしょう？　医師だって，看護師だって」に注目したい。事務局長は，専門職に必要な技能は現場で，つまり所属する組織のなかで学ぶものと言っていたのである[1]。

　本来，暗黙知を含めた心理療法は現場で学ぶべきものなのだろうか？　現

---

[1] 元来，自営業的な民間資格の心理療法家と国がバックについている医師や看護師では学習モデルが異なって当然であるという考えもありうる。つまり，前者は現場の外で学び，後者は現場の中で学ぶということである。この考えも一理あるが，本書では現場の心理療法学習論を試みている。

場の「外」に学びにいく心理職は「おかしい」のであろうか？

　私自身を振り返ってみると，第3章で述べた心理療法の暗黙知を現場で誰かに教えてもらったという経験は，ほぼ皆無であったように思う。多くの職場は一人職場であったし，同僚がいたとしても指導をしてもらった経験はなかったからだ。やはり，心理職が置かれている教育システムは"特殊"なのだろうか？

　本章では，この事務局長の言葉を足掛かりに，次のことを試みたい。

　本来的には暗黙知はどのように学ばれるものなのかを整理したうえで，心理職がいかにして暗黙知を学びうるのかを考察する。それにより，心理療法を〈独学〉するための方法論の一端が明らかになるはずだ。

　なお，事務局長の言葉に真正面から答えるとするならば，心理職の教育システム自体の再考が必要となる。それはそれで大変重要なテーマだ。

　しかし，第1章でも述べたように，本書が目指すのは小さな話である。あくまでも現状の教育システムのなかで，個々の心理職がいかにして学びうるかに焦点を当てることにしよう。

1 暗黙知を学ぶ

　暗黙知とは，平たく言えば，経験や勘に基づく知識，あるいは個々人が身につけているけれど言葉には表されない知識といった意味合いである。
　そもそも，暗黙知はどうやって学ぶものなのだろうか。
　このことを知るために心理臨床の知見ではなく，他分野の力を借りて考えてみたい。ここでは，文化人類学者であり科学技術社会学者である福島真人の『暗黙知の解剖』（2001）と『学習の生態学』（2022）という2つの本を参考にする。
　前者は暗黙知とはいかなるもので，徒弟制といったシステムのなかでいかに学ばれるかを論じたものであり，後者は医療現場や原子力発電所など失敗が許されない現場で学習はどのようになされるかが書かれている。心理臨床に引き寄せつつ，できる限りかみ砕いて解説していきたい。
　暗黙知を学ぶ際のキーワードは「徒弟制」「失敗」「実験的領域」の3つである。次に見ていこう。

1 即興の徒弟制

　何らかの技能を学ぶ学習システムのひとつに徒弟制がある。徒弟制とは，漆器や織物といった伝統工芸品や歌舞伎や能といった伝統芸能などで伝統的に用いられてきた，親方や師匠に弟子入りするという教育・訓練制度のことである。
　しかし最近，徒弟制は「時代遅れ」とされ，評判が芳しくない。厳しい修行を通しても生活できる職にありつけないという現実や，「芸や技は見て盗

む」という伝統的な教え方の非効率性が強調されるようになったからだ。たとえば，何かしらの技能を学ぶために弟子入りしているにもかかわらず，なぜ親方の家の風呂掃除をしなければならないのか？　といった疑問が湧いてきたりするわけである。

最近ではホリエモン（堀江貴文）が「（寿司屋の）修業は，まぎれもなく時間の浪費だ」と発言し，YouTubeやレシピ動画を見ながら数カ月も真似れば，数十年修業した腕前と変わらないレベルの寿司を握れると主張している。実際，修業なしで店を開いてミシュランを獲得した寿司職人が出現して話題にもなっている。心理臨床の世界も他人事ではないだろう。

このように徒弟制自体は過渡期を迎えているわけだが，福島によると，複雑な構造をもった現代型組織の仕事現場でも「徒弟的関係のようなもの」，すなわち「即興の徒弟制」が観察されるという。たとえば医療現場では，先輩看護師と後輩看護師のあいだには師弟関係が成立しているわけではない。しかし，ある特定の状況やタスクに関しては，熟達水準をもとにして半ば制度化された緩やかな徒弟制が存在する。具体的には，採血はA先輩，看護日誌はB先輩，吸引はC先輩から教えてもらうといったことはよくある。このような関係を「即興の師弟制」と呼ぶのである。

とはいえ，実際の組織のなかで，即興の徒弟制が時間と労力を十分にかけて実施されるわけではない。現場は忙しい。新人に何かしら教える必要があることがあったとしても，教える側は絶えず忙しい業務の隙間でやりくりしなければならない。また，多岐にわたる業務はパッチワーク状で，断片的な課題が寄せ集まった構造になっている。そのため，即興の徒弟制のなかですべての領域をまかなうのは困難だ。

2 失敗と学習

暗黙知の学習のためには，失敗が必要である。「失敗から学ぶ」という言葉は誰もが聞いたことがあるだろうし，おそらく経験的に実感できるだろう（本書の第2章にも失敗が多く含まれていて，そこから多くを学んだからこそ，

私は第3章を書くことができた)。

　むろん，このことは心理臨床に限らない。たとえば，今では大成功しているユニクロは過去に野菜の通信販売事業に乗り出して大失敗をしている。Appleは「ピピンアットマーク」というゲーム機を販売したが，「世界一売れなかったゲーム機」としてギネス認定されている。ほかにも，今では滅多な事故が起こらない石油コンビナートは開発当初，頻繁に爆発事故が起こしており，その事故から担当者が装置の仕組みを学ぶ機会を得たことで，劇的に改善されていったという (中岡，1971)。つまり，売上低迷や故障や問題の発生といった「失敗こそが最も豊かな学習資源」(福島，2022) だったのである。

　しかし，「学習のためには失敗すればいい」という単純な図式では語れない。なぜだろうか。

　その理由の1つ目は，失敗にはコストが伴うからである。たとえば，医療現場での失敗は場合によっては医療事故となり，現代では即座に刑事訴訟に発展してしまう可能性がある。あるいは原子力発電所やコンビナートも同様に，失敗は致命的な損害を起こしかねないため，できる限り失敗が生じる可能性を排除した制度設計を行うことになる。つまり，いくら失敗が学習を促進しうるといっても，組織にとって失敗はハイリスクであり，ハイコストだということである。当然，失敗のコストが高すぎる仕事が新人に任されることはありえないだろう。

　2つ目は，組織化と学習のあいだにはパラドックスが存在するからである。全体のシステムの精度が向上して大きなトラブルの数が減れば減るほど，失敗を通した学習ができなくなる。爆発を繰り返していたコンビナートは次第に技術が向上して事故が激減していくが，安全になればなるほど職員は失敗から学ぶ機会を失うことになる。

3 実験的領域と制約

　「実験的領域」とは，組織のなかで実験的な試行錯誤を行ったり，何らかの探索行動を取ったりするための余地 (社会空間) のことである (福島，2022)。

簡単に言えば，無駄やコストをかけながら試行錯誤を何度も行うことを所属する組織が許容してくれるということだ。

　熊谷晋一郎（2022）が挙げている例がわかりやすい。脳性まひという身体障害をもっている熊谷は，小児科での研修医としてトレーニングを受けた際，患児の採血は試行錯誤の連続であったという。なぜなら，教科書の記述も職場で受け継がれている技も，健常な身体の仕様にカスタマイズされていたからである。障害をもった体で採血を行うための自助具を自作しながら悪戦苦闘したもののうまくいかず，皮膚のあちこちからカビが生えるほどに追い込まれていった。そんなとき，ある上司が「私だって，赤ちゃんの採血は難しい。何かあったら責任を取るから，思い切っていきなさい」と耳元で囁いた。この上司の言葉を聞いて，こわばっていた身体の緊張がゆるみ，研修医になってはじめて採血に成功したという。熊谷は，経験豊富な医師でも失敗することがあると共有してくれたこと，そして失敗に伴うリスクを上司が引き取ってくれたこと，この2つが「実験的領域」を切り拓いてくれたと述べている。

　この**実験的領域は組織ごと，状況ごと，さらには時間軸に沿って歴史的にも変化する**。

　新人教育のための人的資源が確保されている職場と，一人でも休めば仕事が回らない職場といった組織では異なるし，何らかの組織を立ち上げるときと，ある程度組織が完成形に近づいた時期では実験的領域は変化しうるということだ。

　福島（2022）によれば，実験的領域は以下の3つの制約の影響を受けるという。

①時間的制約

　師匠と生活をともにする徒弟制では学習のための時間が豊富にあるが，リアルタイムの実践は限られた時間内で終了しなければならず，実験的試行を行う十分な時間を確保するのは難しい。とりわけ，業務がパッチワーク状になればなるほど，教えるほうも教えられるほうも時間に余裕

がなくなる。

②経済的制約
　失敗には経済的なコストがかかる。料理人であれば食材をロスしたり，大工であれば材木を無駄したりといったことが起こる。もちろん，できる限り無駄にならないように余った食材や代替物で練習するといった工夫（おからとこんにゃくで寿司の握り方を練習するなど）は施されるだろうが，こうした失敗も経済的な損失とみなされることが多い。医療現場では，後進の教育は長期的には組織にとって経済的利益をもたらすが，短期的に見れば教育する側の稼ぎが一時的に減るため，組織にとって深刻な経済的打撃がもたらされる可能性がある。後進の教育は投資後の利潤回収にコスト（時間・労力）がかかるのである。

③法的制約（免責構造）
　美容師は前髪を切りすぎる可能性があり，看護師は採血の際に血管を傷つけてしまうかもしれない。こうした失敗が重要な学習資源になるためには，ある程度の免責構造が必要である。だが，現実にはミスをすれば精神論で怒られ，時にはクレームや訴訟問題へと発展するため，免責構造を確保することは難しい。そのため，医療現場などでは，新人が技術的に未熟な時期を経由する過程で生じる失敗に関して，組織的な免責の工夫が凝らされている場合が多い（例：許容できる範囲内でさまざまな投薬の可能性を試してみて，マイナス効果の責任は上級者が取る）。

2 暗黙知学習のルート
私の学び方

　以上のように，暗黙知は現場の即興の徒弟制を通して，実験的領域のなかで，失敗を繰り返しながら学ばれていく。なかにはそのように学んでいる人もいるかもしれないが，多くの心理職は「現場で教えてもらうなんて無理」「臨床のノウハウはスーパービジョンやセミナーで学ぶもの」などと思ったかもしれない（かつての私もそのように事務局長に答えている）。

　心理職にとって暗黙知を学ぶことは容易ではないが，不可能ではないはずだ。本書も私の暗黙知の蓄積であり，その暗黙知は私自身が編み出したものではなく，どこかで学んできたものの集合体である。

　しかし，私は暗黙知を「ここで学ぼう」とか「こうやって学ぼう」と意識的に学んできたわけではない。「気づいたら」学んでいたものである。そこで改めて第2章の事例を振り返り，暗黙知を学ぶうえで役立ったポイントを抽出してみたい[2]。

1 陪席の経験（事例B）

　病棟でのベッドサイド面接の事例Bで，私は大学院生時代の実習先での陪席場面を思い出していた。陪席では先輩心理士が患者と話す様子をカーテンごしに聞きながら，間の取り方，相槌の入れ方，声色の使い方を直に聞くと

---

[2] 私はスーパービジョンとパーソナルセラピーとセミナーも継続的に受けており，それらから学んだ部分も大いにあるが，すでに多くが語られているそれらとは別の学習ルートを考えるのが本書の主眼だ。だからこれら3つについては，本書に関係する範囲での言及に留めている。

いう体験ができた。

　当時は知識も経験もなかったため，それらを意味づけることは難しかったが，実際に臨床場面に出てから「先輩の聴き方となんか違うな」「この声の調子だと患者さんは受け止められた感じがしないかな」など【波長を合わせる】や【ポジショニング論】（第3章参照）について学ぶきっかけになった。

2 「一緒にどうにかしていこうよ」（事例B）

　事例Bの病棟連携は散々な結果に終わってしまった。改めて振り返ってみると，私はひとつ重要なことを取り逃していた。それは，事あるごとにリハビリ課長が「一緒にどうにかしていこうよ」と声掛けをしてくれていたことである。入職して間もなかった私はその言葉を聞き入れる余裕もなかったが，課長はその後も何かあれば同様の言葉をかけてくれた。その言葉は次第に私を落ち着かせ，いつしか私は課長と一緒に試行錯誤を始めるようになっていた。

　まさに「実験的領域」を切り拓く言葉になっていたのである。【多職種連携】は，そのなかで学ぶことができたと言えるだろう。

3 小さな勉強会（事例C）

　私は大学院修了後，ある勉強会に参加していた。当時は読書会の色合いが濃く，いわゆる有名な著者が書いた本を講読していた。その後，度重なるメンバー交代や方向性の変更を経て，ちょうど事例Cを担当していた頃，「日々の臨床的疑問について議論する」勉強会に変化した。全体で6，7人の小さなグループで，私よりもずっとベテランの心理士も所属していたが，「教えてもらう」という関係ではなく，あくまでもフラットな関係のなかで毎月のように議論した。

　時に白熱しすぎることもあったが，日々の臨床的疑問や苦悩が議論のなかで言葉になっていく感覚があり，慣習や教科書的考えから抜け出して「外

に目が向く契機にもなった。「脱神話」の発想や【親面接】【ソーシャルワーク的仕事】などはこの勉強会で培われたものである。

4 スーパービジョン（事例C・D）

　スーパービジョンはケースを理解し対応を学ぶうえで役に立つ。しかし，暗黙知の学習という観点から考えると，それだけでは不十分だ。ベテランになると自動的に行っていることも多いため言語化が難しいからだ。実際，事例Cではスーパーバイザーから多職種連携の重要性を指摘され，おそらくそのスーパーバイザー自身は臨床上でも実践しているように思われたが，私は十分に理解できなかった。

　一方，事例Dで別のスーパーバイザーから指摘された「話聴きすぎー」は暗黙知を学習するうえで非常に役立った。こうしたアドバイスのおかげで【話を聴きすぎない】【ゆるい構造化】といったことを学ぶことができた。

5 歯が立たないケースとの出会い（事例D・E）

　事例Dと事例Eは「歯が立たなかった」ケースだ。だが，振り返ってみると，そうしたケースとの出会いを経験したからこそ，【ポジショニング論】や【行き先会議】を学ぶことができたとも言える。事例Aから【文脈づくり】を学んだことも同じ理由かもしれない。

　心理職の失敗は中断の理由をクライエントに確認することができないというブラックボックス要素があるため，「失敗＝学習できる」という単純なものでもないが，失敗から学べることも当然ある。

3 暗黙知の学び方

　以上のようなルートで私は暗黙知を学んできた。あくまでもひとつのサンプルにすぎないが，この経験をもとに，心理職の暗黙知学習モデルの提案を試みたい。いわば，〈独学〉の方法論である。

1 同業種交流のすすめ

❶ひとりでやってみる──読書・シンポジウム参加（遠距離関係）

　まずはひとりで，現場の暗黙知について書かれた文献をとにかく読み，暗黙知を寄せ集めてみることも重要だ。暗黙知とは容易に語れるものではなく，書けるものでもない。しかし，臨床家が書いている論文には，多くの暗黙知が記されている。

　東畑（2023b）は，多様化している現代のなかで世間知（学校で学ばれた専門知を実用的に生かしていくために必要な世間についての知）を学ぶためには，社会学や人類学などのエスノグラフィ，当事者を取材したノンフィクション，当事者研究などを参照することを勧めている。特定の大家の理論体系を学ぶことも臨床家としての骨組みをつくっていくうえでは肝要であるが，暗黙知を学ぶには，このように多様な知を学ぶことが役立つ。暗黙知とは，多種多様な臨床知の集積だからである。

　暗黙知を学ぶためには，大家の論文ばかりではなく，（あまり名は知られていなかったとしても）現場で地道に臨床を行っている人たちの論文を読むこともお勧めしたい。というのも，実際にあなたと同じ領域で働いている臨床

家でなければわからない暗黙知は山ほどあり，そうした現場で働いていない大家には書けないことが書かれている可能性があるからだ。

といっても，大家の引用ばかりの論文もあるし，言語化能力が追いつかずに暗黙知を表現しきれない論文もある。論文を読む側も見る目を養わなくてはならない。

また，各学会で行われている小さなシンポジウムに参加することもお勧めしたい。そうした場では学会のシンポジウムや論文などでは論じられない実際の現場のコアなテーマが議論されたり，現場で行っている細やかな工夫が語られたりするからである。たとえば，日本心理臨床学会には「自主シンポジウム」というカテゴリーがあり，シンポジウムの数が多くテーマがバラエティに富んでおり，自分が知りたいニッチな臨床的工夫に出会える可能性がある。

❷小グループに入る，作る ── ピアグループ／ピアSV（並列関係）

3, 4人から10人くらいの小さなコミュニティに入るか，コミュニティを作るのもお勧めだ。伊藤ほか（2023）は『心理職の仕事と私生活』のあとがきで，「切磋琢磨する仲間と夜中まで臨床の勉強会をした」時期を振り返っている。そのようなフラットな関係のなかで，自分が現場で感じている疑問や言葉にならない違和感を「ああでもないこうでもない」と語り合うことが重要である（体力と時間があるうちに）。

暗黙知を学ぶという観点に立つと，小グループはいくつかの点で役に立つ。

1つ目は，普段の実践を言語化できるからである。検討会や学会でケースを検討する機会はよくあるかもしれないが，そうした場では特別なケースを特定のオリエンテーションの切り口から検討する場合が多い。発表者もカンファレンス用の他所行き仕様の語りになりがちだ。普段の実践を語ったり，そのなかで生じる疑問やアイデアをテーマに議論したりする機会は意外と少ない。そうした点に焦点化した議論は，自分が当たり前に行っている実践を言葉にし，考え直す機会になる。

2つ目は，他の参加者が埋もれている暗黙知を掘り起こしてくれるからである。普段，自分が当たり前のように行っていることの価値を自分自身で見つけることは難しい。しかし，他の人からすると違って見えることは多く，「それ，良い工夫じゃん」などと言ってもらえたりする。そのギャップを話し合うなかで，自分では大したことがないと思っていた実践やアイデアが重要な暗黙知であると発見できる。

　3つ目は，他の参加者の工夫を聞くことで，自分の実践の暗黙知を学べるからである。たとえば，私が所属していた勉強会にはひきこもり支援を専門にしている人がいた。彼の実践を聞くことで，私は自分が普段会っている不登校の子どもの面接で自分に足りていなかったコツのようなものを理解できた。あくまで一例であるが，このような学習の相互作用が生じる。

　こうした効果を生み出すためには，「先生」に教えてもらうよりも（もちろん，そうした勉強会にも意義はあるが），フラットな関係の人たちが集まるほうが良い。ダルク女性ハウス代表の上岡陽江（2023）はグループ運営について語るなかで，権威を捨てて対等に話し合う過程を通して参加者自身の「自分の言葉」が生まれてくるという。偉い先生に「教えてもらう（言葉をもらう）」姿勢では，自分自身の実践の言語化が促される可能性は乏しくなるだろう。

❸チューターを見つける ── ピアSV（先輩・後輩関係）

　スーパーバイザーは理想化の対象となりやすく，絶対視されることが多い。とりわけ，熟練した臨床家の場合，アドバイスが至言であることが多く，時にその含みが漂白された標語のように伝わってしまうことがある。このようなとき，熟練者の言葉は元来の意図とは異なった意味で伝わりやすい。まさに本書でも述べてきた「誤学習」が生じる瞬間だ。

　そのようなことを避けるためには，第三者の存在が必要である。東京大学精神医学教室で行われている精神療法トレーニングTPAR（Training in Psychotherapeutic Approaches for Residents）（藤山・笠井，2020）では，トレー

ニーがスーパービジョンを受ける際に「チューター」を付けるという。チューターはスーパービジョンに同行し，スーパーバイザーとは異なる考えを投げかけ，スーパーバイザーの考えが相対化されていく。

TPARのようなオフィシャルなチューターを得ることは現実的には難しいかもしれない。でも，「チューター的存在」なら，可能かもしれない。職場の同僚，研究会で知り合った人，大学院時代の先輩……できれば，自分よりも少しだけ経験があり，萎縮しないような間柄で，あなたの質問を面白がってくれる人が望ましい。予備校や塾のチューターのような存在だ。そのためにも，あなたの問いを意中の誰かに投げかけてみよう。空振りしたら，別の人に投げかける。投げかけつづけていれば，いつかあなたのチューターが見つかるはずだ。

❹スーパーバイザーに「翻訳」してもらう──個人SV

私はスーパーバイザーに「話聴きすぎー」と言われる前から，「退行」には良性と悪性があり，悪性の退行が生じることはクライエントに不利益を被ることになると知っていた。にもかかわらず，「退行」させてしまった。

退行について理解が進んだのは，スーパーバイザーが「退行させてはダメだよ」を「話聴きすぎー」という言葉に翻訳してくれたからだ。つまり，「退行させる」という抽象水準から「話を聴きすぎる」という具体水準の言葉に言い換えられることにより，イメージしやすくなったのだ。このようにある概念を学習者がわかる水準の言葉に「翻訳」することが，暗黙知の学習においては非常に重要な役割を担っている。

とはいえ，臨床経験が浅いセラピストはスーパーバイザーを「パワーと権威，専門性の高いプロと認識し，逆に自分を非力で専門性の低い未熟者と位置づけ」（平木，2011）がちである。とてもじゃないが，「ちゃんと翻訳してください！」とは言えないかもしれない。

しかし，臆せずに質問してみることが重要である。「どうして話を聴きすぎちゃいけないんですか？」「退行すると，どうまずいんですか？」「セラピ

ストって話を聴くものじゃないですか？」と。勉強不足だと思われる，恥ずかしいといった考えが襲ってくるかもしれない。しかし，スーパービジョンにおける「恥」は，クライエントの痛みや苦しみの体験への共感性を高めたり，関係性のなかで葛藤を取り扱ったりといった臨床家としての成長のチャンスとなりうる（岩壁，2019）。それに，質問しなければスーパーバイザーもスーパーバイジーがわかっていないことを把握できない。

　質問する際のポイントは，スーパーバイザーが「どこから」「どのように」考えたのかという思考のプロセスを追いながら，同時にわかる言葉に置き換えてもらうことである。思考のプロセス自体を学ばなければ，別の場面に応用することは難しい。真っ当な臨床家なら，あなたの問いに誠実に答えてくれるはずだ（答えてくれないなら，別のスーパーバイザーを探したほうがいいだろう）。

　以上のように同業種交流における学習のポイントは，徒弟制のような師匠をつくることではなく，自分の抱いている疑問を育てるための「触媒」となったり，知識と体験の「間」を埋めてくれたりする人や場所との出会いである。

✤ ハードルが高いと思うあなたへ

　と，私なりの学び方を書いてきたが，こんなふうに思った方もいるかもしれない。「勉強会を一緒にする人なんていないし」「先輩は怖いし」「そもそも友達もいないし」（これらはこの章を読んだ同僚から実際に言われた言葉である）。たしかに，大学院を修了したての私が読んだら「ハードル高すぎだろ」と思うことだろう。

　そのような方にお勧めしたいのは，可能な限りハードルを低くする方法である。

　小グループを作る前に，大学院の同期に面白かった本を紹介してみたり（LINEでAmazonのURLを送る），自分なりのブックリストを作ってみたり。スーパーバイザーに翻訳してもらう前にカンファレンスに参加したり，カン

ファレンスの最中は緊張するから終わった後に質問してみたり。チューターを見つける前に，先輩と雑談したり，所見のチェックをしてもらったり。論文を書く前には臨床日記を書いてみたり，学会に参加してみたり……

自分にできそうなことから挑戦してみて，少しずつステップを刻んでいけばできることは少しずつ増えていくはずである。

2 異業種交流のすすめ

❶ OJT（オン・ザ・ジョブ・トレーニング）をお願いする

OJTは学習者が自分で立てた見立てや方針を「具体的な文脈で修正していく」（福島，2022）ことができるところにその利点がある。つまり，教科書的な学習だけでは通用しない実践的な知をまさにその場で学ぶことが可能なのである。

精神科医の宮地尚子（宮地・村上，2023）は「優れた臨床家の場合，その人について回って一緒に時間を過ごしていると，『間』の取り方や声の出し方などからその人の臨床観が立ち現れてくることがある」と語っている。「ついて回る」という体験は観察しながら肌で感じるという意味で，徒弟制における「感覚的な陶冶」「きわめて微細な差異を知覚し分ける能力」（福島，2001）に近いものを習得できる。

実際，CBTや家族療法ではベテランセラピストの面接に若手が陪席してOJT的に学ぶことがあるというが，一般的には面接空間に第三者が入ることは忌避される傾向が強い。その理由は，面接空間に第三者が入るということの侵襲性や守秘性の問題が懸念されるためである。そうした可能性は十二分に検討されるべきであるが，現状では必要以上にOJTが忌避されている面もあるかもしれない。

制度的にOJTを取り入れている職場は稀だと思うが，積極的にOJTの可能性を探ってみよう。インテンシブな心理療法の陪席は難しくても，心理教育プログラムやグループ療法であれば陪席させてくれるかもしれない。先輩に

ついて回っていれば，廊下で患者と話す場面に遭遇することもある。そうした場でも（いや，そうした場こそ），セラピストの心理療法のエッセンスは活かされているはずだ。私は医師と一緒にグループ療法を行ったことがある。参加者からの質問への返し方や講義の途中で挟まれるちょっとした「小話」から学ぶことは多く，その後の自分の臨床の引き出しが増えたように思う。

職場で学びたい臨床家と出会ったら，多少煙たがられたとしても，「見学してもいいですか」「ついて回ってもいいですか」と聞いてみよう。まさに百聞は一見に如かずである。

❷ 多職種による即興の徒弟制を試みる

心理職は一人職場が多いため，現実問題として心理職間で即興の徒弟制が成立する職場は非常に限られているだろう。しかし，現場で学べるのは心理職からだけではない。

船舶航行のためのチームワークについて調べた認知人類学者のハッチンズ（Hutchins, 1995）は，たとえば羅針盤が故障してしまった場合，その機能を複数の人々が即興的にカバーできるのは，分業の仕分けが相当に冗長（redundant）であるからだと述べている。冗長とは，「余分」や「重複」のことである。心理職の仕事には心理職のみが行う専門技術もあれば，他職種と重複する部分もある。その重複した部分については，他職種から学ぶことは十分可能だろう。

沖縄の小児科医である勝連啓介（2020）は，沖縄のように人的資源が限られた土地で子どもの心の診療に精通した小児科医になるための訓練について論じるなかで，小児科の指導医だけでなく，保健師に同行しながら学んだと述べている。このように他職種から教えてもらうことも重要だろう。

第3章の「距離的ポジショニング」で，絶妙な距離感の看護師を紹介した。病棟で看護師やリハビリスタッフが患者と話す姿を観察することは非常に役立つ。もちろん，看護師やリハビリスタッフは身体接触などの点ではコミュニケーションの取り方が異なる部分もあるが，それでもその現場ならではの

知を学ぶことは可能だろう。

　そうした関係性をつくるためには，他職種との共同作業が重要である。グループ活動や勉強会などを通して一緒に成し遂げた体験があると，相手のパーソナリティや職種についての理解が進むと同時に，双方に学び合う関係性を築きやすくなる。そうしたなかで，気づいたら「即興の徒弟制」になっているというのが理想的だ。

❸儀礼化を破壊する

　どのような職業であっても，ある程度の経験を積んで，仕事上で生じる事態のバリエーションを一通り経験し，自信がつくと，細部への注意を怠って危険を招くと言われている。こうした流れ作業的な仕事になってしまうことを「儀礼化」（福島，2022）と呼ぶ。たとえば，警察官は5年目が最も死の危険が高まるとされ（Weick, 1979/1997），あと一歩で一人前のクレーン技師は下で働く人とタイミングを合わせずに物を運んで事故を起こすことが多いという（中岡，1971）。

　私たちの仕事も慣れてくる頃が危ない。クライエントに致命的なミスを犯す形で表れることもあれば，セラピストとして仕事を継続すること自体が難しくなる場合もある。

　<u>なかでも，儀礼化によってクライエントへの関心を失ったまま流れ作業的に臨床を行うようになるのが最も危険なことである</u>。この状態が続くと，いずれクライエントもセラピスト自身も蝕んでいくことになるからだ。

　とはいえ，すぐに致命的な事態が生じるわけではない。初心の頃と比べると技能がついており，関心の減退は進んでいるけれど，それなりに臨床の成果をあげられるからだ。また，作業が効率化されていくこと自体は必要なことで，さもないとパンクしてしまう。しかし自動化のプロセスは同時に，流れ作業になるリスクが高まるうえに，新たな学習を阻害するという点で厄介なのだ。

　その意味では，「臨床への関心を失う」「臨床が面白いと感じなくなる」は

臨床家にとって危険なサインと捉え，暗黙知の学習が止まっている可能性があると疑ってみる必要があるだろう。

儀礼化が起こっている最中に，自らそのことに気づくことは難しい。儀礼化とは，自分でも気づかないうちに起こっている，「非反省的になっていくプロセス」（福島，2001）なのである。だから，<u>**現場にいる他職種からツッコミを入れてもらう**</u>ことが大切だ。なぜ他職種かと言うと，ツッコミを入れるためには，現場知をもとにした「微細な違和感」が必要だからだ。たとえば，これまでよりもクライエントに対する対応が雑になったり，ケースカンファレンスで良い報告しかしなくなったりといった点に気づいてもらい，ツッコミを入れてもらうのだ。

私もちょうど5年目くらいの頃に当時の上司（男性看護師）から「俺は心理のことは知らんけど，それはちょっと違うんじゃないのか」とツッコミ（説教？）を入れてもらい，自分の臨床が流れ作業的になっていることに気づけたことがあった。自分で反省（内省）することができないのが儀礼化の特徴だ。であれば，人（他職種）に頼るしかないのである。

❹実験的領域をつくる

心理職にとって実験的領域をつくることは原理的に難しい。しかし，つくれないことはない。その鍵も他職種が握っている。

医療であれば医師や看護師，学校であれば教員，福祉であれば福祉士や介護士など，私たちは多職種に囲まれて働いている。実験的領域は同じ職種のなかでつくられるものではなく，組織のなかでつくられるものである。そのことを踏まえると，実験的領域が生まれるか否かは，多職種との関係性をいかにつくれるかにかかっている。

ひとつ例を挙げておこう。私は職場でゲーム依存のプログラムを担当している。この数年，子どものゲーム依存は深刻化しており，関連書籍を参考にしながらプログラムをつくったが，実際に運用してみると，困難の連続だった。というのも，ゲーム依存と一口に言っても，不登校や発達特性などその

背景は多岐にわたっているうえに，親子関係が複雑に絡み合っており，いざプログラムを始めると親子喧嘩が勃発し，プログラムどころではなくなるからである。しかし，親からは「何とかゲームを止めさせてほしい」と強く要望され，プログラムがうまくいかないと診察も中断してしまうのではないかと不安に苛まれていた。

そんなとき，ある医師がゲーム依存のプログラムを受けた親子の反応をフィードバックしてくれた。「ゲーム依存のプログラムって難しいよね。人によって響き方も違うし，親子間でも全然違ってくるし。でも何回かやってみないとわからないし，そのなかでまた修正していけばいいんじゃないかな。何かあれば診察で何とかするし，また反応を伝えるね」と言ってくれた。その言葉は，失敗に伴うリスクを医師が引き受け，試行錯誤を後押ししてくれるという意味で，「実験的領域」を開いてくれたように私には感じられた。

その医師は「実験的領域をつくる」などと考えて言葉を発したわけではないだろう。もしかしたらすでに忘れてしまった些細な言葉だったのかもしれない。しかしこの出来事は，少なくとも私にとって，心理職における実験的領域の可能性を示してくれたように感じられた。

以上のように自分が働いている臨床現場の「中」で学習するポイントは，**心理職以外の他職種とつながりをつくって実地訓練的に教えてもらったり，ツッコミを入れてもらったり，試行錯誤できるような職場環境をつくったりして，「外」に開かれていくことである**。もちろん，ただ教えられるばかりではなく，多職種チームに機会があればアドバイスをするなど，ギブ・アンド・テイクの関係を築くことも忘れずに……

❖ ハードルが高いと思うあなたへ

ここまで多職種の重要性を述べてきたが，「即興の徒弟制」「実験的領域」などと言う前に，まずは多職種とフラットに話せるようにならないといけない。そのためには，挨拶から始めよう。もし控室が同じなら，個包装のお菓子を

差し出したり，おみやげを渡したりすることも超重要なコミュニケーションである（実際に効果があると思う）。医師や看護師や教員に話しかけるのは気が引けるなら，話しかけやすそうな清掃員や送迎バスの運転手や用務員に話しかけてみよう。徐々に職場に馴染める感覚をもてるかもしれない。

そうやって少しずつ積み重ねていくうちに，気づいたらOJTや即興の徒弟制をお願いできる関係性になっている……実際，職場とはそういったものなのではないだろうか。

結　論

　本章では，事務局長の「他の職種見てみなよ？　そんな制度ないでしょう。みんな，現場でタダで教えてもらってるじゃん。そうやって現場で学ぶものでしょう？」という言葉を出発点として，どうすれば心理職が現場で暗黙知を学ぶことができるのかを論じた。

　当時の私は「心理の世界ってそういうものなんすよ」としか答えられなかったが，今の私だったらこう答えるだろう。

　「たしかに医師も看護師も現場で学んでますけど，でもそれって公的な制度が支えてる部分がかなり大きいんですよ……公認心理師制度ができて変わってきましたが，これまで心理職は国に支えられていなかったから，お金がないのに外に学びに行かざるをえないところがあるし，心理には心理の苦労があるんです。ただ，事務局長が言うように現場で学ぶっていう視点は大事ですね。それは私に欠けていた視点だと思います。現場でも学びようがあるというか，工夫が大事というか……一人職場なら他職種に学べばいいし，外でもお金をかけない学び方がありますね。そういうことが，少しはわかってきました」

事務局長からは「やっとわかったの？　遅いねー，君（笑）」と言われそうだ。
　たしかにそうだ。もう少し早く気づけたら，私の学びは進んでいたのかもしれない。
　その時間を取り戻す意味でも，本章では私なりの独学の方法論を述べた。いずれにしても，このように学び方自体を考えてみることは，現場の暗黙知を更新し，再び迷子に陥ることを避ける手助けになるだろう。

第 5 章

「臨床的問い」を理論化する

独学から小さな理論へ

「既にそこにあるもの」という言葉は，
あれから自分の中で微妙な発酵を繰り返しつつ，
時に内側からこちらに不敵な笑みの挑発を繰り返す。
（大竹伸朗『既にそこにあるもの』）

最後の第5章では，独学を深化／進化させていく方法を考えたい。その方法とは，自らが理論をつくり，それを文字にしていくことである。
　「理論」という言葉は大げさに聞こえるかもしれない。でも，あまり難しく考えなくても大丈夫だ。出発点は，あなたが今働いている臨床現場である。日々の臨床に潜む「既にそこにあるもの」を眺めてみて，そのなかから浮かび上がってくる「問い」を見つけることが大切だ。その問いを先人たちの知見と照らし合わせながら，自分の考えを組み立てていく。
　つまり，理論をつくるとは，素朴な疑問から自分の考えを積み上げていく作業である。そうした作業によって自分の臨床や先達たちの理論を相対化できると，教条化から抜け出せるはずだ。
　何かを学ぶとき，教条化はどうしたって起こる現象である。よく言われる「守，破，離」の「守」の一部でもある。とはいえ，どこかのタイミングで抜け出す必要がある。そうでないと，いずれセラピストとしての成長を促進してくれる「さまよい」ではなく，行くあてのない「迷子」を続けることになってしまう。
　第5章では，私なりの「理論制作キット」を示す。といっても，歴史に名を残す臨床家が打ち立てるような大きな理論ではない。「小さな理論」で十分だ。今あなたがいる現場で，あなたがつくりあげる小さな理論のことである。はじめてのDIYで作る棚のように，不格好であっても全く問題はない。「自分の手」でつくってみることが大切だ。それは独学の成果を形にすることでもある。
　各臨床家が独学を続け，自分の小さな理論を積み上げていくことこそが，きっと心理臨床の世界を発展させると私は考えている。

なぜ心理療法の「教条化」「神話化」は起こるのか
『かもめのジョナサン』(完全版)から

『かもめのジョナサン』という小説をご存じだろうか。アメリカの作家リチャード・バックによる物語はこんなあらすじだ。

物語は,海辺の町で暮らすカモメの群れを舞台に展開する。主人公のジョナサン・リヴィングストンは,仲間のカモメたちのように毎日餌を採るだけの暮らしに満足できない。空高く飛ぶこと,新しいことを学ぶことに情熱を燃やす。両親は「カモメらしく生きろ」と言うが,彼にはそれができなかった。カモメの伝統的な生活規則に反する行動を続け,ついには他のカモメたちから排斥されてしまう。
　それでも「飛ぶ歓び」「生きる歓び」を追い求めて飛行技術の向上を目指したジョナサンは,普通のカモメを遥かに超えた飛行能力を身に付ける。さらに彼と同じように飛行に取り憑かれたカモメたちが暮らす世界に入りこんだ彼は……

同書は寓話的小説と評され,1970年代のヒッピー文化とあいまって世界的なベストセラーになった。当時発表されたのは第3章までだったが,四半世紀経った2014年には第4章を追加した「完全版」が出版された(バック,2014)。
　第4章では以下のような展開が描かれている。

第3章でジョナサンは「わたしを神様にまつりあげたりしないでおくれよ」と言い残して姿を消す。しかし,彼の不在後を描いた第4章では,

子どもや孫世代にあたるカモメたちがまるで神のようにジョナサンをあがめる様子が描かれている。ジョナサンの教えは絶対的なものとみなされ，次第にジョナサンのみならず直弟子たちまでも神様扱いされ，ジョナサンの教えは形骸化していく……

注目したいのは，ジョナサンの教えが教条化され，神格化されていく過程である。ジョナサンは自身が神格化されることを否定していた。同じように，ジョナサンの直弟子もジョナサンを神格化することを是としなかった。にもかかわらず，ジョナサンは神格化されてしまった。なぜだろうか。

あとがきで訳者の五木寛之は「ジョナサンの飛び方を憧れたカモメたちの間に，ジョナサン教が生まれ，飛ぶことよりもジョナサンの秘儀を語ることが彼らの関心事となっていくのは象徴的だ」と述べている。ジョナサンという特定の対象が神格化されることもさることながら，その過程のなかで形骸化した秘儀の語りにカモメたちが夢中になっていく様は，神話形成のあり方をよく表していて興味深い。

第3章で扱った「傾聴」や「枠を守る」といった心理療法の教えにも，元来は目的や意味が内在していた。しかし，使い込まれていくうちに形骸化し，儀礼化されていってしまったのである。

ジョナサンの物語が教えてくれるのは，**何かを学ぶ際に教条化や神話化が起こるのは必然である**ということだ。いくら創始者が否定したとしても——。

だとすると，どうしたら教条化や神話化から抜け出すことができるのだろうか。そのヒントもまた同書のなかにある。

物語の最後に，アンソニーという一羽のカモメが登場する。彼はジョナサンにまつわる儀式や儀礼を拒み，"ジョナサン教"のカモメ集団から浮き，深い疎外感に襲われ，死を思うところまで追い詰められる。しかし，時空を超えてやってきたジョナサン（あるいはジョナサンの幻影）との対話を通して，**自分なりに飛ぶことの意義や生きる意味を見出した**ところで物語は幕を閉じる。

つまり，この物語は単に教条化や神話化の末路を描いたわけではなく，最終的にはそれらを否定する過程を描いているのである。
　物語の最後の場面は示唆的である。教条化や神話化から抜け出すためには，ジョナサンの真似をするのではなく，アンソニーのように自分なりの飛び方を見つけ出さなければならない。心理臨床家で言えば，**自分の臨床を自分の言葉で語り，理論化し，自分の心理療法をつくる**，ということだ。先人の考えをなぞるだけでなく，自分なりに自分の臨床を言葉にすること——それこそが「心理療法の教条化」を避ける方法になるはずだ。
　大それたことに聞こえるかもしれない。けれど，今から述べることはそんなに高尚でもなければ小難しいことでもない。だから，あまり構えることなく，読み進めてもらいたい。

② 「臨床的問い」を理論化する

　ここからは早速，日々の臨床を理論化する方法を示してみたい。いわば，私なりの理論制作キットだ。
　なお，臨床における「理論」には2つの側面があると私は考えている。
　ひとつは，単一事例からつくられる個別理論。心理療法においてあるクライエントの心と取り組むうえで，個々の言葉や現象を理解するセラピストの営みを対象化した理論である。もうひとつは，複数事例を総合した一般理論。いわば，複数のクライエントの理論を総合して組み立てるなかで方法論として結晶化し，一本の筋あるいはひとつの体系として一般化された理論である。
　本書では前者を含み込んだ後者の意味で「理論」という言葉を用いる。臨床的問いを理論化するステップは全部で4つある。順に説明していこう。

1 ステップ1――「既にそこにあるもの」を眺める

　理論をつくるというと，「すごいことを言わなければならないんだ！」などと，つい意気込みたくなるものである。私の知り合いは「フロイトの夢分析のような理論を考えなければいけないと思っていた」と言っていたが，気持ちはわからなくもない。
　臨床を初めて5年目くらいまでの私は「そこにないもの」ばかりを探していた。セミナーや本で「美しい解釈」や「モデルのような精神分析的な実践」を聞きすぎたせいかもしれないが，自分の日々の臨床ではほとんど行っていないようなことを追い求めていた。そして，そうした臨床を行えていない自分は不十分でダメな存在だと責めていた。

しかし，それはおかしな考えなのかもしれない，あるときにそう思った。
「そこにないもの」を探すとは，日々の臨床にないものを無理やり探し求めるということである。そうではなく，自分の臨床現場で「既にそこにあるもの」（大竹，2005）に注意を向けることこそが，自分の臨床を言葉にするための第一歩だ。

そもそも，臨床家それぞれが日々体験している臨床経験こそが最も大切な情報であり，現代の臨床を直に反映している。

「一次情報，二次情報，三次情報」という言葉をご存じだろうか。一次情報とは自分が見聞きした情報，二次情報とは人から聞いた情報，三次情報とは情報源が不明な情報のことである。なかでも情報の独自性が最も高いのが，一次情報なのである。

だから，「理論化のために素晴らしい素材を見つけなければ」と意気込む必要は全くない。血眼になって探す必要もない。素材は既にそこにあるはずだ。落ち着いて，自分のいる場所を眺めてみよう。何が見えてくるだろうか。

とはいえ，「既にそこにあるもの＝一次情報」を発見するのは案外に難しい。なぜなら，二次情報・三次情報が教条化・神話化され，一次情報を上書きしてしまうことがあるからだ。私の場合，「毎週で行う心理療法こそが本物の心理療法である」という二次情報・三次情報に囚われ，「隔週」や「月１回」の事例という一次情報が見えづらくなっていた。

もちろん，囚われている内容は人によって異なる。あくまでも私の場合は心理療法の「頻度」に囚われており，いわば曇ったメガネをかけていたということだ。教条化・神話化がやわらいでメガネが外れたとき，自分の現場をしばらく眺めていたら，私にはようやく<u>「隔週」「月１回」の事例が見えてきた（一次情報の再発見）</u>。また，それらの事例は短期間で終わるのではなく，長期にわたることも少なくなかった。

2 ステップ2──「臨床的問い」を手放さない

　そうやって自分の現場にある「既にそこにあるもの」を眺めていると，ふと疑問が湧いてくることがある。ここではそうした疑問を「臨床的問い」と名づけたい。

　同僚に臨床的問いは何かと尋ねてみたら，「後悔と自責ってどう違うんだろう？」「患者さんが言いかけてやめたときって，つっこんで聞くべき？　待ってるべき？」という答えが返ってきた。

　親面接を担当する機会が多い私は，親面接のときにふと迷うことがある。母親を何と呼ぶべきなのかわからなくなるのである。「お母さん」なのか，姓なのか，下の名前なのか，どれが適切なのかわからなくなり，呼ぶことをためらうのだ。臨床的問いとは，そういった素朴な疑問のことである。

　もうひとつ別の臨床的問いも紹介しておこう。

　先ほど，私は自分の現場を眺めてみたら「隔週」「月1回」のケースが見えてきたと述べた。実際，私が働く病院では，ほとんどのケースが隔週で，月1回やそれよりも低い頻度のケースも多い。一方，別の職場の開業臨床では，病院よりは週1回のケースの比率は高いけれど，隔週や月1回のケースも多く担当している。つまり，私のいる現場から考えると，隔週から月1回，あるいはそれ以下の頻度の面接こそが「普段の臨床」なのである。さらにそうした事例は2，3カ月といった短期間で終結するものではなかった。

　しかし，特に精神分析の世界では週1回以上の頻度が学会発表や論文投稿の要件になっていて，発表できないという現状がある。初心者の頃の私は「そういった構造が守られてこその精神分析的心理療法だ」と考え，低頻度の面接が取り上げられない現状に疑問をもつことはなかった。そのため，週1回以上の精神分析的心理療法のケースを発表しつづけていた。「教条化」「神話化」の好例である。

　それはそれで意味のあることだったとは思う。発表してよかったとも思っている。けれど発表しながら，どこか自分の臨床を自分で否定している感覚がつきまとった。それは，普段自分が最も行っている形式の臨床であるにも

かかわらず，表に出すことを躊躇したくなるような，「後ろめたさ」を伴う感覚でもあった。そうした感覚を抱いているのは，私だけではなかった。「このケースは隔週だし……」「不定期だしちょっと発表はできないかな」と，学会発表や論文投稿に対してどこか萎縮している人が周りにはたくさんいたのである。

私はこの後ろめたさについて考えているうちに，<u>こうした感覚はどうして生じるのかという疑問を抱くようになっていった</u>。疑問を感じはじめると，日々の臨床と学会というアカデミズムのあいだには大きな乖離があるように思えてきた。

さらに考えつづけていくうちに，<u>そもそも低頻度かつ長期のケースの治療的作用とはどういったものかという問い</u>が生まれた。以来，これが，私の臨床的問いになったのである。

3 ステップ3 ──「臨床的問い」を見つける

とはいえ，「どうやって臨床的問いを見つけたらいいかわからない」と思う読者もいるかもしれない。もっともな意見である。「問い」なんて悠長なことを言っていられない現場で働いている人もたくさんいるし，そもそも疑問が湧いてこない人だっているだろう。

そこで，臨床的問いを見つけるための私なりのポイントを挙げてみたい。

❶ かすかな違和感

まず，かすかな違和感を大事にすることである。おそらく臨床現場にいれば，「何となくひっかかる」「なんだろう，この感覚」といった感覚を体験するだろう。そこに問いが隠されている。

> 例：「ASDの男性クライエントは何となく体毛を嫌がる人が多い気がする」

❷「当たり前」を疑う

　特定の領域で仕事を続けていると，気づかないうちにローカルルールや暗黙の教えが刻まれるようになり，自分のなかに「当たり前」ができていく。それは臨床に役立つこともあれば，逆に足かせになることもある。「当たり前とされているけど，そもそもどうしてなのか？」と疑ってみるとき，すでに臨床的問いが浮上している。

　　　例：「体毛を嫌がるのはASDの感覚過敏によるものと考えられる。でも，それは本当か？」

❸問いを小さくする

　だが，せっかく問いを見つけても，あまりに大きすぎると理論化は難しい。以前，私は親面接についての論文を書いたことがある（山口，2021）。なぜ書こうと思ったかと言うと，親面接に苦戦していたからだ。最初は「親面接の難しさ」について自分なりにまとめようとした。しかし，全然まとまらなかった。親面接の難しさはどんな角度からも考えられる大きすぎる問いだったからである。

　問いを小さくするポイントは，答えが無数に出てきそうなものではなく，答えがある程度限られそうなものまでサイズを変えてみることだ。

　　　例：「ASDのクライエントの感覚過敏について」＝大サイズ
　　　　　「ASDの感覚過敏と第二次性徴の関係性について」＝中サイズ
　　　　　「感覚過敏がASDのクライエントのジェンダーの揺らぎに与える影響について」＝小サイズ

❹それでも難しいと感じたら

　臨床的問いが生まれたら，次はいよいよ小さな理論をつくりはじめるとき……だがその前に，ひとつ言っておきたい。もしかしたら，次のステップ4はハードルが高いと思う読者もいるかもしれない。臨床に出たばかりの頃の自分が読んでも，おそらく「理論化なんて無理でしょ」と鼻で笑ったことだろう。

　その場合には，ステップ3までで十分だ。自分のなかに問いをもつ自分が生まれるだけでも，「当たり前」を対象化する力はついている。当たり前を問うことは，目的を問い直すことでもある。「何のために傾聴するのか」「何のために枠を守るのか」と考えることができれば，**教条化や神話化から抜け出す足掛かりとなる**。

　だから，もしステップ4が難しかったら，付箋でも貼って本書を一旦閉じてもらって構わない。また気が向いたときに付箋の箇所から読み進めてみてほしい。

4 ステップ4──「小さな理論」をつくる

　ステップ4では，第2章で紹介した事例Fをもう一度取り上げる（書籍化にあたってFには書面にて同意を得ている）。

　なぜこの事例を取り上げるのか。普段の臨床現場でよく行われている「既にそこにあるもの＝低頻度かつ長期の事例」であり（ステップ1），「低頻度かつ長期の治療的作用ってどういうものなんだろう？」という臨床的問い（ステップ2）の題材にふさわしいと思ったからである。

　小さな理論化にあたっては「自立性」「リズム」「物語性」「終結」という4つの視点からアプローチを試みる。詳細は後ほど示すが，いずれも低頻度かつ長期の面接を特徴づける視点である。これら4つの視点から事例を読んで自分なりの考えを浮かべてもらえると，後に説明する私の考えとの対話が展開されるかもしれない。

まずは事例を紹介しよう（解説はp.244から再開する）。

事例F 「待つということ」

❖ 第2章・事例Fの要約

　クライエントは開業心理オフィスで出会った40代半ばの女性F。「バリバリのキャリアウーマン」だったFは，出産子育てを機にキャリアを断念せざるをえなかった憤りから，夫や長男とぶつかるようになり，家族不和が長年続いた。

　そんななか，長男が両親の目の前でリストカットを行い，長男への対応を主訴にEAP（Employee Assistance Program）経由で申込があった。当初は「息子と夫とは何年も同じことを繰り返しているから行き詰まっているし，自分を変えたい」と語り，内省的な心理療法のニーズがあると思われた。

　しかし，精神分析的心理療法を導入してみると，キャンセルが続いて「お金がもったいないので，自分で何とかします」と申し出があったため，再契約を行った。問題解決的な面接を数回行って一旦終了となったが，1年後に再び来所した。夫と別居し，職も失ったFは長男との関係修復を求めたが，経済的な事情から2，3カ月に一度の頻度で訪れることが精一杯であった。セラピストは悩んだ末に面接を再開した……（以下は，その続きの経過である）

❖ 心理療法「未満」?

　とはいえ，私は葛藤しないではいられなかった。
　もはや，「最終兵器・精神分析」思想はなくなっていた。
　この数年間，さまざまな経験を経て，「精神分析的心理療法はあくまでもひ

とつの治療法にすぎない」と，相対的に眺められるようになっていた。
　しかし，同時に精神分析的心理療法のケースとその訓練を経験するなかで，内的対象関係が変化することの難しさを身に染みて感じていた。

　もちろん，Fとのあいだで内的対象関係の変化を目指すことにしたわけではない。かといって，現実的な問題を話し合うだけでFの状況が改善するとも思えなかった。
　私は何とも言い難いこの面接を，どう位置づけたらいいかわからなかった。

　オンデマンド面接と呼べるだろうか？　だいたいの頻度を決めているから，微妙に違う。
　「マネジメント」と位置づけるのもおかしい気がする。「危機介入」をしているわけでもない。
　かといって，ただ話を聞くことを求められているわけではない。「息子との関係性を修復する」という方向性はある。
　そもそも，この手のケースを本で読んだことがない。論文だってない。
　似たようなケースはほかにも担当しているし，この前話した先輩だって「そういうケースあるよね」と言っていた。
　でも，カンファレンスで聞いたことがない。公表すると批判されるケースなのだろうか？

　そもそも，これは心理療法なのだろうか。心理療法「未満」と呼ぶべきなのだろうか。
　でも，「未満」と呼ぶことは，Fに対して失礼な気もする。

　「ありふれた臨床研究会」
　最近，友人が始めた研究会の名前だ。
　これなのか？

私の疑問は止まらなかった。

✥ 「待つ」ということ

「私は長男に怒ってきたけど、そのなかに愛情があるんです」

長男との関係を振り返るなかで、Fが語った言葉である。愛情があるのは、間違いないと、私も思う。

しかしながら、「長男の気持ちを考えてこなかったから、もっと話を聞くようにする」という言葉とは裏腹に、Fは長男への一方的な連絡を続けた。ほぼ拒絶されていたが、たまに長男からの「既読」がつくと、さらにメッセージを連続で送った。

私は〈今はただ話を聞いてみるというのがよいかもしれません〉と伝えたが、Fは受け取ることが難しいようであった。

「お母さんとしては……」「あなたのことが心配で……」というメッセージを送りたい気持ちはわからないでもなかったが、長男は「いい加減にしろ」「もう連絡してくるな」という言葉を残し、ついにFを完全に遮断した。

Fは自分が何かしらの「努力」をすれば、長男との関係が解決すると考えているようであった。F自身、あらゆる困難を努力で乗り切ってきたからだ。

私はFの努力をないがしろにしたと思われないか不安になりながらも、〈長男の問題はあなたが努力すればすぐに解決できるものではないのかもしれないですね。長男がどんな気持ちなのか、少し時間をかけて一緒に考えてみるのはどうでしょうか〉と伝えてみた。

Fは幾分、がっかりしたような表情をしながら、「それは……そうかもしれません」と小さくうなずき、いくらか体の力が抜けたようにも見えた。

とはいえ、長男から連絡が来ない状況はFを苛みつづけた。「私、至らないところはあったと思うけど、愛情はあったんです。それなのにどうして……」と絶望的な表情を浮かべるFに愛情があることは明らかであった。私は愛情

があることに触れつつ,〈でも,長男からすると,ただ怒っているようにしか見えないかもしれませんね〉と伝えると,Fは「たしかに,私,10年以上ずっと怒ってましたね……」と力なくうなずいた。そして,〈ただ,最近は少しトゲトゲしくなくなったようにも見えますね〉とも伝えてみた。

　2分ほど沈黙が続いた。それは,これまでのFとの面接で最も長い沈黙であった。

　そして,Fはこうつぶやいた。

「今は,待つしかないんでしょうか」

　その言葉は私に問いかけているようでもあり,Fが自身に言い聞かせているようでもあった。

「待つ」という言葉を聞き,Fの人生とは対極にあるような言葉だと私は感じた。Fが育った環境で「待つ」ことは負けを意味し,誰よりも素早く行動しなければ生き残ることはできなかったのだから,無理からぬことであった。
　だからこそ,「待つ」という言葉がFから出てきたことは,Fのなかで「新しい何か」が生まれつつある徴候のように思われた。

　2,3カ月に一度,Fは私の元を訪れた。そのたびに,「長男から連絡が来ません」と報告し,落胆した。そのような時期が1年ほど続き,Fはもう二度と長男に会えないのではないかと半ば絶望しかかっていた。

✤「マイルストーン」

「マイルストーンって言葉あるじゃないですか?」
　あるセッションで,Fは私に問いかけてきた。
「ここってそんな感じなんですよ,だからたまに来たいんです」

　マイルストーンとは,鉄道や道路などの起点からの距離をマイルで表した距

第5章 「臨床的問い」を理論化する　　237

離標識のことだ。Fの語りのなかでは「道しるべ」というニュアンスだった。
　Fは私との面接を通して，前回と比べて自分の考えや気持ちがどのように変化しているのか，「待つ」ということを次回まで続けられるのかを確認しているようだった。
　その言葉を聞き，Fがこの面接に彼女なりの意味を見出していることが伝わってきた。

　Fは待った。待ちつづけた。
　それでも，長男から連絡は来なかった。1年が過ぎ，2年が過ぎた。Fはひたすらに待ちつづけた。

　「待つのって辛いですね，ほんとに」
　つぶやいたFの言葉には，しみじみとした実感が込められていた。長男を想う気持ち，再会がかなわない寂しさ，無念さ，失望感。それは陰翳に富んだ語りであった。

　私は，うなずくことしかできなかった。

❖「お金がほしい」

　Fの目は真っ赤だった。
　「私，生まれてはじめて母親に『お金がほしい』って言えたんです。はじめて，頼ったんです。そしたら，母親が『そんなに辛かったのに，気づいてあげられなくてごめん』って言ってくれて。私，ようやく少し許せたような気がして……」
　セッションが終わるまでFの涙は止まらなかった。
　長男と連絡が途絶えて，2年が過ぎた頃のことだった。

　職場での現実的な事情も相まって抑うつ的になっていたFは，自ら3カ月

休職をすることを決断した。仕事を休む選択をしたのは，私にとっても，そしてFにとっても驚くべきことであった。

というのも，その少し前のセッションで「これまで誰にも頼れなかった」と原家族についてはじめて詳細に語られたからだ。

郊外で自営業を営んでいる両親は，ほぼ365日休みなく稼働し，商売が生活の中心だった。「自分の価値観を押し付けてくる」両親で，甘えたり，頼ったりした記憶は一切ない。両親は障害をもった妹に対しても支配的で，子どもの気持ちや考えを尊重するような人ではなかった。勉強，スポーツ，家事，人間関係。小さい頃から，ありとあらゆる身の回りのことをすべて自分一人で何とかしてきた。誰にも頼らずに，自分の力で実家から抜け出すことが人生の目標だった。両親には絶対に達成できないような学歴を得て，実家から出て，社会的にも成功した。両親のような親になりたくなかったから，「仕事より家庭を優先しそうな」パートナーを選んだ。実家とはずっと疎遠で，子育ての手伝いをお願いすることはなかった。

それなのに，結局，家庭は崩壊してしまった。長男との関係を振り返ってはじめて，自分のなかにある「両親への恨みと復讐の気持ち」に気づいた。

この言葉を聞き，さまざまなものを犠牲にしても，Fが仕事を中心として自立的に生きることを優先してきた背景の一端が理解できたような気がした。

「離婚したことも働いていないことも，人には言えないです。ここだけです，こうして気にせず話せるの。私，本当に疲れたなって……」

Fは大きくため息をついた。ため息からは鉛のように重い疲れが私の体にも伝わってくるようだった。

〈ずっと誰かに頼りたかったのでしょうね〉と伝えると，Fは「そうなのかもしれませんね，本当は」と静かにつぶやいた。

このセッションの後，Fは数年ぶりに実家に電話をかけ，「お金がほしい」と言えたのだった。

✥「私はこれが言いたかったんだ」

　その1カ月後，Fはいつもよりも早いタイミングで予約を取り，数年ぶりに実家を訪れたことを報告した。

　「『あんたたちが威圧的だったのが嫌だったんだ！』って，はじめて両親に自分の思いをぶちまけてきました。やっと私は両親に自分が思っていたことを言えた。『私はこれが言いたかったんだ』ってそのときに思えたんです。両親は絶対に自分の考えを押し付けてくると思ってたけど，母も父も黙って聞いていて。『ごめんな』って。『お前がそんな気持ちでいたなんてわからなかった。大変ならできる限りのことをするから，教えてくれ』って。そのとき，ああ，長男もこういう気持ちだったのかとようやく気づいて。遅すぎるかもしれないけど……こんな風に苦しかったんだろうなって。もし，これから先，長男が私にぶちまけてくれることがあったら，私は黙って受け止めようって」と，ゆっくり語った。

　その出来事から数日後，通勤電車のなかで「両親の葬式に出てもいいかもしれない」とふと思ったことが報告された。

　<u>一連の出来事を通して，Fのなかの両親と長男イメージが随分と変化しているように感じられた。</u>

✥「困ったら，また来ます」

　「もう会えないかと思ってた……」
　Fは涙ながらに喜んだ。
　思わず私も涙が出そうになった。自分のことのようにうれしかった。

　連絡を待ちつづけていた長男から，ついに連絡が来たのだ。音信不通になっ

てから，3年が経っていた。

　連絡が来たといっても，感動の再会というわけではない。
「いつもそっちの気持ちばっかりなんだよ」
「やっぱりまだ許せない」
「あんたは自分の気持ちしか考えていない」
　Fは長男から痛烈に批判されたのだ。Fが両親に「ぶちまけた」ように。

　長男の言葉に傷つきつつも，Fは言い返すことはなかった。そして，長男の声にじっと耳を傾け，静かに謝った。これまで「待ち」つづけてきた日々を思い出しながら。

　その出来事をきっかけに長男は時折Fに連絡をするようになり，一緒にご飯を食べたり，映画を観に行ったりと再び交流が始まった。

　その後，職場での人間関係や，長男と元夫との関係など現実的な相談が続いた。
　Fは以前と異なり，自分の考えを一方的に押し付けることはなく，随分と冷静に対処することができるようになっていた。

「長男に対して，前みたいなことはしない気がしてきました」
「ずっと走ってなくてもいいんですよね。止まっている自分も自分なのかなって」
　幾分リラックスして語り，**Fは自身の変化に手応えを感じているようであった。私も随分とFが変わったと感じていた。**

　そして，「困ったら，また来ます」と言い残し，治療は一旦終了することとなった。
　面接開始から7年が経っていた。

第5章　「臨床的問い」を理論化する

❖ そして，2年後

「先生，助けて！　息子が入院しちゃったみたいで」
　久しぶりのメールが入った。
　どうやら長男と父親の関係性が悪化し，長男が一時的に精神科の病棟に入院したようであった。私はようやく長男が症状化できるようになったことを感じつつ，必要な情報を提供した。Fは感謝をしつつ，冷静に対応し，一貫して見守ることができた。
　何よりも，長男がFに対してSOSを出せるようになるなんて，数年前には考えられなかったことだ。

　退院後，父親と住む家に帰りたがらない長男に対し，Fは同居を提案した。
　そして，再び二人の生活が始まった。

　一人暮らし用のマンションで始まった数年ぶりの同居は，もちろん楽しいことばかりではなかった。現実は甘くない。
　でも，そんなときもFはこんなふうに語った。
　「それって私の価値観ですよね，きっと。押し付けたくなる自分もいるんだけど……でも，押し付けてはいけないと思ってる自分もいる。長男には長男の価値観があるってことですよね。そこを忘れないようにしなくっちゃ」
　「そのときにこらえるってことが大事なんですよね」
　その言葉は私に問いかけるようでもあり，自分に言い聞かせるようでもあった。いつかの面接のときのように。

　私が〈たしかに，ここは踏ん張りどころなのでしょうね〉と返すと，Fは「そうですよね」と，どこか安堵しているようにも見えた。

❖ さらに，2年後

「先生，もうね，困っちゃう。20代半ばですよ？　それで反抗期？　もう大変。この前も朝起きるの遅いから起こしたら，『うるせー』って。『あんたが起きないのが悪いんでしょう』って。もう嫌になっちゃう」と言いつつも，うれしそうなF。

〈そうですねえ，長男からすると思春期真っ盛りの頃にFさんがいなかったから，反抗期をやり直してるってことかもしれないですね〉

「あーそういうこと。それってめちゃくちゃ大事じゃん。やり直せるっていいですね」

本当にその通りだ，と私は思う。

「先週ね，実家の近くの野球場に両親と息子と4人で野球を観に行ったんです。父が野球好きだけど，なかなか観に行けていないって言ってて。少しは親孝行できたかな」

Fは恥ずかしそうにつぶやいた。

両親との交流も再開したようだ。

❖ 「もう，こりごり（笑）」

東京，丸の内。

最近転職したFの職場がある場所だ。50代半ばにして，最初の就職先のすぐ近くのビルで働いているのだ。

「先生，私ね，もちろんまた都心のオフィスで働けているのはうれしいの。だってさ，私にとって丸の内で働けるって誇りだから。まさか地の底まで落ちた私が，ここに返り咲けるなんて自分でもびっくりしちゃう。私がんばったでしょ？　でもね，私が何よりもうれしいのはね，自分よりも何倍も仕事ができる上司にビシバシ鍛えられるってことなの。私よりも15歳くらい若いけど，びっくりするくらい仕事ができるの。『早く企画上げなさい！』『もっと

できるでしょ！』って毎日言われてて。私，それが何よりもうれしいの。だって，私ってまだまだ伸びるってことでしょ？　好奇心が毎日刺激される。年下だけど，こんなにも優秀で一生懸命生きている人がいるんだって。すっごく尊敬できるの。私はいろいろと失敗しちゃったけど，その人は子育てもがんばっていて。私，絶対に定年後も残ってくださいって言わせてやるから！」

「意地」と「気概」は今も健在だ。今はそこに"味"も加わっている。

「私ね，この数年で自分に足りないものがあるってことがよくわかったの。でもそれって悪いことじゃないと思う。すごく楽になった。ほんっと大変だったけど，<u>私は遠回りしてよかった</u>。ここに来てもう10年？　あっという間だった。いや，長いか。先生，ありがとう！」

<u>**彼女はもはや鎧を脱ぎ捨て，力づくで何とかすることはなくなっていた。**</u>

「でもね，私はもう『待つ』のこりごりだから!!」
彼女と私は二人で笑った。

～～～～～～～～～～～～～～～～～～～～

　以上がFとのその後である。では，いよいよ小さな理論づくりに取りかかろう。
　ここでは4つの視点から考察を行う[1]。また，各項の最期に，私がどのようなことを考えながら小さな理論化をしたのかを解説する。

---

[1] この考察は山口（2022b）に基づいているが，文体と内容を大幅に変更している。なお，ここでは事例研究という方法を採用したが，理論化の方法はさまざまな種類があるため，読者の好きな方法を試してもらえたらと思う。

❶クライエントの自立性の担保

　隔週などの「低頻度」設定ではクライエントに退行が起こるにもかかわらず，次のセッションまでのあいだが空くため，退行が促進されすぎる面があると言われている（上田，2023）。そのため，アクティングアウトと呼ばれる面接室外での衝動的な行動が起きたり，面接が中断したりするといったリスクがある。
　とはいえ，低頻度の設定がもつ構造の脆弱さと非連続性はこうした負の影響だけでなく，正の影響も生むように思われる。
　Fは「もともと人に頼ることが嫌い」で，「自分で稼いで自分の力で生活する」ことを信条とし，出産と育児で多忙ななかでも一貫して働きつづけることにアイデンティティを見出していた。このようなFのあり方は他者に頼れないという意味では心理的問題になりうる。実際，アセスメント後に私はインテンシブな心理療法を提案している。
　しかしながら，結局のところFはその必要性を十分には感じておらず，一旦終了となった。そして再度訪れた際，経済的問題に加えて「できる限り自分のことは自分でやりたい」という思いから，月1回ないし2,3カ月に1回の枠組みを希望した。言い換えれば，Fは自立性の感覚を維持しながら心理療法を利用することを求めていた。
　このようなクライエントにとって「低頻度」という設定は，「たまに訪れ，少しヒントをもらったらあとは自分でやってみる」という体験であり，「自分のことは自分でする」という自立性を維持しながら面接に臨むことができたと考えられる。だからこそ，Fは面接に来つづけられたのだろう。
　つまり，非連続的で生活に占める割合が少ないという==「低頻度」の面接には，クライエントの自立性を脅かさず，むしろ担保するという性質がある==と考えられる。

　　解説――Fと会いはじめた当初，Fの自立心は目を見張るものがあった。
　　むろん，見方によっては「人に頼れない」とも言える。だが，その一言で

終わらせてしまうとFの良さが消えてしまうように思われた。そのようなFの自立心について考えていくなかで，頻度が低いことは頼りすぎずに心理療法を利用できるきっかけになるのかもしれない，という発想が生まれた。

❷「ゆっくり」というリズム

　面接再開時，セラピストはFのニーズと低頻度という構造から，現実的な問題解決が適していると考えて問題解決的なアプローチを行った。しかし，Fには大きな変化は見られなかった。

　現象学者の村上靖彦（2021）は，病からの回復を人間一人ひとりのもつ異なったリズムという視点から論じている。このときのFのリズムは問題があれば即座に解決するような「速い」とも「焦っている」とも形容できるものであった。しかしそのリズムでは，解決できるか否かという論理では立ち行かない長男の問題に取り組むことは困難だった。

　その後の面接経過で，セラピストの〈長男の問題はあなたが努力すればすぐに解決できるものではないのかもしれない。長男がどんな気持ちなのかについて少し時間をかけて一緒に考えてみるのはどうでしょうか〉という介入によって，Fのリズムはいくらか変調したように思われた。そして段々とFは面接で自身の状態に目を向け，自身と長男の関係性や自身について振り返るようになった。そうした過程を経て，Fは面接を「マイルストーン」として定点観測的に利用しつつ，「待つのって辛いですよね，ほんと」と語り，現状は変わらずともゆっくりとしたリズムで長男からのアクションを待てるようになっていった。

　ここで注目したいのは，こうした「焦り」から「ゆっくり」というFのリズムの変調が，セラピストの介入だけでなく，「低頻度／長期」という遅くてゆったりしたリズムの面接を媒介として引き起こされた点である。

　村上（2021）は，中井（2016）の「回復過程の中には加速できない過程，加速してはならない過程もある」という言葉を引用したうえで，「発病と回復

にはそれ固有のリズムがあり，治療者はそのリズムを尊重しなくてはならない［…］あせりからゆとりという内的なリズムを感じながらその人にあったリズムで変化を促すこと，これがリズム論から見た回復なのだろう」と論じている。

この観点から考えると，Fの人生のなかで固定化されていた「あせりのリズム」が，治療者の介入と「低頻度／長期」という構造により部分的に解除され，「ゆとりのリズム」に変化したと考えられる。この「ゆとりのリズム」は効率と即効性が求められる現代社会の価値観とは真逆のものだ。しかし，だからこそFのリズムを変化させる契機として機能したのである。

> **解説**──もともと，私はリズムというものに関心があり，村上の論考を読んで面白いと思っていた。本事例は低頻度であると同時に長期でもある。そうした長期の面接で時折起こる「なんとなく生き方がゆっくりになっていく感覚」を何とか説明できないかと思っていた。つまり，生き方がゆっくりになっていく感覚をリズムという観点から考察してみた「小さな理論」というわけだ。

❸物語の再構成──「あらすじ的」物語として

心理療法の効能のひとつに，クライエントの物語（ナラティヴ）が再構成され，「混沌の語りが一つの物語にまとまる」（野口，2018b）というものがある。しかし，「低頻度」という構造は連続性を保ちにくく，原則的にはそのつどの困りごとを解決するという方向で面接が進められるため（上田，2023），一般的には物語の再構成は目指されないことが多い。

しかしながら，Fは長男との関係を考えるなかで自身の両親との関係性も振り返るようになった。そして，「多忙な両親に育てられて甘えられず，自分自身の力で生きることを信条に生きてきたために，家庭を犠牲にしてでも仕事に没頭してきたが，本当は誰かに頼りたかった」という物語が再構成されていった。その物語をなぞるようにFは両親と再会し，「（これまでの）辛さ

をぶつけ，はじめて頼り」，その出来事を通して長男との関係性を振り返り，「長男からぶちまけられたら黙って受け止めよう」と考えるようになった。つまり，「低頻度／長期」の面接においても物語の再構成が有効に作用したと考えられる。

ただし，物語の緻密さという観点から考えると，「低頻度／長期」の面接からできあがる物語はいわば，クライエントの人生のあらすじ的な物語である。Fはこの「あらすじ的物語」の再構成を通して，現実の他者との関係性を再構築していった。このことは，自分の人生が位置づけられずバラバラであったクライエントにとって，大まかに歴史＝物語が位置づけられるだけでも，今抱えている問題が何に由来するのかが見えてくる，ということを示唆しているだろう。

解説——学派にもよるが，心理療法では物語をつくっていくことや再構成することが治療機序のひとつとされている。私個人としても，物語は心理療法において重要な要素であると考えている。しかし，低頻度の面接では連続性や積み重なりがさほど期待できないため，物語の再構成よりも問題解決を重視する傾向がある。実際，そのほうがクライエントの利益になることも多い。

だが，低頻度の面接でも物語が現れることはある。そのような物語をどのように位置づけたらよいのかを考えてみたのが本項の「小さな理論」である。

❹オープンエンディッドな終結

本事例は7年目に「困ったら，また来ます」という言葉とともに，「一応の終結」を見た。このとき，通常は長期面接で行われる終結の作業を行っていない。つまり，現実的には終結という形になっているが，心的には心理面接やセラピストとの終結はなされていなかった。

この点では分離が否認されており，「終わりがないと錯覚させるような治

療関係はクライエントにとって発達促進的でない可能性がある」（Solomon et al., 2001/2014）ことは否めない。しかし，「低頻度／長期」の面接においては，分離の作業のためにセッションを費やすよりも，オープンエンディッドな終結を迎えることがクライエントにとって治療的な場合がある。

　別の角度から考えてみよう。終結の作業には一般に治療者との分離が含まれるが，「低頻度／長期」の面接の場合，クライエントの自立性を維持しながら面接が行われるという意味では，最初から部分的に分離しているとも言える。分離の作業を行うためにはクライエントとセラピストが一度近づく必要があるが，低頻度設定は治療関係をもとにしたワークに不向きである。仮にセラピストが終結の作業を自動的に導入すると，構造と作業のミスマッチが起こり，クライエントに過度な負担を強いる可能性もあるだろう。

　私は「いざとなったらまた会える」という感覚をクライエントが抱きながら終わることは，頼ることが困難であったFのようなクライエントにとっては特に重要だったと考えている。実際に再度訪れるかは別としても，頼れる存在が世の中に居つづけるという新しい関係性がクライエントのなかに築かれ，その後のクライエントの生活を支えるものとして機能するからである。夫との離婚問題で再訪した際に発した，「先生のことを思い出して，また来ちゃった」というFの言葉は，その萌芽を示唆していたのだろう。

　解説──この事例に限らず，日々の臨床のなかで終結の作業を行わずに終わっていく事例はよくある。「何となく終わる」「気づいたら来なくなっている」といった事例である。なかにはうまくいかずに中断した事例もあれば，改善しつつあって中断とは言い難い事例もある。そうした「形容しがたい終わり方」について考えてみたかったのが，この「小さな理論」だ。

5 「小さな理論」をつくるためのポイント

　以上が私なりの「臨床的問い」から「小さな理論」をつくるプロセスである。何となくイメージできただろうか。最後に，小さな理論をつくる際のポ

イントをまとめてみたい。

❖ ポイント1 ── 他人の理論は道具である

「理論とは雑然としたものを理解する（make sense of the mess）ための手助けとなる道具であり，従ってアイデアを構築するための道具なのである」（チャップマン，2021）。

世の中にはたくさんの理論が溢れている。一見とても難しく見えるものもある。しかし，それらの理論の力を借りると，よくわからなかったものが「こういうことだったのか」とよく見えるようになったりもする。理論は道具であり，地図にもなる。

だから，自分の理論をつくるためには，他人の理論を借りることから始めてみてほしい。

❖ ポイント2 ── ホームランを狙わない

「大きな理論を打ち立ててやろう！」などとホームランを狙う必要は全くない。そんなことをしたら，空振りして骨折し，理論化なんて二度としたくないと思うだけだ。大きな理論を打ち立てているように見える先人たちは，その前に小さな理論を積み上げているものだ（例外もあるけれど）。

だから，「こんな考えつまんないだろう」「クソみたいな考えだな」「こんなの理論と呼べない」などと思わなくていい。コツコツとバントやヒットを積み重ねていけば，その集積から自分なりの理論が形作られていくはずだ。

❖ ポイント3 ── 新しい言葉を見つける

世の中には山ほど専門用語がある。それらを使えば，何となく説明できたような気にもなる。実際，説明できることもあるだろう。

しかし，今あなたに浮かんできた臨床的問いからつくろうとしている理論

は，既存の言葉で説明できるとは限らない。新しいことを説明するには，新しい言葉が必要だ。だから，手垢にまみれた言葉ではなく，できる限り自分の言葉をつくってみよう。

なかなかキャッチーな言葉は思いつかないかもしれない。人を惹きつける言葉を見つけるのも大変難しい。残念ながら，あなたがつくった言葉は誰も使ってくれないかもしれない（私の言葉もそうだろう）。でも，自分の臨床には，自分でつくった言葉こそがしっくりくるはずだ。

*

ここまで読んでくれた読者はこう思うかもしれない。

どうしてわざわざ理論なんてつくらなければいけないのか，と。大変だし，難しいし，めんどうだと思うかもしれない。

その疑問はわからないでもない。先ほど述べたように，ステップ3まで行えば教条化は避けられる可能性もある。

しかしながら，私はそれでも小さな理論化を勧めたい。なぜなら，自分でつくった理論は単なる道具ではなく，あなたを助けてくれる特別な道具——手に馴染んだ自分用の「杖」——になるからだ。自分の血肉になっていない他人の理論は，本当に困ったときには助けてくれない。

心理療法の迷いの森を歩くとき，その杖はきっとあなたを助けてくれるはずだ。

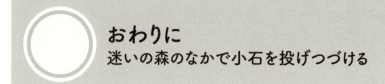
おわりに
迷いの森のなかで小石を投げつづける

　心理療法の迷いの森に入り込んだ本書は，歩みを支える「杖」を手にしたところで終わりを迎えた。途中で迷いの森から抜け出せそうな気もしたけれど，どうやらまだ森のなかにいるようだ。

　でも，見える景色は少し変わっているかもしれない。そうであれば，私としては大変うれしい。

　本書では，迷いの森のなかにいるセラピストの状態を3つに分類した。すなわち，「成熟のさまよい」「とらわれの迷子」「へだたりの迷子」である。前者2つの迷子は「教条化」や「神話化」による誤学習によってがんじがらめになっている状態で，後者は教育と現場の乖離によって生じる迷子だ。

　迷子から脱却するためには，「脱神話化」を図り，「暗黙知」を身につけなければならない。

　言葉にするとシンプルだけれど，案外に難しい。自分が神話化していることに気づかなければならないし，暗黙知は現場でなかなか教えてもらえない。心理職という職業自体がもつ構造的な難しさもある。

　もちろん，心理療法を学ぶための研修や訓練コースはさまざまに用意されている。それはそれで大切である。けれども，少なくとも私は，それだけではうまくいかなかった。ひとつの学派知を中心に学んでいた時代は過ぎ去り，現代の心理職が置かれている状況はますます複雑になりつつある（もちろん昔も大変だったはずだけど）。

　そもそも心理療法を学ぶための投資はすぐに回収できるわけでもないし，回収されたかどうかもわかりづらい。「そういうものだ」と言われてしまえば，そんな気もする。でも，心理職が心理療法の訓練に投資できる資源は限

られている。それを無視してセラピストが現実の生活を見失ってしまうことは，結局のところ，クライエントのためにならない。

その複雑な状況のなかで着実に学んでいくために必要なことは，自分自身で学び方を考えながら，主体的に他者から学びつづけること——それが〈独学〉である。

現場の暗黙知は絶えず変化する。だから日々更新していかなければならない。本当に大変だ。でも，悪いことばかりではない。**自分で考えて学ぶなかで自分が少しずつ変化していくことを実感し，自分の臨床を俯瞰できるようになり，自分の臨床を言葉にできるようになると，臨床は面白くなる。**「迷いの森で厳しい修行に耐えるべきだ」「答えがないなかで考えつづけることが大切だ」という言葉も一理ある。でも，面白くないことは長続きしない。繰り返しになるが，本当にクライエントのためになる臨床を続けていくには，セラピストは長持ちする必要があるのだ。

最後に，ひとつのエピソードを紹介して本章を終えたい。

大学院生の頃，大学院付属相談室の受付スタッフとたまに雑談をしていた。その女性は，心理とは関係のない道を歩んできた人だった。ある日，「私にはあなたたちの仕事はよくわからないけれど，きっと小石を積み上げる仕事なんだと思うの。だからあなたも小石を積み上げつづけてね」と言われた。この仕事が何たるかをよくわかっていなかった当時の私は，すぐに「そうですね」とは言えなかったけど，なぜだか妙に心に残る言葉だった。

その10年後，今の職場の70歳を超えた大ベテランの児童精神科医の先生から「山口さん，大事なのはね，小石を投げつづけることなんです。大きな石ではない，さざ波しか立たない小石でいいから，投げつづけることが大事なんです」と言われた。そのとき，かつて受付スタッフから言われた言葉の意味が少しわかった気がした。

日々の臨床のなかで問いを発見し，それを大切にしながらひとつの理論にしていくという作業も，小石を積み上げ，投げつづける作業である。それは地味で，地道で，途方もない作業だ。しかし，そうした作業が今よりは少し

だけクライエントを理解することにつながり，この業界をわずかながらも発展させることに寄与するはずだ。この業界の未来は，一人ひとりの小石である小さな理論にかかっている。

　迷いの森をさまようセラピストにとって，本書がひとつの地図になれば幸いである。しかし，地図は地図でしかない。その地図をもとに歩くのはあなた自身である。そして，あなたが投げつづけた小石は，振り返ってみるとあなたの「道」になっている。その道はきっと誰かの歩みを助けることだろう。

✚補遺
小さな理論を「メンテナンス」する

> 以前わたしは，禅の老師の口から，こんな断定的な
> 言葉が発せられたのを聞いたことがある。
> 「慣れはいかん。何であれ，習慣づいてしまったらおしまいじゃ」
> 習慣の束縛から解放されるということが，
> "自己"の根本的な組み替えを伴うのは確実である。
> 　　　　　　　　　　（グレゴリー・ベイトソン『精神の生態学へ』）

　以上が理論制作キットになるが，最後にもうひとつ大切なことに触れてから本書を終えたい。

　それは，理論の修繕・メンテナンスである。第5章でつくった小さな理論は臨床を行う基盤となりうる。しかし，理論は定期的にメンテナンスをしなければ，すぐに使いものにならなくなる。驕った料理人が包丁を研がなくなればあっという間に味が落ちてしまうように，私たち臨床家が自分の理論に酔ってしまうと臨床は退廃していく。だから，自らの理論を日々改訂していく必要がある。

　補遺では再び事例Fを用いて，第5章でつくった私なりの理論を実際に改訂していく。いわば，小さな理論を更新していくためのガイドという位置づけである。

　理論の改訂といっても切り口は無数にある。ここでは本書を書きながら新たな疑問として浮上した「心理療法とは一体何なのか」という観点から理論の改訂を試みたい。

　先に予告しておくと，ここから先はこれまでとは異なり，話はやや複雑になる。それには理由があって，理論のつくり方・改訂の仕方を理論化することになるし，本書でこれまで論じてきたテーマを駆動してきた背景理論を開

陳するわけで，どうしてもロジックはややこしくなる。途中で読むのをやめたくなるかもしれないが，ぐっとこらえて読み進めてみてほしい。理論の修繕・メンテナンスのために欠かせないポイント，これからも独学を続けていくためのヒントを，最後のメッセージとして提供したいと思う。

　もし途中で読むのを断念したとしても，読者のみなさんがもう少し臨床経験を積んだ頃に「あんな文章あったな」と思い出してくれるとうれしい。

1 ひとつの事例から一般理論化を行うことの意味

　本題に入る前に少しばかり説明を加えておきたい。
　ここで私が試みようとしているのは，ひとつの事例からその心理療法性を抽出し，一般理論へと昇華させようというものである。
　しかし，この試みはいくつかの点で批判を受けるかもしれない。
　ひとつは，事例研究そのものへの批判である。斎藤清二（2013）が指摘しているように，特に医療／医学領域を中心に事例研究の価値は著しく低下している。エビデンス全盛の現代に事例研究という方法論を用いること自体が時代錯誤なのではないか，という批判である。実際，治療効果についての研究デザインのエビデンスレベルという観点からみれば，ランダム化比較試験（Randomized Controlled Trial : RCT）のメタアナリシスやシステマティックレビューなどは最もエビデンスレベルが高く，一方で，「症例報告」はエビデンスレベルが非常に低い（加藤，2022）。現在，事例研究を行うならば，せめて量的データと質的データの両方を用いる「系統的事例研究」（岩壁，2010）や，複数の事例研究の知見を組み合わせる「事例のメタ分析」（岩壁，2005）などを行うべきという意見がありうる。
　もうひとつは，一事例から一般理論化を試みる行為への批判である。かつては「〔事例研究とは〕セラピスト－クライエント関係を含んだ全体としてのゲシュタルトというのができます。そのゲシュタルトというのは普遍性を持つのではないか」（河合，1977）と言われていたが，一事例から普遍性を導くという営み自体に疑問符が投げかけられているのが現状である。仮に一事例の考察に意味があるにしても，この事例はあくまでも私とクライエントとの個別性の高い組み合わせにすぎない，そこから導き出された一般理論に妥

当性はないのではないか，ということである。

　こうした批判には一理ある。医療現場で日々働いている身としては，肌感覚的にもうなずかざるをえない部分もある。また，エビデンス主義には治療効果の根拠となるという点に加え，熊谷晋一郎（國分・熊谷，2020）が指摘するように，根拠のないパターナリズムに対する批判を可能にするという民主主義的な側面があることも見逃せない。

　一方で，エビデンス主義には別の側面もある。

　たとえば，医療倫理学者の宮坂道夫（2020）は，とりわけナラティヴを重視する心理療法はクライエントとセラピストとのやりとりのなかで個別の人生史という物語を語る構築論的な実践であり，カテゴリー化されてどこにでもありそうな物語に単純化するアンケートなどの実在論的な方法で検証することに疑問を呈している。つまり，「臨床事実が間主観的に構成され」（藤山，2006）ているのに対し，「〔エビデンス主義は〕非常に少ないパラメータだけを使って真理を認定するので，個人の物語を無視する」（國分・千葉，2021）ことになる。

　また，脳科学と精神分析の二足の草鞋を履く加藤隆弘（2022）は，ノーベル賞受賞者である神経科学者エリック・カンデルの言葉を引用しながら，エビデンスをつくるための第一歩は個々の症例を緻密に研究することにあると述べている。実際，カンデルが例として挙げているように，ブローカがルボルニュという一人の患者の研究を通して言語表現は左半球の前頭野に存在すると発見したことが，後の神経心理学の発展につながっている。つまり，治療効果を客観的に評価することは重要であるが，その出発点には一つひとつの症例を大切にする精神と，症例に対する洞察がなくてはならない。

　臨床を越えて，エビデンス主義そのものへ批判を投げかける者もいる。哲学者の千葉雅也（2018）は，（形骸化した）説明責任を果たせるようエビデンスを挙げて常に準備しておかなければならない，という強迫的な「正しさ」の緊張感を増大させることを「エビデンシャリズム」と名づけている。そして，エビデンシャリズムは，①「非定型的」な判断（ケースバイケースの判断）に伴わざるをえない個人の責任や判断の難しさ，②「不確かさ」「変形」

「消滅してしまうこと」といった個としての否定性、③揺れのある証言や解釈といった想像の可塑性に依拠せざるをえないものを回避しようとしている、と批判している。

　さらに千葉の批判は続く。人を説得する手段として言葉を用いずにエビデンスのみが使われるという意味で、エビデンス主義の背景には「言葉そのものに基礎を置いたコミュニケーションの価値低下」があると指摘し、言葉の「解釈が可能で、揺れ動く部分があって、曖昧でメタフォリカル」な側面が消失することへの懸念を示している（國分・千葉，2021）。

　以上を踏まえると、エビデンスが前景化されている現代にあっても、エビデンスへの異論は数多くある。とすれば、事例研究にはそれ相応の意義があるように思われる。

　事例研究とは、あるセラピストとあるクライエントの間主観的な治療過程のなかで紡がれるクライエントの物語を詳細に記述し、考察したものである。その際、言葉によるコミュニケーションを重視し（もちろん非言語的側面も重要であるが）、セラピストが体験する難しさや苦悩も記される。

　つまり、事例研究には、エビデンス主義が棄却しがちな物語性、間主観性、言語性、否定性といった空隙を埋め、心理療法の過程で必然的に伴うケースに応じた治療者の判断の難しさやその責任を映し出せる可能性がある（もちろん、「そうした側面を描き出せることができれば」という留保は付くけれども）。いわば、エビデンス主義への対抗言説としての事例研究の可能性が浮上してくる。

　なお、事例研究を行う理由として、本書の文脈を踏まえて以下の2つを付け加えたい。

　ひとつは、<u>「心理療法とは何か」は、実際の心理療法過程を徹底的に考えることでしか知りえない</u>からである。あまりにシンプルすぎる理由かもしれないが、臨床家が手放してはならないポイントだ。いまひとつは、個別事例の考察を越えて一般理論化を試みるのは、<u>私なりの仮説を提示し、その仮説に対する社会（＝読者）の応答が返ってくるという往復運動のなかから、「心理療法とは何か」は形作られていく</u>、と考えているからである。

前説はここまでだ。早速，事例Fというひとつの事例から一般理論化を試みたい。なお，第5章の事例Fの考察と一部重なる部分があるが，いずれも第5章の記述をさらに改訂したものになっている。

2　何が起こっていたのか？

　事例Fは，私が習ってきた「心理療法」とは程遠かった。
　アセスメントを経て，精神分析的心理療法を導入しようとしたら，すぐに面接に来なくなった。再会した後もFは2,3カ月に1回という頻度を希望し，諸々の条件に鑑みて私も同意した。経過の途中で私は「これは心理療法なのか？」と何度も自問した。この面接を何と呼べばいいのかもよくわからなくなった。
　にもかかわらず，Fは変化しているように思えた。そして，私は「これは心理療法である」と確信した。
　一体，何が起こっていたのだろうか？
　むろん，Fに生じた変化がすべて心理療法によって起こったわけではない。心理療法は万能ではない。だが，この事例には「心理療法とは何か」という問いと答えがふんだんに含まれているような気がしてならない。その「何か」を明らかにすることで，私なりの心理療法論を論じてみたい。

3 セラピストは動かない

1 治療空間の不思議

「不思議な空間」

Fに限らず，心理療法を受けるクライエントがよく口にする言葉である。私自身の治療体験を振り返っても，この発言はうなずけるところがある。たしかに，心理療法の空間は不思議だ。ただ，どのように不思議なのかと問われると説明が難しい。不思議という以上に説明しようがない気もする。

ここでは「不思議な空間」の謎を解き明かすべく，『空間の経験』(Tuan, 1977/1993) を下敷きにしながら，心理療法の空間論について考えてみたい。トゥアンは現象学を地理学に持ち込んだ思想家で，同書ではさまざまな場所や建築の具体例を参照しながら，人間にとって空間とは何なのか，その経験はどんなものなのかを論じている。

1つ目は「**自由に利用できる場**」としての空間である。心理療法の空間をどのように使うかはクライエントによって異なる。あるクライエントは「ここは壁のようなもので，私は壁に向かって話しています」と語った。彼女にとって面接空間は壁，つまり無機物であった。別のクライエントは「ここはすごく守られている気がしてて，だからこそ話せる」と述べた。彼にとって面接空間は自分を守ってくれる空間であった。ほかにも，「ここなら思う存分，自分を出せる」と面接の場を舞台と捉えているようなクライエントもいた。「空間と時間の認識は人によってさまざまであるし，また**空間＝時間的世界をつくり上げる仕方も人によってさまざま**である」(Tuan, 1977/1993)。心理療法という場にはクライエントがそれぞれ固有の空間意識を反映させる

ことができると考えられる。

　2つ目は<u>「共有する場」</u>としての空間である。経過の途中でFは「離婚したことも働いていないことも，人には言えないです。ここだけです，こうして気にせず話せるの。私，本当に疲れたなって……」と語っている。この発言は，離婚して名字が変わったことも，住む家が変わったことも，生活水準が変化したことも，一切が露にならないように生活していたFが，一定期間の面接空間の共有を経て，私を信頼しようとしはじめていることを示していた。

　文化人類学者の田中雅一（2011）は，フィールドワークと民族史記述の時間について述べるなかで，他者との積極的な議論を行うための「一歩前に進む態度」のことをボケとツッコミと称し，「ツッコミを可能とするためには［…］信頼こそ不可欠なのである。この信頼は，<u>相互に共有する空間</u>や時間が増えることによって可能になる」と述べている。つまり，空間を共有すること自体に信頼を醸成する機能があると言える。

　相互に共有する空間が親密さを伴った信頼につながるためには，「空間」から「場所」に変化する必要がある（Tuan, 1977/1993）。トゥアンによると，「場所」とは「空間が限定され意味をあたえられた」ものである。たとえばFは，一旦面接が終了してから1年後に「先生のことを思い出して，また来ちゃった。なんか話したくて」と再訪している。このとき，私＝セラピストという特定の対象を明確にイメージできる場になっているという意味で，面接空間は「場所」になりつつあったのだろう。このように場所化しつつある空間を共有することが，セラピストとクライアントのあいだに信頼を育む。

　3つ目は<u>「立ち止まる場」</u>としての空間である。トゥアンは「場所とは，運動のなかでの休止である。［…］この休止によって，その位置は，感じられる価値の中心となることが可能になる。［…］人間は立ち止まるし，立ち止まるという事実が場所に対する人間の感情の深さを強める働きをしているのである」と述べている。そして，木陰や差掛け小屋（小屋の形態のひとつ）やベッドといった特定の場所で子どものように受動的な状態でいることが，何らかの病気から回復するためには必要であるという。つまりトゥアンは，空

間のもつ「立ち止まり性」に治療的意義を見出している。

　7年目の暫定終結時，Fは「ずっと走ってなくてもいいんですよね。**止まっている自分も自分**なのかなって」という言葉を残している。このとき，Fは立ち止まることの意義と，立ち止まっている自分の価値を実感しているようだった。なぜ，「立ち止まる」とは正反対の人生を辿ってきた彼女からこのような言葉が出てきたのだろうか。Fが自分の人生を振り返るなかで，走りつづけてきた自分やそうせざるをえなかった背景を理解したことも影響しているが，面接空間で実際に「立ち止まる」体験をしたからこその言葉のようにも感じられる。

2 リズムに共鳴する

　村上靖彦（2021）によると，人間は多様なリズムの折り重なりのなかで経験を形作っている。

　では，リズムとは何か。夜になると眠くなり朝になると目覚めるといった生物学的なリズム，会話のリズム，季節の変化，気分の変調など，日常生活に存在するさまざまな水準の反復運動のことだ。人間は一人ひとり異なった固有のリズムをもっており，かつそのリズムは複数の波形が絡み合った「ポリリズム」である（ポリリズムとは，リズムの異なる声部が同時に奏されることを意味する音楽用語）。

　ここではFとの面接経過を「リズム」という観点から振り返ってみたい。

　面接開始時，Fは何か問題が生じれば即座に解決する，考えるよりも行動するといった姿勢が優勢だったが，「簡単には長男の問題は解決しない」といった考えも混じり合っていた。それだけではない。「常にイライラしていた」一方で，長男の自傷にひどく動揺しており，気分の変調が激しく，不眠にも悩まされていた。つまり，「速い」とも「焦っている」とも形容できるリズムが大勢で，ゆったりとしたリズムがわずかに入り込み，乱高下を繰り返す変調が時折差し挟まれるリズムだった。こうしたリズムでは，解決できるか否かという論理では立ち行かない，つまりゆっくり時熟を待つリズムが求

められる長男の問題に取り組むことは困難だった。

　その後の面接経過で，Fのリズムは変化する。〈長男の問題はあなたが努力すればすぐに解決できるものではないのかもしれない。長男がどんな気持ちなのかについて少し時間をかけて一緒に考えてみるのはどうでしょうか〉という私の介入によって（実際には何度か同じような介入を行っている），Fのリズムは部分的に変調した。そして漸次的ではあったものの，Fは面接で自身の状態に目を向け，自身と長男の関係性や自身について振り返るようになった。そうした過程を経て，Fは面接を「マイルストーン」として定点観測的に利用しつつ，「待つのって辛いですね，ほんとに」と，現状は変わらずともゆっくりとしたリズムで長男を待てるようになっていった。

　このように振り返ると，Fのリズムは時間をかけて「焦り」から「ゆっくり」へと変化していったように思われる。

　このような変化が生じるために，治療者にはどのような仕事が求められるのだろうか。

　村上（2021）の言葉を再び借りよう。病が回復するためには治療者に以下の仕事が求められるという——治療者が患者の**ポリリズムに同調しながら，その人に合ったリズム**で変化を促す。そして，**ゆとりというリズムが異質なポリリズムをつなぐ紐帯となるよう働きかけ，収斂点をつくっていく**。

　実際どうしたらいいのか疑問に思われる方もいるかもしれない。具体的にどうすればいいのか，私なりの補助線を引いてみたい。

　1つ目は「**リズムへの共鳴**」である。先に述べたように，クライエントにはその人固有のリズムがある。まずはそのリズムに共鳴しながら，どのようなリズムであるのか，どのようなリズムで生きてきたのかを把握していく。多くの場合，最終的には「ゆとり」のリズムを得ることが回復につながるようだ。そのゆとりからどのくらい離れているのか，なぜ現在のリズムが構成されていったのかをアセスメントしていく。そして，一旦はそのクライエントのリズムに同調してみる。私が当初，Fに対してゆっくりと取り組む精神分析的心理療法を提案したことは，このリズムへの同調の失敗例だった。当時のFのリズムを踏まえると，まずはFの速いリズムに合わせた問題解決的な

アプローチのほうが適切な選択だったのかもしれない。

2つ目は，「リズムの調整」である。クライエントのリズムは同調するだけでは変わらない。徐々にリズムを調整していかなければならない。そのために必要なことのひとつが，治療構造だ。ある一定のペースで，一定期間通いつづけることで，そのリズムがクライエントに取り込まれ，ユーザーのリズムに変調が起きてくる。もうひとつはセラピストが「回復過程の中には加速できない過程，加速してはならない過程もある」（中井，2016）ことを理解したうえで，時折ペースの調整をすることだろう。クライエントの焦りが強まっているときに，〈気持ちはわからないでもないですが，少し焦りすぎているように私からは見えます〉〈今，焦りすぎると，せっかく積み上げてきたものが崩れてしまう可能性もあるかもしれません〉などと伝えるのが一例である。後に述べるように心理療法では治療者も揺れる。治療者自身も焦ったり，クライエントのペースを逆に乱してしまったりもする。しかし，楽器のベースのように一定のリズムを奏で，面接全体のペースを調整する役割を担っているのは，やはり治療者ではないだろうか。

3 時間をかける

Fとの治療は10年を超えている。一般的に考えれば，きわめて長い部類に入るだろう。もしかしたら，「長すぎる」と批判を受けるかもしれない。特に心理療法の短期化が進んでいる現在，長くて遅々として進まない心理療法は批判の的になりうる。短期化の流れはユーザーにとってメリットになることも多く，私個人は短期化そのものに批判的ではないが，時間をかけることにもまた別の意味があると考えている。

臨床現場で広く共有されている言説に，「細く長くつながることが大事」というものがある。臨床感覚的にはうなずけるところであるが，理由を説明するのは案外に難しい。これを解明するべく，ここでは長い時間をかけることの意味について考えてみたい。

1つ目は準備性である。人はそうそう簡単に自分の内面を話せるわけではな

い。むろん，クライエントによって異なるので一括りにすることはできないが，自分の内面を話すことは怖れを伴う。一見，ぺらぺらと何でも話しているように見える人が，実は全く自分のことを話していないということもざらにある。そのような不安や恐怖が和らぐためには，雰囲気や関わり方といった治療者側の素養も大切だが，素養があればすぐに話せるようになるとも限らない。積み重ねていく時間のなかで，面接の場に慣れていきながら，少しずつ治療者や面接の場を信頼するようになり，「ここなら大丈夫」という感覚が芽生えていく。

　2つ目は**成熟性**である。いわゆる「時熟」と呼ばれるものである。Fとの面接で転機のひとつとなったのは，両親に金銭的な援助を受けるという形で頼れるようになった場面である。この少し前に，私は〈ずっと頼りにくかったのでしょうね〉と介入している。ここで注目してほしいのは，似たような介入（〈誰かに頼ることが難しかったのかもしれませんね〉）を治療開始初期にも行っていた点である。この介入は，一見すると何も変化を起こさなかったように思われた。

　エランベルジェ（1999）は，「精神療法におけるカイロスの意味」[2]という論文で以下のように述べている。「心理学的瞬間」と呼べるような，クライエントがセラピストの介入に対して「熟して」いる瞬間があり，介入はこの好機を選んで望ましい形で実行しなければならない。それは，早ければ熟しておらず，遅ければ効果がなくなっている瞬間である。人間の生涯には時間が新しい質的価値を獲得する瞬間がいくつかあって，治療者はこの分水嶺の瞬間を考慮する必要がある——エランベルジェはそう述べている。

　むろん，私が行った初期の介入が蓄積されて変化へとつながった可能性もあるが，エランベルジェが指摘するように，熟する瞬間を絶えず考慮しておく必要があるのだろう[3]。その判断についてはさまざまな意見があるが，私

---

[2] 現代精神医学に「カイロス」という概念を導入したキールホルツによる症例報告と，その症例の当事者自身の報告を比較・検討している論文である。非常に興味深いため，一読をお勧めする。

はセラピストとクライエントが思い浮かべるイメージが近似するようになることが目安のひとつだと考えている。

　3つ目は**緩徐性**である。治療開始から10年後，Fは「鎧」を脱ぐことができた。劇的な変化である。ポイントは，その変化がゆっくりとしたものだったことにある。鎧をまとうことは，自分を守るためのFなりの方略であり，生きる術であった。鎧のおかげで社会的に成功してきた面もあった。それゆえに失ったものもあったとはいえ，生き方そのものに組み込まれている鎧という自分の一部が変わることは，喪失であり，恐怖でもある。そうした喪失の恐怖を抱きながらも変化していくためには，時間をかけて，ゆっくりと，少しずつ，鎧が外れていく必要があったのだろう。急激なシステムの変化はどこかしらに不具合が生じるものだ。緩徐性が必要な理由である。

---

[3] ただし，エランベルジェが指摘するように，心理療法とは長い期間をかけて展開するものだと思い込みすぎず，時として重症の，ひょっとすると絶望視されている症例の迅速な治癒をかちとることができるかもしれないという考えにも馴染んでおくべきだ。リズムと同様に，時の熟し方もクライエントによって異なるという視点をもっておきたい。

4 セラピストは揺れている

　大学生の頃，ある教員から「セラピストには揺れる能力が大切です」とリアクションペーパーにコメントされたことがあった。自分が何を書いたのか何ひとつ思い出せないが，そのコメントは妙に印象に残った。なぜ治療者が揺れることが治療的に作用するのか，当時の私には（その後も）わからなかった。ここで言う「揺れる」とは，治療者が不安になり，悩み，戸惑いのなかにいることを指す。従来，こうしたテーマについては逆転移やネガティブケイパビリティといった文脈で語られることが多いが，ここでは別の角度から検討してみたい。

1 迷うセラピスト ── 抵抗と共に転がる

　精神分析的心理療法を導入した直後，Fは面接に来なくなった。この現象は，当時の私の未熟さを踏まえると，単なるアセスメントミスの可能性が高いが，Fの抵抗と捉えることも可能であろう。心理療法のなかでこのような抵抗に遭ったとき，セラピストの側にはさまざまな感情が生じる。「嫌がっているのだからこれ以上はこの話題を避けたほうがいいのではないか」「自分の問題に直面させるべきだ」「今は時期でないのだろうから，もう少しタイミングを変えたほうがいいのかもしれない」などである。特に，受容的な姿勢か，それとも探索的な姿勢か，といった2つの態度のあいだで揺れ動いたり，迷ったりすることが多いだろう。

　私は探索的な姿勢を取りつづけることが治療的ではないと判断し，問題解決的，受容的な方向性に切り替えた。その後の経過を見ればこの判断は妥当

だったように思われる。こうした判断ができたのは，同じような状況で探索的な姿勢を取りつづけた結果，中断するという失敗を何度か経験したからである。クライエントが抵抗と思われる状態にあるときに直面化したり，探索を無理強いしたりすると，たいていの場合は失敗する。それは治療者が一人よがりに変化を引き起こそうとしているだけだからである。

　動機づけ面接の原則のひとつに「抵抗に巻き込まれ，転がりながら進む (rolling with resistance)」(Miller & Rollnick, 2002/2007) という考え方がある。この原則は，変化についての直接的な議論や抵抗への反論は避け，押し付けではない形で新しいものの見方や思考の枠組みを提案しつつも，抵抗と共に転がるように，巻き込まれながら面接を進めていくというものである。また，クライエントのなかにこそ最良の解決法や解答があると考え，抵抗はセラピスト側が応答を変えるための信号と捉える。

　この考え方はどのようなタイプの心理療法であれ活用できる。というのも，「抵抗が生じているときにはクライエントについていく」という治療者のポジショニングについて述べているからである。抵抗は「すごく大事なコミュニケーション」であり，抵抗にこそその人らしさが内在しているという考え（藤山，2010）とあわせて考えると，<u>抵抗に出逢ったときには治療者は迷いながらもクライエントについていき，クライエントを理解するチャンスと捉える必要がある</u>。

2 悩めるセラピスト——理論の破壊と創造

　治療開始当初，私は精神分析的心理療法の導入を考えていた。その導入と背景にある理論は私にとって馴染みのあるものであった。だが，その後のやりとりのなかでそうした馴染みのある理論は崩れ，「これは心理療法なのか」「理論からあまりに離れたことを行っているのではないか」「だとすると，心理療法という営みから降りてしまってはいないか」と苦悩するようになった。

　そうした苦悩の最中で，クライエントの変化を目の当たりにして，次第に理論を再構築していくようになった。ゼロから生み出した新しい理論ではな

い。言ってしまえば，他の臨床家も論じているような素朴な理論である。

　精神分析家の十川幸司（2008）は，理論と経験の更新の必要性について以下のように述べている。「精神分析という方法を通して，探求可能な心的世界はいまだに無限の広がりをもって私たちの前に存在している。その探求を私たちは今後もつづけていかなくてはならないし，またその過程において示される，経験の多様で微細な動きについてもさらに理解を深めていくことが必要だろう。精神分析は理論的硬直や日々の単調な反復に陥らないためにも，常に更新されなくてはならない」。

　「精神分析」という言葉を「臨床心理学」に置き換えてみると，読者の皆さんはどう感じるだろうか。私は，この言説には精神分析に限定されない普遍性が内包されているように思う。

　注目すべきは，理論そのものの新しさではなく，治療者自身が軸足を置いている理論の枠組みを一旦壊して，そして再構築していくという動きそのものである。この運動のなかで治療者は悩み，揺れる。その悩みや揺れのなかで，クライエントに応じて理論の組み替えあるいは微修正が起こる。

　「理論なき」ではこの運動は起こらない。「理論ありき」でも同様である。前者は理論という裏付けもなく治療を組み立てることになり，後者は理論の枠組みのなかで今行っている治療を考えることになるから，既成の理論とのあいだに葛藤が生まれない。つまり，治療者が悩むということは起こりえない。理論という背骨があったうえで（そのためにはある程度の臨床経験も必要だろう），部分的であれ全面的であれ理論の破壊が起こり，続いて再構築が起こるという運動そのものが創造性をもたらす。

　<u>重要なことは，理論と治療者の考えとのあいだで生じる微細な運動であり，その運動を通して臨床家ごとの小さな理論が生まれるのである。そして，その理論は「自家薬籠中の理論」（齊藤，2021）となり，臨床家の血肉となっていく</u>。それこそがクライエントごとの真のオーダーメイドの臨床ではないだろうか。

　別の視点から言えば，臨床家が事例ごとに理論化する作業は，臨床家としての責務ではないか。高名な理論家や，エビデンスのあるマニュアルや，的

確なアドバイスをくれるスーパーバイザーではなく，今そのクライエントを目の前にしているのは治療者である「私」であり，「私」こそが理論化する主体だからである。

5　クライエントの証人になる

1　自生する言葉たち

　事例Fにおいて鍵となったフレーズは「待つ」である。「待つ」という言葉は治療のなかで度々登場する。「待つのは大事」「待つのは辛い」「待つしかない」。そして最後に,「待つのはこりごり」。「待つ」を中心に展開していったと言っても大げさではないだろう。

　このような言葉を二人で摑み取り, その言葉を媒介としながら, さらに一緒に考えていく作業によって, Fは「待てる」ようになっていった。それは, Fと長男の関係性において決定的に重要だった。「待つ」という行為自体の意味を考察することにも意義はあるが（鷲田, 2006 など), ここでは別の角度から光を当ててみたい。経過のなかで「待つ」という言葉がどのように意味をもつようになっていったのか, いわば,「待つ」の言語論的転回である。

　まず押さえておきたいのは, 当然すぎることだが, Fは面接開始前から「待つ」という言葉を知っていたことである。待つは日常語であり, Fも日常的に使っていたはずだ。一方で, Fは長男を「待て」なかったし,「待つ」ことに耐えられなかったことだ。もっと言えば, 面接の初期では「待つ」という言葉自体が語られなかった。その意味では, Fは「待つ」ことを知らなかったとも言える。「待つ」という言葉が,「自分の胸のうちに感じる」（Wittgenstein, 1974/1975）言葉ではなかったのである。言葉を体験すること, 言葉を感じることができていなかった。

　「待つ」という言葉が面接のなかで自生し,「胸のうちに感じる」言葉になるためには, 以下の3つの性質が「待つ」に付与される必要があったと考え

られる。

　1つ目は**身体性**である。「待つのって辛いですね」と語ったFは，ため息まじりにその言葉をつぶやいた。この"ため息まじりのつぶやき"には，「待つ」という言葉がFの身体を通って発せられたことがよく表れている。心なしか，Fの身体の重みが私には感じられた。私の身体にもその辛さや重みが伝わってきたような気すらした。間主観的に記述するなら，Fの身体を通して，私の身体を通して，「待つ」という言葉が語られたとき，そこには身体性が宿っていた，と言ってもよいだろう。

　認知科学者の今井むつみ（2023）は言語学者の秋田喜美との共著で，言語の本質的特徴のひとつとして「身体的であること」を挙げ，「言語はマルチモーダルに身体に接地したあと，推論によって拡張され，体系化される」「その過程によってヒトはことばに身体とのつながりを感じ，自然だと感じる」と述べている。また，「ことばの意味を本当に理解するためには，まるごとの対象について身体的な経験を持たなければならない」とも指摘している。この言葉を発したときのFは，「待つ」ことの途方もなさ，自分には何もできないという無力さといった複数の感覚を体感し，それらを通して「待つこと」が身体に根づいた後，「でも，待つって大事なことなんでしょうね」という推論へとつながったものと思われる。

　2つ目は**歴史性**である。「待つって大事」というFの言葉は，単に「待つ」という言葉を実感したうえでの推論に留まらない。この発言の後，Fは両親のことを思い浮かべるようになり，「待つ」にまつわる歴史を語りはじめた。Fがどれだけ自分で考えてものを言おうとしても待ってくれることがなかったり，障害のあった妹のペースを尊重せずに口を出しつづけて妹の主体性を奪っていった両親。その後の人生で体験した，待っていると自分の存在意義そのものが消えてしまう恐怖。こうして「待つ」は歴史性を宿すことになった。歴史性が内包されたとき，「待つ」という言葉はさらにその意味を拡張していった。

　3つ目は**多義性**である。面接のなかで，「待つ」という言葉にはいくつかの意味が含まれるようになった。「また会えたら」という願い，「どうしても会

いたい」という懇願，「どうして会えないのか」という焦り，「また会うために今は耐えるしかない」という忍耐――ほかにもいくつもの意味が挙げられるだろう。

倫理学者・哲学者である古田徹也（2018）は「言葉の立体的理解」という表現を用いて，「多様な意味を側面や背面にもちながら，そのつど特定の意味が前面に立つ多面体それ自体として，言葉の輪郭を捉えること」の意義を論じている。

なぜ，多面的に理解することに意義があるのだろうか。古田によると，言葉を理解するとは以下のことだという。多様な言葉が緩やかな家族的類似性（1つの共通した特徴はないものの，外からは似ていると判断される類似性のこと）によって結びつきつつ，特定の文脈や関心に応じて特定の言葉が前面に出る現場に身を置くこと，奥行きある立体を扱うように自然に言葉を用いて，必要に応じて言葉一つひとつから広がる連関を自覚的に辿れるということ，である。

要は何かひとつの本質的な意味によってではなく，ある言葉を巡る類似的な意味のネットワークが生まれることによって，はじめて言葉が理解できるということである。そうした立体的な言語理解は，ある言葉の別の見方を発見することにもなると古田は言う。Ｆも「待つ」の多義性を獲得するなかで，その生産的な意味を発見していった。

言葉がこれら3つの性質を帯びるとき，ようやく「自分の胸のうちに感じる」ようになるのではないだろうか。臨床経験から補足すると，たいていの場合，鍵となるフレーズは言葉にすると平凡なものだ。「普通」「甘える」「任せる」「委ねる」「先生」「子ども」。言葉の辞書的な意味としては複雑な含みがあるわけではない。けれども，その人にとっては決定的な意味をもつ言葉なのである。

では，ある言葉がこのような性質を帯びるためには，面接のなかで何が行われる必要があるのだろうか。この点についてはいろいろな観点からの考察が可能であるが，ここでは一点だけ触れておきたい。**オノマトペ**である。

オノマトペとは，「わんわん」「ガチャガチャする」などのようにさまざま

な状態や動きを音で表現した言葉だ。「待つ」という言葉が現れる前の経過に注目すると，後の「待つ」につながるオノマトペを発見できる。「**バリバリ**のキャリアウーマンだった」「とにかく**イライラ**してたんです」「**ぐずぐず**するなって」「今は**じっと**しているしかないんですかね」などなど。

一方の私も〈最近は少し**トゲトゲ**しなくなったようにも見えますね〉と返している。当時，オノマトペを意識していたわけではなかったが，意図せずFの言語水準に波長を合わせていたのかもしれない。

先に挙げた今井・秋田（2023）は，オノマトペとアブダクション（仮説形成）推論という人間特有の学ぶ力が言語と身体性につながっている様を，さまざまなデータをもとに明晰に論じている。「オノマトペの役割は子どもに言語の大局観を与えること」「オノマトペは単語が多義であることを子どもが理解するための足場をかけることができる」という指摘や，言語習得におけるオノマトペの役割といった観点は心理臨床にも活かせそうだ。

ある概念が言語化されていく前段階としてオノマトペの使用があり，その際には治療者もクライエントの言語水準に波長を合わせながら，徐々にその概念の輪郭をなぞっていく。やがてクライエントはある概念を言語化し，多義的に理解していくのではないだろうか。

関（2022）も「それまで目を向けていなかった心身の感覚を初めて言語化しようとする際に，まずは感覚と言葉の間に橋を架ける移行的なものとしてオノマトペを使用すると，言語化がスムーズであったり，その言葉が実感から遠いものになりにくいのではないか」と述べているように，オノマトペの臨床的使用については今後議論されるべきだろう。

2 個人史のささやき

Fは長男との関係を考えるなかで自身の両親との関係性も振り返るようになり，「多忙な両親に育てられて甘えられず，自分自身の力で生きることを信条に生きてきたために家庭を犠牲にしてでも仕事に没頭してきたが，本当は誰かに頼りたかった」というナラティヴが再構成されていった。そのナラ

ティヴをもとにFは両親と再会し，「（これまでの）辛さをぶつけ，初めて頼り」，その出来事を通して長男との関係性を振り返り，「長男からぶちまけられたら黙って受け止めよう」と考えるようになった。つまり，以前とは異なるナラティヴを見出すことによって，内省が促され，長男との関係性が変化していったのである。

　こうした変化は，従来語られてきた心理療法におけるナラティヴの機能が発揮された結果だろう。すなわち，「混沌の語りが一つの物語にまとまる」（野口，2018b）といったナラティヴの再構成が起こり，同時に「誰にも頼るべきではない」といった「ドミナントな」ナラティヴとは異なる「オルタナティヴな」ナラティヴを見出した（White, 2007/2009）ということである。

　ここまでがマクロな視点からのナラティヴの考察だ。同時に，ミクロな視点からもナラティヴの効用について考えてみたい。

　来所した当初，私はFのこれまでの歩みを聞き取っている。そのとき語られたのは，「自営業を営む両親は忙しく，父親も母親も厳しい人だった」「バリバリのキャリアウーマンだった」というものであった。このような語りからも，「小さい頃から両親に甘えられず，自立的に生きなければならなかったため，仕事に生きる女性」といった一応の物語をつくることはできる。しかしこれは，無個性で型通りな，どこにでもあるようなストーリーである。そこにFという一人の人物が浮かび上がってこない，とすら言えるだろう。

　一方，両親についての詳細が語られるようになった頃，Fの描写は**細部に**わたっていた。個人情報の関係で実際の語りよりも解像度を下げて描写せざるをえないが，たとえばこんなふうに――

　　朝学校に行く前から19時過ぎまで両親が家を空けていたこと，両親の仕事場を訪れたときの独特な臭い，毎晩仕事場から帰ってくるときの疲弊し切った両親の不機嫌な表情，一人で帰る小学校の帰り道の風景，活躍した運動会や部活の具体的な記録，そうした結果に一切関心を向けない両親。

　　裕福な家庭出身者が多い大学で実家がある地域の寂れ具合を如実に実

感したこと，結果を出せば成績も収入も賞賛ももらえて「麻薬を吸ったかのように何時間でも働けた」営業時代，どれだけがんばっても「がんばったな」の一言もなかった両親。

　いずれも劇的ではない，ありふれたFの日常の風景であった。しかし，==その日常は紛れもないFの生々しい日常であり，Fという一人の人が確かに生きていることを実感させるもの==であった。いつしか私は，Fの体験してきた風景をリアルにイメージするようになっていった。

　医療倫理学者の宮坂道夫（2020）はナラティヴについて論じるなかで，「私という人間が個別性を生きているということを他人から認められ，そこにかけがえのない価値があるのだと理解してもらえるのは，そこに他の人の場合とは違う==細部がある==ことを認識されるからである。そのような細部の差異を理解せずに，単にカテゴリー化された理解で済まそうとする他人に触れたとき，私たちは強い疎外感を感じる」と述べている（強調引用者）。そして，「肉付け」「細部」「個別性」というキーワードを挙げ，判で押したような物語ではなく個別性のある物語として理解することの重要性を強調している。

　森田療法を専門とする塩路理恵子（2023）は，抽象的な観念的で「まとめられた」語りではその人自身の体験や感情が押し込められてしまうが，できる限り==「具体的な語り」==（強調引用者）を聞くことで，「ほかならぬその人自身の体験」を語るものになり，聞き手に共鳴が生じると論じている。

　こうした考えを踏まえれば，==具体的で肉付けされた物語を通して，ようやく私たちは理解や共鳴が可能となる==。つまり，"神は細部に宿る"ではないが，ミクロなナラティヴには，再構成やオルタナティヴの発見だけでなく，クライエント理解という心理療法にとって核となる機能が内包されている。

3 心理療法から日常へ

　最後に終結について考えてみたい。
　従来，心理療法の終結に関して，長きにわたる治療の場合にはクライエン

トが治療者を喪失するという意味での終結のワークの必要性や，心理療法なしの生活に慣れていくために面接頻度を徐々に減らしていく方法論などが議論されてきた。いずれも重要な論点ではあるが，ここでは別の角度からも光を当ててみたい。

　この治療は面接開始7年の時点で，「困ったら，また来ます」というFの言葉をもって，定期的に訪れる面接は一旦終結している。しかしその2年後，さらにその2年後にFは数回ずつ訪れ，最終的には日常へと回帰していった。いわば，「終わったようで終わっていない期間」が続いた。この期間を検討することで，クライエントの変容が定着して日常化する動きがどのように起こったのかを考えてみたい。

　7年目の暫定的終結を迎える前，Fは両親への恨みの感情を認識し，その恨みを「ぶちまけ」，これまで頼ることができずに辛かったという感情を認識する出来事があった。その際に「息子もこういう気持ちだったのだろう」と，はじめて理解した。この一連の動きは，心理療法論でよく使われる言葉を用いれば，「内省」が深まったプロセスと言える。

　しかし，長男とのあいだで実親との関係を反復しないためには，内省だけでは不十分である。実際に長男と接するなかで繰り返さないという体験が必要である。体験があってはじめて実感がもてるのである。実際，Fは長男と少しずつ距離を近づけ，途中からは一緒に生活するなかで，「息子に同じ思いをさせたくない」とFのなかで考えるだけでなく，実際に反復していない自分を確認することで自身の変化を実感できるようになった。このように**日常を通して反復されないことを確認する作業が必要なのである**。

　ここで注目したいのは，暫定的終結の2年後に訪れた際，Fが「自分の価値観を押し付けたくなる」と語った場面だ。この発言は，反復してしまいそうな不安を面接の場に語りに来た証でもある。そして，「でも，そのときにこらえるってことが大事なんですよね」と語る。この語りは私に問いかけるようでもあり，自分に言い聞かせるようでもあった。私が〈たしかに踏ん張りどころなのでしょうね〉と返すと，Fは「そうですよね」と，どこか安堵しているようにも見えた。この一連のやりとりから，Fは不安を不安として感

じることができつつあったものの，その不安を一人で抱えるにはまだ心許なく，確認する相手としての治療者を求めていた，と考えることができるだろう。そして，不安を語り安堵するという治療者とのやりとりを通して，Fは徐々に治療者なしでもこうした作業を自分のなかで行えるようになっていった。「不安を感じるけれど，何とかなりそうだと思える」という感覚は，長男との関係性に限定されず，仕事をはじめとしたFの日常生活へと般化していった。

　もうひとつ注目したいのは，「マイルストーン」の消失である。一旦の終結を挟み，一定の「マイルストーン」だった面接は，不定な「マイルストーン」へと変化した。日常化のためには，面接室や治療者が担っていた「マイルストーン」の役割がクライエントの内面に内在化される必要がある。言い換えれば，面接室や治療者がいなくても，クライエント自らがリズムをつくれるようになるということだ。

　暫定的終結後の面接で，Fからは「待つことはだいぶできるようになったけど，○○でいいのかなって思って」「○○だと思うんだけど，どうですか」と確認するような語りがあった。このようなやりとりは一見，治療者の指示待ちのように見えるかもしれないが，決してそうではない。あくまでもFは自分の考えを述べたうえで，治療者の意見を求めていた。このような聞き方をしていたのは，マイルストーン的な役割を自分自身が担えるようになっているものの，まだ完全ではないことを示していた。つまり，外のマイルストーンから内なるマイルストーンへの移行状態だ。このような移行状態においてはクライエントが治療者に確認したり，治療者が微修正したりといった些細なやりとりを何度か重ねることで，移行がさらに進行していくのである。

6 結語として

　第5章とその補遺において「心理療法とは何か」を論じることは，私なりの心理療法モデル（＝個人モデル）を構築する過程であった。その意味では，本書は既成のモデル的心理療法から出発し，現場で挫折し，オーダーメイドの個人モデルを構築するまでの過程を論じてきたとも言える。あらためて，そのプロセスを概説しておこう。

1 モデル的心理療法の実践

　むろん，モデル的心理療法は重要である。経験の浅い臨床家にとって誰かに強烈に憧れたり，のめり込んだりする過程も大切だ。第3章で「型破りと形なし」の話に触れたように，参照する理論的な枠組みやモデルなしに面接を進めることは地図のない航海に出るようなものであり，クライエントに致命的な損害を与える可能性が非常に高い。もちろん，倫理的にも大問題である。
　本書はモデル的心理療法では通用しない領域に光を当てたが，それは決してモデル的心理療法の価値やその訓練を軽んじてよいことを意味しているわけではない（私も訓練を受けつづけている）。

2 脱モデル化

　しかし，現場に出て最初に直面するのは，通用すると思っていたモデル的心理療法が通用しないという現実である。いわゆる「リアリティ・ショック」

と呼ばれるものだ。その現実に打ちのめされ，路頭に迷うことになる。かつての私のようにモデル的心理療法しか見えていなければ，路頭に迷っていることすら気づかず，目の前のクライエントを見失う可能性が高い。モデル通りに行うことばかりに気をとられ，クライエントを置き去りにしてしまうからだ。

「通用しない」というリアリティ・ショックを経て，私たちは心理療法の「暗黙知」を身につけることの重要性に気づく。暗黙知を探し，身につけようと格闘するなかで，徐々にモデル的心理療法は現場仕様への変形を迫られるようになる。暗黙知は細胞の樹状突起のようなものであり，私たちの心理療法が有機的に動き出すための接点となる。

同時に，モデル的心理療法と思っていたものは，実は私たち自身が過度に理想化し，教条化していたものだったことにも気づかされる。各学派の創始者たちも私たちと同じように日々の臨床のなかで悪戦苦闘しながら理論化していった一人の臨床家であったはずなのに，私たちが一方的に神聖化していたということである。

その悪戦苦闘のなかで，モデル的心理療法が一旦解体されると，「そもそも心理療法とは何なのか？」という問いが浮かび上がってくる。

3 脱モデル化から個人モデルの構築へ

そのような脱モデル化のなかで，徐々に自分なりの心理療法モデル（個人モデル）を構築しはじめるようになる。

私の場合，以下の2つがその中心に位置するようになっていった。

- 心理療法のセッションは，だいたいは何でもないような語りやフレーズで溢れている。とはいえ，ただ話を聞いていれば心理療法になるわけではない。その些細な言葉や振る舞いのなかに，その人らしさを読み取ることにセラピストとしての仕事がある。言い換えれば，ありふれた言葉のなかに，ありふれていない意味を見出すということだ。

- 心理療法の変化は，たいていの場合，セラピストの美しい介入によってドラスティックに生じるわけではない。多くが地味で地道な介入と些細な変化の積み上げである。美しい介入や治療者が思い描くドラスティックな変化に気を取られていては，私たちはクライエントの変化の可能性を摘んでしまいかねない。治療者に必要な素養があるとすれば，些細で小さなものに目を向ける眼差しである。

4 個人モデルの構築

　ここから徐々に個人モデルの構築が始まる。実際に個人モデルを構築しようと試みたのが本章である。そのなかで以下の3つの観点が抽出された。

　①セラピストは動かない――「治療空間の不思議」「リズムに共鳴する」「時間をかける」
　②セラピストは揺れている――「迷うセラピスト」「悩めるセラピスト」
　③クライエントの証人になる――「自生する言葉たち」「個人史のささやき」「心理療法から日常へ」

　私の場合，これまで馴染んできた心理臨床学や精神分析の観点からモデル化を試みたほうが小さな理論を組み立てやすかったが，あえて文化人類学や社会学などの人文知からも多くを参照した。
　というのも，自分に馴染んでいる論理のみから構築しようとすると，手垢にまみれた理論を再生産してしまい，結局はモデル的心理療法をなぞるだけの作業に逆戻りする危険性があるからだ。
　他の学問から心理臨床に光を当てることは，閉塞感を打ち破り，心理療法の新たな可能性を切り拓いてくれる。心理療法という文化を更新していくためには，人文知をはじめとした他学問との交流が不可欠である。その意味で理論化の過程は私なりの「実験」であり，本書そのものがひとつの「実験的領域」である。

5 個人モデルの更新

　ただし，この考えはあくまでも"今のところ"である。もしかしたら，この本が出版される頃にはまた変わってしまっているかもしれない。というよりも，変わるべきであると私は考えている。社会が変われば人の心の構造は変わり，ニーズも変わる。その時代時代のクライエントに合わせてセラピストは考えを変えていく必要がある。絶えず更新しなければ，あっという間に「化石化」してしまう。それは，ひとつのできあがった心理療法に固着していた，すなわちモデル的心理療法を追い求めていた若き日の私でもある。
　心理療法は，博物館に飾られている「化石」ではなく，今も日常のなかで日々変化している「生き物」なのだ。

＊

　以上が私なりの理論改訂の一例である。
　ここでは同じ事例を用いたが，必ずしも同じように行う必要はない。理論改訂の仕方にはいろいろなバリエーションがあるはずだ。だから，自分なりのやり方を探してみてほしい。
　また，理論のメンテナンスは本や論文を書かなければできないわけではない。むしろ，日々の日常的な営みである。日常で出会うケースによって「やっぱりこうなのかなあ」「ああ思ってたけど，違ったかもな」といった微修正が繰り返され，気づいたら大きく変わっているということもあるはずだ。おそらく，「完成」する日はないのだろう。途方もないように感じるかもしれないが，だからこそ臨床は面白い。
　この本が理論化の実装を目指す読者のガイドとなることで，セラピストにとって日々の臨床が生きたものになり，それがクライエントに還元されることを願っている。

エピローグ
夜と朝のあいだの独学論

　大学に入るまで読書感想文の課題図書以外ろくに読書をしてこなかった私が，まさか本を書くようになるとは思わなかった。

　ひょんなことから本の企画書を書くことになったのは，1年ほど前のことだ。「企画書を書くのはタダだし，書くだけ書いてみたら？」という友人の言葉がきっかけだった。予想外にその企画が通り，私は本を書くことになった。

　当初はここ数年書きためてきた原稿をフル活用する予定だった。実際，企画書にも並べていた。けれど，それらの原稿を並べても，どうもしっくりこなかった。どの原稿もそれなりに苦労して書いたけれど，既視感があったのだ。自分で書いたのだから，当たり前なのだけど。

　編集者と相談しているうちに，気づいたら全編書き下ろしをすることになっていた（今思えば，編集者は初めからそのつもりだったのかもしれないが……）。

　過去の原稿を参考にした部分もあるけれど，全てを一から書いた本である。

　私は，地図をもたずに旅に出てみたかった。

*

　午前3時30分。

　夜中なのか早朝なのか，絶妙にわからない時間だ。夏であっても外はまだ暗い。けれど，窓の外からは新聞配達の音が聞こえる。そんな時間にこの本は書かれた。

　本を書いたら家庭生活を送り，仕事に向かう。訓練を受け，また家庭生活

を送る。日々の繰り返しのなかで，ようやく一冊の本ができあがった。大切なのは習慣だ。

とはいえ，人生は自分でコントロールできることばかりではない。その時々のままならなさに身をゆだね，そのなかで，できることを考えるしかない。習慣を崩すことも大切だ。

臨床生活と家庭生活を送りながら本一冊を書く作業は，なかなかに痺れる体験だった（いろんな意味で）。いや，正直に言えば，深く，深く，疲れた。

書きはじめたとき，心理療法における暗黙知について書く予定だった。臨床現場で何となく大切と言われているけれど，学術的には取り上げられてこなかった臨床知を言葉にすることが，ここ数年の私のテーマだったからだ。

けれど，書いているうちに暗黙知の中身よりも，その「学び方」に関心が移っていった。それは，私が臨床を始めてからずっと抱いていた微かな"違和感"とつながっていた。

- 「どうして現場で教えてもらえないの？」という事務局長の言葉
- 教えてくれる「先輩」がいない一人職場
- 大学院教育と現場のあいだの大きすぎる乖離
- 呪いのような「神話」たち
- 家計を圧迫する訓練費（セミナー，スーパービジョン，パーソナルセラピー）
- 学会で"正統派ではない"発表をした後のロビーでの教育的「説教」

「心理療法を学ぶとは長く険しい道だ」という"空気感"があったから，私は長らく「そういうものだろう」と思っていた。私も同じ空気を吸い，取り込んでいたのだ。しかし同時に，経験を積むにつれて違和感は解消されるどころか，疼くようになっていた。

そして，コロナ禍を経て世の中がドラスティックに変化するうちに，私のなかの違和感は徐々に「疑問」へと様変わりしていった。従来型の心理療法

の学び方というものが，現代という時代と心理職が置かれている現実にマッチしていないのではないか，と思うようになったのだ。

だからこそ本書は暗黙知の実践書であると同時に，心理療法の学び方を問い直す問題提起の書になった。

*

この本で最も伝えたかったことは，学習の主体性を取り戻すということだ。

今も十分そうだけれど，おそらくこれから心理職はさまざまな面で主体性をもつことが難しい時代になるだろう。むしろ，主体性なんてないほうが楽かもしれない。

けれど，それでは心理臨床の世界は潰えてしまうという強い危機感を私はもっている。そうした風潮に，全力で抗いたくてこの本を書いた。大切なのは，自分で考えるという主体性だ。他者や先人から十分に学んだうえで，疑問をもち，「何のために？」を問うことである。それがあれば，心理療法の迷子から抜け出し，自分の臨床を語る言葉を発見し，過度な後ろめたさに苦しまなくなるはずだ。

もちろん，全ての要因を個人に還元することは，時に危険だ。主体性をもてないような環境もあるし，個人ではなく「大きな話」——心理職の教育システムの構造的問題や先代たちから脈々と続く負の遺産——の影響も多分にある。

でも，だからといって，「教え方が悪い」「教育システムがおかしい」と体制を批判するだけでは何も変わらない（声を上げるのは大切だけど）。上の世代には上の世代の歴史があり，文脈がある。教え方が悪いと思うのであれば，私たち自身が変えていかなければならない。

本書で書いたことは，〈独学〉という私なりの方法論である。言うなれば，私なりに「やってみた」ことを書いたにすぎない。ひとつの実験のようなものだ。

私なりの「やってみた」を読んだ読者が「自分もやってみよう」と思った

り，自分なりの「やってみた」を発信してみようと思ってもらえると，大変うれしい。

　政治学者の宇野重規（2023）は「いい実践は人が真似をしていく。それが連鎖していくと，多くの人々に伝播してやがて習慣として定着する。現代的で多様で，分散的な習慣の伝播というもののデザインが重要」と述べている。

- 誰かに師事して伝承的に学ぶこと
- 先人たちによって紡がれてきた知と対峙すること
- 多様な臨床家の実践が世の中に発信されて伝播していくこと

　これらが並置され，主体的能動的に学んだ心理職が自分なりの臨床を身近な人に教えられるようになり，多層的で多元的な心理療法の学びが可能になる世界になっていくことが，この業界の未来を明るく照らすと信じている。良くも悪くも「厳しい指導」がなくなりつつある時代だからこそ，自分自身で学ぶ〈独学力〉が問われるはずだ。

　なお，本書では訓練について語ってこなかったけれど，一言だけ触れておきたい。私にとって訓練とは，インナーマッスルの筋トレのようなものだ。劇的でもきらびやかでもないけれど，いざというときに踏ん張りが利くようになるということだ。

　私が投げる小石はあまりに小さくて，水面には波紋すら起こらないかもしれない。でも，この本を読んでくれた誰かがまた小石を投げてくれるかもしれない。そして，その小石を見た他の誰かが，また小石を投げてくれるかもしれない。私一人の力は小さいけれど，そうやってじわじわとバトンがつながっていくことを願っている。

　実践者の一人として，これからも私は書きつづけるつもりである。

＊

　本書は私一人の力では到底書けなかった。

「先生」文化が好きではないので,以下では全て「さん」付けで感謝を述べたい（リスペクトと親愛を込めて）。

真っ先にお礼を述べたいのは,岩倉拓さんである。ここでは書き尽くせないほどに感謝をしている。私たちの世代が伸び伸びと臨床や執筆ができているのは,身を挺して守り,そしてさまざまな機会を与えてくれた岩倉さんがいたからだ。私の臨床人生の始まりに岩倉さんと出会い,「小さな勉強会」に参加できたことは幸運でしかない。

友であり,仲間であり,同志である山崎孝明さんにも改めてお礼を述べたい。壊滅的に書くことができなかった苦しい数年間を粘り強く支えてくれ,単行本を書くなんて発想がなかった私に企画書を書いてみることを提案してくれたのが山崎さんである。山崎さんなしにはこの本は生まれなかった。

本書はいろいろな方に何度も読んでもらって完成した。
齋藤真樹子さん,日野忍さん,小川基さん,東畑開人さん,内田亮さん,小林陵さん,村岡洋子さん,片岡勧さん,ありがとうございました。
また,「小石を投げることの大切さ」を教えてくれた齊藤万比古さん,「理論化することの重要性」を教えてくれた十川幸司さんにも感謝しています。
齊藤万比古さんと東畑開人さんには,忙しい最中にお二人らしさあふれる推薦文を書いていただき,本当にありがとうございました。
日々支えてくださっている愛育クリニック,あざみ野心理オフィスの皆様,事例掲載の許可をしてくださったFさんにも心から感謝しております。

無名にもかかわらず,書きながら結論を考えるという無謀な私の挑戦を信じ,励ましつづけてくれた編集者の藤井裕二さんには感謝してもしきれない。書いた原稿を藤井さんに送り,藤井さんのコメントからまた考えるという往復を,何度したかわからないほどにお付き合いいただいた。本書の大部分は,そのやりとりから生まれたものである。藤井さんからは「丁寧に仕事をするということ」を教わった。藤井さんが最初の編集者であったことも,私にとっ

ては大変幸運だった。支えていただき，ありがとうございました。

　そして最後に，日々小さくて大きな幸せをくれる妻と子どもたちに感謝を捧げたい。

　2023年12月

山口貴史

文献一覧

American Group Psychotherapy Association（2007）Clinical Practice Guidelines for Group Psychotherapy. New York : Science to Service Task Force.（西村馨，藤信子＝監訳（2014）AGPA集団精神療法実践ガイドライン．創元社）

綾屋紗月＝編（2018）ソーシャル・マジョリティ研究──コミュニケーション学の共同創造．金子書房．

リチャード・バック［五木寛之＝訳］（2014）かもめのジョナサン［完全版］．新潮社．

Balint, M.（1968）The Basic Fault : Therapeutic Aspects of Regression. London : Routledge.（中井久夫＝訳（1981）治療論からみた退行．金剛出版）

Busch, F.（2014）Creating A Psychoanalytic Mind : A psychoanalytic Method and Theory. London : Routledge.（妙木浩之＝監訳，鳥越淳一＝訳（2021）精神分析マインドの創造．金剛出版）

Centre for the Advancement of Interprofessional Education（2016）Statement of purpose.（https://www.caipe.org/resource/CAIPE-Statement-of-Purpose-2016.pdf［2024年6月19日閲覧］）

クリス・チャップマン［鈴木寛之＝訳］（2021）リサーチ・クエスチョンの理論化．メルコ管理会計研究 13-1 ; 63-79.

千葉雅也（2018）意味がない無意味．河出書房新社．

Clark, G.I. & Egan, S.J.（2015）The socratic method in cognitive behavioural therapy : A narrative review. Cognitive Therapy and Research 39-6 ; 863-879.

Cozolino, L.（2021）The Making of a Therapist : A Practical Guide for the Inner Journey. New York : W.W. Norton.（山田勝＝監訳（2022）心理療法家になる──内界の旅への実践ガイド．誠信書房）

アンリ・F・エランベルジェ［中井久夫＝訳］（1999）エランベルジェ著作集［2］──精神医療とその周辺．みすず書房．

藤澤大介（2017）チーム医療において期待される心理職の役割．精神療法 43-6 ; 790-795.

藤山直樹（2006）事例研究をめぐって．In：新臨床心理学入門（こころの科学増刊）．日本評論社，pp.97-102.

藤山直樹（2010）集中講義・精神分析［下］──フロイト以後．岩崎学術出版社．

藤山直樹，笠井清登＝編（2020）こころを使うということ──いま求められる心理職のアイデンティティ．岩崎学術出版社．

藤山直樹，中村留貴子＝監修（2014）事例で学ぶアセスメントとマネジメント──こころを考える臨床．岩崎学術出版社．

福島真人（2001）暗黙知の解剖──認知と社会のインターフェイス．金子書房．

福島真人（2017）真理の工場──科学技術の社会的研究．東京大学出版会．

福島真人（2022）学習の生態学――リスク・実験・高信頼性．筑摩書房［ちくま学芸文庫］．
福島哲夫（2020）開業臨床のサバイバルモデル．臨床心理学 20-5；644-646．
古田徹也（2018）言葉の魂の哲学．講談社．
Greenson, R.R. (1967) The Technique and Practice of Psychoanalysis. New York : International Universities Press.
濱家由美子（2019）認知行動療法面接の基本構造．精神療法 45-1；18-23．
浜内彩乃（2024）子どもと大人の福祉制度の歩き方．ソシム．
原井宏明（2020）認知行動療法実践のコツ――臨床家の治療パフォーマンスをあげるための技術．金剛出版．
平木典子（2011）スーパーヴァイジーのアカウンタビリティⅠ（［連載］心理臨床スーパーヴィジョン 13）．精神療法 37-1；97-102．
弘中正美（2022）遊戯療法と子どもの心的世界．金剛出版．
Hutchins, E. (1995) Cognition in the Wild. Cambridge, MA : MIT Press.
今井むつみ，秋田喜美（2023）言語の本質．中央公論新社［中公新書］．
乾吉佑（2010）受賞記念講演 治療ゼロ期の精神分析．精神分析研究 54-3；191-201．
石垣琢麿（2020）心理療法・カウンセリングにおける「問うこと」と「聴くこと」．臨床心理学 20-4；375-378．
石垣琢麿，山本貢司＝編（2019）クライエントの言葉をひきだす認知療法の「問う力」――ソクラテス的手法を使いこなす．金剛出版．
石川亮太郎（2020）認知行動療法とソクラテス的手法における「問う力・聴く力」．臨床心理学 20-4；398-401．
伊藤亜紗（2018）どもる体．医学書院．
伊藤亜紗（2020）手の倫理．講談社．
伊東史ヱ，加茂登志子（2014）親と子へのPCIT．保健の科学 56-10；657-661．
伊藤正哉，山口慶子，榊原久直＝編（2023）心理職の仕事と私生活――若手のワーク・ライフ・バランスを考える．福村出版．
岩壁茂（2005）事例のメタ分析．In：日本家族心理学会＝編：家族間暴力のカウンセリング．金子書房，pp.154-169．
岩壁茂（2010）はじめて学ぶ臨床心理学の質的研究．岩崎学術出版社．
岩壁茂（2019）スーパーヴィジョンにおける恥――失敗・修復・成長．臨床心理学 19-3；321-324．
岩壁茂＝監修，工藤由佳＝著（2024）愛着トラウマケアガイド――共感と承認を超えて．金剛出版．
岩倉拓（2013）治療0期の「耕し」と「治水」――精神分析的心理療法の現場実践．In：乾吉佑＝編：心理臨床家の成長．金剛出版，pp.164-186．
岩倉拓（2022）精神分析の観点から見た被災地での連携．In：祖父江典人，細澤仁＝編：日常臨床に活かす精神分析［2］――現場で起こるさまざまな連携．誠信書房．
岩倉拓，関真粧美，山口貴史，山崎孝明，東畑開人（2023）精神分析的サポーティブセラピー（POST）入門．金剛出版．
壁屋康洋（2020）激しい怒りにどう対処するか――アンガーマネジメント．臨床心理学 20-4；434-438．
亀岡智美（2020）トラウマインフォームドケアの意義と広がり――見逃されがちなトラウマへ

のケアに向けて．精神科治療学 35-6；579-582．

上岡陽江（2023）［座談会4］「言うは易し，行うは難し」の共同創造（綾屋紗月，上岡陽江，熊谷晋一郎，佐々木理恵，里村嘉弘／宮本有紀＝司会）．In：笠井清登＝責任編集：こころの支援と社会モデル──トラウマインフォームドケア・組織変革・共同創造．金剛出版，pp.260-273．

笠井清登（2023）序──こころの支援と社会モデル（TICPOC C-2コース）とは何か．In：笠井清登＝責任編集：こころの支援と社会モデル──トラウマインフォームドケア・組織変革・共同創造．金剛出版，pp.11-20．

樫原潤，川﨑隆，髙木郁彦，羽澄恵，能登眸，下山晴彦（2016）医療領域での多職種協働における臨床心理職の課題──臨床心理職に対するアンケート調査から．東京大学大学院教育学研究科紀要 55；291-302．

加藤隆弘（2022）精神分析と脳科学が出会ったら？．日本評論社．

勝連啓介（2020）沖縄のような地方で小児科医が児童精神科領域に精通した人材になるための提案と課題．児童青年精神医学とその近接領域 61-4；320-326．

河合隼雄（1977）臨床心理学におけるケース研究．In：臨床心理ケース研究［1］．誠信書房，pp.231-254．

河合隼雄（1986）心理療法論考．新曜社．

川島義高，山田光彦（2017）チーム医療のための専門職連携教育（Interprofessional Education：IPE）．精神療法 43-6；809-816．

Kim, Y.Y. (2008) Intercultural personhood : Globalization and a way of being. International Journal of Intercultural Relations 32-4；359-368.

北川恵（2015）アタッチメントに基づく親子関係支援プログラムとアタッチメント理論の臨床への応用．日本サイコセラピー学会雑誌 16；63-69．

北村麻紀子（2013）医療場面での関係づくり──チーム医療のなかで関係を作る．臨床心理学 13-6；803-806．

國分功一郎，千葉雅也（2021）言語が消滅する前に．幻冬舎［幻冬舎新書］．

國分功一郎，熊谷晋一郎（2020）〈責任〉の生成──中動態と当事者研究．新曜社．

近藤孝司，長屋佐和子（2016）関係性の観点からみた心理臨床家の専門職アイデンティティの発達．心理臨床学研究 34-1；51-62．

熊谷晋一郎（2022）解説 周縁者が参加できる組織の条件．In：福島真人：学習の生態学．筑摩書房［ちくま学芸文庫］，pp.451-459．

栗原和彦（2019）臨床家のための実践的治療構造論．遠見書房．

Lieberman, A.F. & Van Horn, P. (2008) Psychotherapy with Infants and Young Children : Repairing the Effects of Stress and Trauma on Early Attachment. New York : The Guilford Press.（青木紀久代＝監訳（2014）子ども－親心理療法──トラウマを受けた早期愛着関係の修復．福村出版）

松本卓也（2016）水平方向の精神病理学に向けて．at プラス 30；32-51．

松本俊彦（2019）「やりたい」「やってしまった」「やめられない」──薬物依存症の心理．In：松本俊彦＝編：「助けて」が言えない．日本評論社，pp.58-71．

Miller, L., Rustin, M., Rustin, M. & Shuttleworth, J. (1989) Closely Observed Infants. London : Bloomsbury Publishing.（木部則雄，鈴木龍，脇谷順子＝監訳（2019）乳幼児観察入門──早期母子関係の世界．創元社）

Miller, W.R. & Rollnick, S.（2002）Motivational Interviewing : Preparing People for Change. 2nd Ed. New York : The Guilford Press.（松島義博，後藤恵＝訳（2007）動機づけ面接法――基礎・実践編．星和書店）

宮地尚子，村上靖彦（2023）とまる，はずす，きえる――ケアとトラウマと時間について．青土社．

宮坂道夫（2020）対話と承認のケア――ナラティヴが生み出す世界．医学書院．

毛利伊吹（2022）認知行動療法のソクラテス式質問は対立を生むのか――ソクラテス式質問における「答え」という視点からの考察．精神療法 48-5；664-673.

森真佐子（2019）アメリカの心理士の歴史と現状．こころと文化 18-1；17-27.

村瀬孝雄（1985）親と子のカウンセリング――基本と実際．In：安田生命社会事業団＝編：親子関係の診断と治療．安田生命社会事業団，pp.34-74.

村上雅彦（2006）親面接を有効にするために――システムズアプローチの視点から．精神療法 32-4；446-452.

村上靖彦（2021）交わらないリズム――出会いとすれ違いの現象学．青土社．

Music, G.（2019）Nurturing Children : From Trauma to Growth Using Attachment Theory, Psychoanalysis and Neurobiology. New York : Routledge.（鵜飼奈津子・藤森旭人＝訳（2022）トラウマを抱える子どものこころを育むもの――アタッチメント・神経科学・マインドフルネスとの出会い．誠信書房）

妙木浩之（2010）初回面接入門――心理力動フォーミュレーション．岩崎学術出版社．

妙木浩之（2023）修正情動体験をめぐって．精神療法 49-2；169-173.

永井撤（2021）心理臨床の親面接．北大路書房．

中釜洋子（2008）家族のための心理援助．金剛出版．

中釜洋子（2021）家族支援の一歩――システミックアプローチと統合的心理療法．遠見書房．

中釜洋子，布柴靖枝，無藤清子，野末武義（2008）家族心理学――家族システムの発達と臨床的援助．有斐閣．

中井久夫（2016）［新版］精神科治療の覚書．日本評論社．

中村留貴子（2018）思春期臨床における治療構造．臨床心理学 18-3；274-278.

中岡哲郎（1971）工場の哲学――組織と人間．平凡社．

日本家族研究・家族療法学会＝編（2013）家族療法テキストブック．金剛出版．

日本臨床心理士会（2014）医療領域における臨床心理士に対するニーズ調査結果報告書（http://www.jsccp.jp/suggestion/sug/pdf/iryou_20141202.pdf［2023年10月31日閲覧］）．

西野入篤（2021）心理療法の面接構造とオンラインカウンセリングについて――統合的アプローチの立場から．臨床心理学 21-3；338-342.

信田さよ子（1999）アディクションアプローチ――もうひとつの家族援助論．医学書院．

信田さよ子（2002）DVと虐待――「家族の暴力」に援助者ができること．医学書院．

信田さよ子（2019）専門家によるカウンセリングを利用する――タイミング・ポジショニング・コラボレーション．In：熊谷晋一郎＝責任編集：当事者研究をはじめよう（臨床心理学 増刊第11号）．金剛出版，pp.137-141.

信田さよ子（2021）心理職の存在の根拠を問う．臨床心理マガジンiNEXT（https://note.com/inext/n/nf0bc027b54f1［2023年11月20日閲覧］）．

信田さよ子，上岡陽江，シャナ・キャンベル（2004）虐待という迷宮．春秋社．

信田さよ子，松本卓也（2018）斜めに横断する臨床＝思想．In：現代思想の総展望 2018（現代

思想 2018年1月号）．青土社，pp.67-86．
野口裕二（2018a）多職種連携の新しいかたち——オープンダイアローグからの示唆．In：山登敬之＝編：対話がひらくこころの多職種連携（こころの科学増刊）．日本評論社，pp.2-8．
野口裕二（2018b）ナラティヴと共同性——自助グループ・当事者研究・オープンダイアローグ．青土社．
岡嶋美代（2015）動機づけ面接．In：岩壁茂＝編：カウンセリングテクニック入門——プロカウンセラーの技法30（臨床心理学 増刊第7号）．金剛出版，pp.86-91．
岡野憲一郎（2008）治療的柔構造——心理療法の諸理論と実践との架け橋．岩崎学術出版社．
岡野憲一郎，松井浩子，加藤直子，久野美智子（2022）もっと知りたい解離性障害——解離性同一性障害の心理療法．星和書店．
小此木啓吾（1990）治療構造論序説．In：岩崎徹也＝編：治療構造論．岩崎学術出版社．
小俣和義（1999）母親と協力して支えた思春期女子の事例——同一治療者による母子並行面接を通して．心理臨床学研究 16-6；538-549．
小俣和義（2006）親子面接のすすめ方——子どもと親をつなぐ心理臨床．金剛出版．
大野裕（1990）治療的柔構造．In：岩崎徹也＝編：治療構造論．岩崎学術出版社，pp.232-247．
大野裕（2012）定型的（高強度）認知行動療法と簡易型（低強度）認知行動療法．心身医学 52-9；798-802．
大竹伸朗（2005）既にそこにあるもの．筑摩書房［ちくま文庫］．
大塚紳一郎（2021）治療構造論の影．臨床心理学 21-3；273-277．
Peebles, M.J.（2002）Beginnings : The Art & Science of Planning Psychotherapy. New York : The Analytic Press.（神谷栄治＝訳（2010）初回面接——出会いの見立てと組み立て方．金剛出版）
Polanyi, M.（1983）Tacit Dimension. Gloucester, MA : Peter Smith Pub Inc.（高橋勇夫＝訳（2003）暗黙知の次元．筑摩書房［ちくま学芸文庫］）
Rexwinkel, M.J & Verheugt-Pleiter, A.J.E.（2008）Helping parents to promote mentalaization. In : A.J.E. Verheugt-Pleiter, J. Zevalkink & M.G.J. Schmeets (Eds.) Mentalizing in Child Therapy : Guidelines for Clinical Practitioners. London : Karnac Books, pp.69-90.
Rockland, L.H.（1989）Supportive Therapy : A Psychodynamic Approach. New York : Basic Books.
齊藤万比古（2021）児童精神科臨床の明日へ投げ込む小石．精神医学 63-5；778-784．
斎藤清二（2013）事例研究というパラダイム——臨床心理学と医学をむすぶ．岩崎学術出版社．
斎藤環（2017）悪性退行をいかに予防するか？．精神療法 43-2；187-192．
佐藤光（2010）マイケル・ポランニー「暗黙知」と自由の哲学．講談社．
Seikkula, J. & Arnkil, T.E.（2006）Dialogical Meetings in Social Networks. London : Routledge.（高木俊介，岡田愛＝監訳（2016）オープンダイアローグ．日本評論社）
関真粧美（2020）アセスメントとマネジメント．精神分析的心理臨床セミナー（未公刊）．
関真粧美（2022）"人が怖い"という訴えにどう対応するか——医療領域における精神分析の活用．臨床心理学 22-5；589-592．
関真粧美（2023）精神分析的サポーティブセラピーPOSTにおける「助言」について．日本精神分析的心理療法フォーラム 11；138-151．
下山晴彦（2010）これからの臨床心理学（臨床心理学をまなぶ1）．東京大学出版会．
塩路理恵子（2023）森田療法のエッセンス——プロセスの中でこころが動くとき．こころの科

学 230；75-80.
Solomon, M.F., Neborsky, R.J., Mccullough, L., Alpert, M., Shapiro, F. & Malan, D.（2001）Short-Term Therapy for Long-Term Change. New York：W.W. Norton.（妙木浩之，飯島典子＝監訳（2014）短期力動療法入門．金剛出版）
Sue, D.W.（2010）Microaggression in Everyday：Race, Gender, and Sexual Orientation. New York：John Wiley & Sons.（マイクロアグレッション研究会＝訳（2020）日常生活に埋め込まれたマイクロアグレッション——人種，ジェンダー，性的指向：マイノリティに向けられる無意識の差別．明石書店）
菅谷瑛子（2021）治療における枠組みと距離感．月刊ナーシング 41-9；118-125.
鈴木伸一（2008）医療心理学の新展開——チーム医療に活かす心理学の最前線．北大路書房．
高野久美子（2006）教育相談所での取り組み．精神療法 32-4；21-27.
田中雅一（2011）運命的瞬間を求めて——フィールドワークと民族誌記述．In：西井涼子＝編：時間の人類学．世界思想社，pp.115-140.
田中恒彦（2021）「構造」しかない認知行動療法．臨床心理学 21-3；278-282.
鑪幹八郎，名島潤慈（1983）心理療法家の手引き．誠信書房．
富樫公一（2021）当事者としての治療者——差別と支配への恐れと欲望．岩崎学術出版社．
十川幸司（2008）来るべき精神分析のプログラム．講談社．
冨岡直，満田大，中嶋義文（2013）多職種協働のために精神科リエゾンチームの心理職に求められること——チームの内と外，二側面による検討．総合病院精神医学 25-1；33-40.
東畑開人（2023a）ふつうの相談．金剛出版．
東畑開人（2023b）善き治療とは何か——あるいは，イワシの頭に癒されていいのか．In：笠井清登＝責任編集：こころの支援と社会モデル——トラウマインフォームドケア・組織変革・共同創造．金剛出版，pp.28-39.
鶴光代，津川律子＝編（2018）シナリオで学ぶ心理専門職の連携・協働——領域別にみる多職種との業務の実際．誠信書房．
筒井亮太（2020）短時間・低頻度サイコセラピー序説．In：細澤仁，上田勝久＝編：実践に学ぶ30分カウンセリング．日本評論社，pp.10-28.
Tuan, Y.（1977）Space and Place. Minneapolis, MN：University of Minnesota.（山本浩＝訳（1993）空間の経験．筑摩書房［ちくま学芸文庫］）
上田麻美，下山晴彦（2017）心理職をめぐるチーム医療の現状と課題．精神療法 43-6；784-789.
上田勝久（2023）個人心理療法再考．金剛出版．
宇野重規（2023）実験の民主主義——トクヴィルの思想からデジタル，ファンダムへ．中央公論新社［中公新書］．
鷲田清一（2006）「待つ」ということ．角川学芸出版．
Weick, K.（1979）The Social Psychology of Organization. New York：The McGraw-Hill.（遠山雄志＝訳（1997）組織化の社会心理学．文眞堂）
White, M.（2007）Maps of Narrative Practice. New York：W.W. Norton.（小森康永，奥野光＝訳（2009）ナラティヴ実践地図．金剛出版）
Whitham, C.（1991）Win the Whining War & Other Skirmishes. London：Perspective Publishing.（上林靖子＝監訳（2002）読んで学べるADHDのペアレントトレーニング．明石書店）
Winston, A., Rosenthal, R.N. & Pinsker, H.（2004）Introduction to Supportive Psychotherapy.

Washimgton D.C. and London, UK : American Psychiatric Publishing.（山藤奈穂子，佐々木千恵＝訳（2009）支持的精神療法入門．星和書店）
Wittgenstein, L.（1974）Philosophical Grammar. Oxford : Blackwell.（山本信，坂井秀寿＝訳（1975）哲学的文法［1］（ウィトゲンシュタイン全集［3］）．大修館書店）
山口素子（2022）親面接の実践．創元社．
山口貴史（2021）親面接のマネジメント――セラピストの内的参照枠と介入に着目して．心理臨床学研究 39-1；38-49．
山口貴史（2022a）病棟他職種（看護師を中心に）からのニーズにどう対応するか？．臨床心理学 22-5；593-597．
山口貴史（2022b）低頻度かつ長期の心理面接の意義．心理臨床学研究 40-2；127-137．
山口貴史（2023）POSTの終盤をガイドする――POSTの終結と精神分析的セラピーへの移行・リファーの方法論．In：岩倉拓ほか：精神分析的サポーティブセラピー（POST）入門．金剛出版，pp.185-216．
山登敬之＝編（2018）対話がひらくこころの多職種連携（こころの科学増刊）．日本評論社．
山崎孝明（2021）精神分析の歩き方．金剛出版．
山崎孝明（2023）「ちょうどいい距離感」をいっしょに探る――自立という名の孤立，ストーキング，そしてパートナーシップ．臨床心理学 23-3；267-272．
柳川範之，為末大（2022）Unlearn（アンラーン）――人生100年時代の新しい「学び」．日経BP．
安井飛鳥（2018）グレーゾーンのニーズを翻訳する．In：山登敬之＝編：対話がひらく――こころの多職種連携（こころの科学 増刊）．日本評論社，pp.140-148．
吉田弘道（2013）心理相談と子育て支援に役立つ親面接入門．福村出版．
吉田沙蘭（2017）チーム医療における多職種協働のための情報共有．精神療法 43-6；832-837．

索　引

人名索引

バック，リチャード（Bach, Richard）....... 225
バリント，マイケル（Balint, Michael）....... 86
ベイトソン，グレゴリー（Bateson, Gregory）
.... 255
ビオン，ウィルフレッド（Bion, Wilfred）
.... 147
ブッシュ，フレッド（Busch, Frted）............ 93
クラーク，ギャビン（Clark, Gavin）............ 93
コゾリーノ，ルイス（Cozolino, Louis）.... 110, 112, 166
イーガン，サラ（Egan, Sarah）..................... 93
エランベルジェ，アンリ（Ellenberger, Henri）
.... 267, 268
グリーンソン，ラルフ（Greenson, Ralph）
.... 92
ミラー，ウィリアム（Miller, William）
.... 96, 175
ミュージック，グレイアム（Music, Graham）
.... 124, 125
ピーブルズ，メアリー（Peebles, Mary）..... 173
ロックランド，エローレンス（Rockland, Lawrence）... 96
ロジャース，カール（Rogers, Carl）............ 88
ロルニック，ステファン（Rollnick, Stephen）
.... 96, 175
セイックラ，ヤーコ（Seikkula, Jaakko）
.... 131-133
スターン，ダニエル（Stern, Daniel）......... 165
トゥアン，イーフー（Tuan, Yi-Fu）.... 262, 263
ホワイト，マイケル（White, Michael）..... 277

ウィニコット，ドナルド（Winnicott, Donald）
.... 147
ウィンストン，アーノルド（Winston, Arnold）
.... 96
ウィトゲンシュタイン，ルートヴィッヒ
（Wittgenstein, Ludwig）.......................... 273
綾屋紗月 117
石垣琢麿 91, 93
伊藤亜紗 125
今井むつみ 274, 276
岩壁茂 214, 257
岩倉拓 103, 133, 134, 148
上田勝久 96, 147, 245, 247
宇野重規 288
岡野憲一郎 103, 104, 162
小此木啓吾 102
大竹伸朗 223, 229, 243
大塚紳一郎 102
大野裕 103
笠井清登 116, 117, 212
勝連啓介 216
加藤隆弘 257, 258
上岡陽江 212
河合隼雄 146, 257
熊谷晋一郎 205, 258
栗原和彦 102
國分功一郎 258, 259
齊藤万比古 271
斎藤清二 257
斎藤環 88
下山晴彦 111, 131, 135
関真粧美 96, 179, 276
田中雅一 263
千葉雅也 258, 259
東畑開人 6, 210

十川幸司	271
中井久夫	246, 266
中釜洋子	153
野口裕二	129, 131, 247, 277
信田さよ子	118-120, 157
浜内彩乃	161
原井宏明	175, 176
平木典子	213
福島真人	104, 202-205, 215, 217, 218
藤山直樹	212, 258, 270
古田徹也	275
松本卓也	119
松本俊彦	162, 172
宮坂道夫	258, 278
宮地尚子	215
妙木浩之	120, 173, 174,
村上靖彦	123, 147, 215, 246, 247, 264, 265
毛利伊吹	93
山崎孝明	121, 172
鷲田清一	273

事項索引

アルファベット

ADHD 23, 43, 183
ASD 43, 231, 232
CBT（認知行動療法）...... viii, 3, 19, 22, 25, 28, 30, 91-93, 102, 103, 106, 170, 174, 179, 186, 215
DV（被害）...... 58, 61, 62, 116, 118, 120, 158, 161, 163
EAP（Employee Assistance Program）...... 75, 234
ERP（曝露反応妨害法）... 19, 26, 27, 190, 192, 194
MBT（メンタライゼーションに基づいた治療）...... 87
OCD（強迫症）...... 19, 20, 22, 23, 26, 27, 122, 143, 144, 149, 151, 170, 190, 192, 194
OJT［▶オン・ザ・ジョブ・トレーニング］
TPAR（Training in Psychotherapeutic Approaches for Residents）...... 212, 213

あ

アジェンダの設定 179
アセスメント ...... vii, 28, 65, 66, 72, 76, 92-94, 105, 111, 135, 137, 149, 153, 155, 181, 245, 261, 265, 269
暗黙知 12, 82, 127, 164, 186, 195, 198, 200, 201, 220, 221, 252, 253, 282
　　――学習のルート 207-209
　　――の学習 202-206
　　――の学び方 210-220
　　実験的領域 204, 205, 207, 208, 218, 219, 283
　　失敗と学習 203-206, 207, 209, 219, 265, 270
　　即興の徒弟制 202, 203, 207, 216, 217, 219, 220
行き先会議 87, 178-185, 194, 209
　　ズレを感知する 183
　　話し合いを提案する 183-184
　　ベースラインを決める 180-182
　　目的共有の重要性を説明する 182
異業種交流 ...... 215-220［▶同業種交流］
エビデンス 131, 145, 257-259, 271
　　――主義 258, 259
オープンダイアローグ 131-133
親面接 27, 50, 127, 142-156, 179, 190, 191, 193, 209, 230, 232
　　アセスメント 151-153
　　応用問題としての―― 148-149
　　構造 145-146
　　セラピストの内的準拠枠 149-151
　　理由・目的 142-144
　　理論的背景 147-148
オン・ザ・ジョブ・トレーニング（OJT）...... 215, 220

か

学習の主体性 10, 198
学派知 6, 252
家族療法 120, 147, 149, 155, 156, 174, 215
逆転移 .... v, 269
救世主の夢 110
境界侵犯 102
教条化 4, 8, 12, 13, 224, 226, 227, 229, 230, 233, 251, 252, 282
共通言語 137, 138
協働 128-130
強迫症［▶OCD］
クライエント
　　——に波長を合わせる 27, 165, 276
　　——の気づきの促進 93
　　——の希望を聞く 106
　　——の主体性 95, 97
　　——の準備性 25, 26, 266
　　——の証人になる 273-280
　　——の自立性 245, 249
　　——の多層化 5
　　——のモチベーション 170, 172
　　——の物語（ナラティヴ） 247, 259
　　——のリズム 105, 265, 266, 280
　　——との距離感 120-124
　　主訴が未分化な—— 171
　　潜在的な—— 171-172
　　誰かに連れてこられた—— 170
　　治療に対して両価的な—— 171
儀礼化 217, 218, 226
経験知 12, 186
傾聴 ..... iii, iv, 4, 18, 73, 83, 84, 88, 96, 226, 233
　　——神話 83-88
権威勾配 116-119, 126
言語
　　オノマトペ 275, 276
　　身体性 274, 276
　　多義性 274, 275
　　歴史性 274
権力性（セラピストの） 116-120, 126
構造化 80, 102, 103, 105, 107-109, 139
公認心理師 6, 8, 17, 29, 39, 157, 161, 220

公認心理師法 128
誤学習 4, 8, 9, 82, 212, 252
コンサルテーション 32-35, 134

さ

時熟 264, 267
自助グループ 119, 120
実践知 12
質問 90-94, 98, 134, 172, 173, 187
　　アセスメント 92-93
　　クライエントの気づきの促進 93
　　現実検討の促進 93-94
　　ソクラテス式—— 91, 93
　　未飽和—— 93
　　明確化 92
社会資源 62, 157, 160, 163
社会制度 160, 161
熟練（者） 4, 118, 130, 150, 212
主治医 19, 21, 25, 30-32, 39, 64, 66, 158, 159, 163, 177, 184, 190-192
助言 .... vi, 4, 5, 75, 82, 95-99
　　——の実際 98-99
　　——のポイント 96-97
　　心理療法における—— 96
事例
　　——A「ガムが怖くて何が悪い！」（10代男子） 17-28, 50, 115, 122, 142-144, 148, 151, 165, 166, 169, 170, 173, 186, 195, 209
　　——A'「ネッチョン」（10代男子） 186-195
　　——B「完璧な私でいたかった」（20代女性） ... 29-40, 115, 122, 128-131, 133-135, 137, 138, 169-171, 207, 208
　　——C「私だって辛かったんです」（40代女性） 41-51, 84, 85, 87, 89, 93, 110, 142, 143, 148-151, 154, 155, 208, 209
　　——D「やっぱり私が悪いんです」（20代女性） 52-62, 115, 116, 118, 157, 158, 209
　　——E「私たち，何をしてるんでしょう？」（30代男性） ... 63-73, 89, 92, 106, 169-172, 178-181, 209

――F「自分の足で立っていたい」「待つということ」(40代女性) 74-80, 95, 98, 99, 101, 107, 233-244, 255, 260, 261, 273
事例研究 244, 257-259
心理教育 19, 22-24, 27, 122, 143, 144, 151, 159, 167, 173, 190, 192, 194, 215
心理療法
　ありふれた―― 6
　学派的―― .... viii, ix, 6
　現場的―― 6
　個人―― .... viii, 6, 133, 176, 177,
　個人モデル 281-284
　モデル的―― 281-284
神話化 83, 96, 225-227, 229, 230, 233, 252
スクールカウンセラー ... 42, 49, 112, 134, 149, 158
スーパービジョン .... ix, x, 7-10, 48, 199, 200, 207, 209, 213, 214, 286
　個人―― 213-214
　ピア―― 211-213
成熟(セラピストとしての) 3, 9, 267
精神分析的サポーティブセラピー(POST)
　... 96, 103, 106
精神分析的心理療法 3, 30, 68, 69, 74, 76, 78-80, 93, 102, 106, 184, 230, 234, 235, 261, 265, 269, 270
ゼロ期(0期) 133
専門職種連携教育 130
ソーシャルワーク 157-159, 176
ソーシャルワーク的仕事 62, 127, 157-163, 209

た

大学院教育 .... ix, 6-9, 130, 141, 148, 286
退行 47-49, 85-87, 139, 148, 213, 245
　悪性の―― 85-88, 213
　良性の―― 85, 213
多職種連携 128-141, 157, 192, 208, 209
　多職種カンファレンス 133, 137-140
　――の対話性 140-141
脱神話 12, 186, 198, 209, 252
　――的技法 195

小さな勉強会 208-209
小さな理論 13, 224, 233, 244, 247-251, 254, 271, 283
　オープンエンディッドな終結 248-249
　自立性の担保 245-246
　――のメンテナンス 255-284
　――をつくる 249-251
　物語の再構成 247-248
　「ゆっくり」というリズム 246-247
チーム 54, 129, 130, 134, 138, 140, 219
チーム医療 135
中立性 73, 100, 102, 120
チューター 213, 215
治療関係 87, 88, 176, 249
治療空間 262-264
治療構造 101, 103, 104, 106, 109, 160, 161, 179, 266
　――神話 82, 100
　――論 102
治療的柔構造 103
治療同盟 96, 173
抵抗 .... vi, 74, 269, 270
低頻度設定 78, 103, 230, 231, 233, 245, 246, 248, 249
転移 87
動機づけ面接 96, 175, 177, 270
同業種交流 .... 210-215 [▶異業種交流]
独学 .... ix, x, 10, 12, 13, 82, 186, 195, 198, 201, 210, 221, 224, 253, 256
トラウマ 118
　――再受傷 117

な

ナラティヴ 258, 276-278
ニーズ
　クライエントの―― 16, 39, 79, 96, 103, 104, 246
　現場の―― 135, 136
　多方向―― 39
　――の多層性 135, 141
　――の把握 135-136, 141
　――の変化 5-6

――への対応 136, 141
病棟の―― 32, 39, 133, 135, 136
未分化な―― 181
認知行動療法［▶CBT］

は

曝露反応妨害法［▶ERP］
パターナリズム 258
波長を合わせる（attune） ... 165-166, 168, 187, 190, 191, 208
　　言語水準 167
　　情緒 166
「話を聞きすぎない」技法 86-88
パラダイムシフト（心理職の） 5-7
バーンアウト 163
ピアグループ 211-212
一人職場 .... iv, 7, 30, 38, 201, 216, 220, 286
プチ契約 179
ふつうの相談 6
ブリコラージュ x
文脈づくり 122, 169-177, 187, 189, 191, 209
　　主訴が未分化なクライエント 171
　　主訴の明確化 172-173
　　潜在的なクライエント 171-172
　　誰かに連れてこられたクライエント 170
　　治療に対して両価的なクライエント 171
　　動機づけ面接という視点 175
　　――の断念 176-177
　　問題を整理するための枠組みの提供 174
　　来所経緯の文脈の共有 173-174
ポジショニング（論） 119, 126, 187, 188, 190, 208, 209
　　距離的―― 120-122, 123-126, 216
　　ワンダウン的位置取り 118-120, 123-126

ま

マイクロアグレッション 117
迷子
　　成熟のさまよい 2, 9, 252

とらわれの―― 2, 9, 10, 12, 82, 198, 252
へだたりの―― 2, 9, 10, 12, 82, 198, 252
――からの脱却 10, 12
迷いの森（心理療法／セラピストの） ..... iii, ix, 2, 3, 7-9, 12, 13, 82, 251, 252-254
マイルストーン 237, 246, 265, 280
待つ ... 54, 99, 234-244, 246, 264, 265, 273-276, 280
見立て ... 25, 26, 65, 69, 72, 105, 125, 140, 143, 152, 215
面接空間 215, 262-264
メンタライゼーションに基づいた治療［▶MBT］
燃え尽き 10
モチベーション .... vii, 26, 69, 79, 136, 155, 156, 170, 172

や

ゆるい構造化 101-109, 160, 193, 209
　　――の「液状化」 107-108
　　――のポイント 104-107
ユング派 102

ら

来談者中心療法 88
リアリティ・ショック 7, 281, 282
リズム（への共鳴） 264-266
リファー 48, 50, 51, 110-114, 143, 149, 155, 163, 176
　　親の―― 154
　　技法としての―― 112-114
　　――先のパターン 155-156
理論制作キット 224, 228, 255
臨床心理士 6, 17, 29, 111, 130, 134, 161
臨床的問い 228-251
　　一般理論 228
　　個別理論 228
　　理論の破壊・創造 270-272
　　――を理論化するステップ 228-233
倫理 102

略歴

山口貴史（やまぐち・たかし）

臨床心理士・公認心理師。
東京生まれ，大阪・福岡育ち。
上智大学大学院総合人間科学研究科博士前期課程修了。
大学院修了後，精神科クリニック，総合病院精神科，単科精神病院など，医療現場を中心にさまざまな現場で臨床経験を積む。
現在は恩賜財団母子愛育会愛育クリニックとあざみ野心理オフィスに所属。
日々ままならない臨床に悩みながら，心理臨床の世界に魅了されつづけている。
日本心理臨床学会奨励賞受賞（2023年）。

主著　『精神分析的サポーティブセラピー（POST）入門』（金剛出版・共著）

サイコセラピーを独学（どくがく）する

2024年 9 月10日　印刷
2024年 9 月20日　発行

著者────山口貴史
発行者────立石正信
発行所────株式会社 金剛出版
　　　　　〒112-0005 東京都文京区水道1-5-16　電話 03-3815-6661　振替 00120-6-34848

装丁●北岡誠吾　　本文組版●石倉康次　　印刷・製本●三協美術印刷

ISBN978-4-7724-2059-4 C3011　　©2024 Printed in Japan

JCOPY 〈(社)出版者著作権管理機構 委託出版物〉
本書の無断複製は著作権法上での例外を除き禁じられています。複製される場合は，そのつど事前に，
(社)出版者著作権管理機構（電話 03-5244-5088, FAX 03-5244-5089, e-mail: info@jcopy.or.jp）の許諾を得てください。

精神分析的サポーティブセラピー（POST）入門

［著］=岩倉 拓　関真粧美　山口貴史　山崎孝明　東畑開人

● A5判　● 並製　● 256頁　● 定価 **3,740** 円
● ISBN978-4-7724-1986-4 C3011

精神分析的サポーティブセラピー（POST）は，
どのような理論的基盤をもち，いかに実践されているのか。
2つの事例とその逐次的解説を通じて，
「POST」の魅力と実践可能性を紹介する。

精神分析の歩き方

［著］=山崎孝明

● A5判　● 並製　● 344頁　● 定価 **3,740** 円
● ISBN978-4-7724-1829-4 C3011

精神分析を学ぶ「観光客」に向けて書かれたガイドブック。
当事者概念・エビデンス概念と渡り合いながら，
新世代の精神分析的思考を展開した，
精神分析の存在意義をラディカルに問う一冊。

個人心理療法再考

［著］=上田勝久

● 四六判　● 並製　● 284頁　● 定価 **2,970** 円
● ISBN978-4-7724-1942-0 C3011

「失敗から学ぶ」「目前にある失敗を修正する」，
そして「ユーザーから学ぶ」を柱として，
「個人心理療法」の内実・有効性・価値を問い直す。
著者の臨床観に引き込まれて多いなる気づきがもたらされる一冊。

価格は10%税込です。

ふつうの相談

[著]=東畑開人

●四六判 ●上製 ●200頁 ●定価 **2,420**円
● ISBN978-4-7724-1983-3 C3011

心のメカニズムを専門的に物語る学派知と,
絶えずこれを相対化する世間知と現場知の対話は,
やがて球体の臨床学へとたどりつき,対人支援の一般理論を描き出す。
ケアする人たちすべてに贈る,「つながり」をめぐる根源的思索。

こころの支援と社会モデル

トラウマインフォームドケア・組織変革・共同創造

[責任編集]=笠井清登 [編著]=熊谷晋一郎ほか

●B5判 ●並製 ●300頁 ●定価 **4,180**円
● ISBN978-4-7724-1963-5 C3011

日々揺れ動く社会構造との絶えざる折衝のなかで,
支援者と被支援者の関係,支援の現場は今,どうなっているのか?
「職域・地域架橋型:価値に基づく支援者育成」プログラムに始まる問いに,
多彩な講義録と対話で応答する思考と熟議のレッスン。

臨床心理学スタンダードテキスト

[編]=岩壁茂 遠藤利彦 黒木俊秀ほか

●B5判 ●上製 ●1000頁 ●定価 **16,500**円
● ISBN978-4-7724-1916-1 C3011

公認心理師/臨床心理士として不可欠の知識と理解と経験を,
多様な視点と論点から語り尽くす。
臨床領域・学問領域の第一人者が展開する集合知の結晶,
公認心理師時代を迎えた臨床心理学のスタンダード!

価格は10%税込です。

児童精神科入院治療の実際
子どもの心を守り・癒し・育むために

［編著］＝齊藤万比古　岩垂喜貴

●A5判　●並製　●288頁　●定価 **4,620** 円
●ISBN978-4-7724-1917-8 C3047

児童精神科病棟とはどのような環境で，
子どもはどのような入院生活を送り，
治療・教育はどのように保障されているのか。
児童精神科の入院治療が進むべき道を浮かび上がらせる一冊。

［改訂増補］心理療法・失敗例の臨床研究
その予防と治療関係の立て直し方

［著］＝岩壁 茂

●A5判　●並製　●310頁　●定価 **4,620** 円
●ISBN978-4-7724-1897-3 C3011

心理療法の失敗とその後の治療関係の立て直しについて，
実践と理論の両面からの臨床・研究成果を開陳。
スーパービジョン・臨床的判断に関する論考を加えた，
すべての悩めるセラピストの道標となる名著待望の改訂増補版。

愛着トラウマケアガイド
共感と承認を超えて

［編著］＝岩壁 茂　［著］＝工藤由佳

●A5判　●並製　●240頁　●定価 **3,520** 円
●ISBN978-4-7724-2022-8 C3011

「安全基地」「セキュア・ボンディング」を携え，
心の内を打ち明けられるアタッチメント対象となり，
愛着トラウマに苦しむ相談者の変容と回復に連れ添うための，
事例と逐語でわかりやすく学べる「トラウマケアガイドブック」。

価格は10％税込です。